Politischer Gottesdienst?!

TVZ

Praktische Theologie im reformierten Kontext

herausgeben von Albrecht Grözinger, Gerrit Immink, Ralph Kunz, Andreas Marti, Christoph Morgenthaler, Félix Moser, Isabelle Noth, David Plüss und Thomas Schlag

Band 8 – 2013

Die Reihe «Praktische Theologie im reformierten Kontext» versammelt Arbeiten aus der praktisch-theologischen Forschung, die in der konfessionellen Kultur der Reformierten verankert sind. Der reformierte Kontext ist einerseits Gegenstand empirischer Wahrnehmung und kritischer Reflexion und andererseits das orientierende Erbe, aus dem Impulse für die zukünftige Gestaltung der religiösen Lebenspraxis gewonnen werden. Er bildet den Hintergrund der kirchlichen Handlungsfelder, prägt aber auch gesellschaftliche Dimensionen und individuelle Ausprägungen der Religionspraxis.

Katrin Kusmierz, David Plüss (Hg.)

Politischer Gottesdienst?!

T V Z

Theologischer Verlag Zürich

Bibliografische Informationen der Deutschen Nationalbibliothek
Die Deutsche Nationalbibliothek verzeichnet diese Publikation in der Deutschen Nationalbibliografie; detaillierte bibliografische Daten sind im Internet über http://dnb.d-nb.de abrufbar.

Umschlaggestaltung
Simone Ackermann, Zürich,
unter Verwendung einer Fotografie von Andreas Hoffmann (Ausschnitt) aus der Serie «Krethi & Plethi. Christliches und Nachchristliches in Zürich», 1999

Druck
ROSCH BUCH GmbH, Scheßlitz

ISBN 978-3-290-17702-7

www.tvz-verlag.ch

Inhalt

7 Vorwort

Einleitung

David Plüss und Katrin Kusmierz
9 Politischer Gottesdienst?! – Eine Einleitung

Erinnerungen und Bilanzen

Hans Adam Ritter
19 Politisch predigen?! Wenn ich nochmals von vorne beginnen könnte

Barbara Stuwe
25 Politischer Gottesdienst? – Zwischen Mut und Unmut

Peter Schmid-Scheibler
31 Plädoyer für den nachvollziehbaren Mut

Homiletik und Liturgik des politischen Gottesdienstes

Albrecht Grözinger
37 Politische Predigt

Thomas Schlag
59 Was hat der Prediger politisch noch zu bedeuten? Pastoraltheologische und kirchentheoretische Überlegungen zur Aufmerksamkeits-Kunst gegenwärtiger Kanzelrede

David Plüss
73 Politischer Gottesdienst als liturgische Praxis oder: Von der rituellen Performanz des Politischen

Katrin Kusmierz
95 Politischer Gottesdienst – öffentlicher Gottesdienst. Ein Diskussionsbeitrag vor dem Hintergrund südafrikanischer Theologie und Geschichte

Systematik und Ethik des politischen Gottesdienstes

Frank Mathwig
119 Ist Gott politisch? – Bemerkungen zur politischen Dimension des christlichen Gottesdienstes

Marco Hofheinz
135 Wie kommt die Ethik in die politische Predigt? Theologisch-ethische Erwägungen zu einer homiletischen Grundfrage

Torsten Meireis
153 Politischer Gottesdienst als öffentliche Theologie – Bedeutung, Rahmen und theologische Bedingungen

176 Autorinnen und Autoren

Vorwort

Dieser Band ist hervorgegangen aus einer Tagung mit dem Titel «Wie politisch darf der Gottesdienst sein?», die am 29. Oktober 2009 vom Forum für Zeitfragen, Basel, gemeinsam mit der Theologischen Fakultät Basel durchgeführt wurde. Angeregt wurde sie durch den Universitätspfarrer Dr. Luzius Müller. Für die Publikation haben wir die überarbeiteten Tagungsreferate durch weitere Beiträge aus Zürich und Bern ergänzt. An der Tagung blickten Pfarrerin Barbara Stuwe und Pfarrer Hans-Adam Ritter unter dem Stichwort «politisch predigen» auf ihre Predigttätigkeit zurück; Peter Schmid stellte einige Überlegungen zur politischen Predigt aus der Sicht eines kirchlich engagierten ehemaligen Politikers an. Diese drei Beiträge haben wir unter der Rubrik «Erinnerungen und Bilanzen» versammelt. Der Hauptteil des Buches befasst sich sodann mit dem politischen Gottesdienst aus praktisch-theologischer sowie aus systematisch-theologischer Perspektive.

Anne-Kathrin Fankhauser, Andreas Zingg und Manuela Grossmann danken wir für die Formatierung der Beiträge, der Theologischen Fakultät Basel und den Reformierten Kirchen Bern-Jura-Solothurn für die grosszügige Beteiligung an den Druckkosten.

Politischer Gottesdienst?! – Eine Einleitung

David Plüss und Katrin Kusmierz

Der «politische Gottesdienst» ist ein Wiedergänger. Von Zeit zu Zeit poppt er auf und erhitzt die Gemüter, dann verschwindet er wieder von der Bildfläche kirchlich-theologischer Aufmerksamkeit. Gegenwärtig scheint er keine Konjunktur zu haben. Oder doch? In jedem Fall gilt: Gottesdienste sind selbst dann politisch, wenn keine explizit politischen Inhalte eingespielt werden. Sie sind politisch, weil und insofern das Evangelium Menschen berührt und verändert. Im vorliegenden Band wird aus verschiedenen Perspektiven nach der Eigenart des «politischen Gottesdienstes», nach den Chancen und Risiken einer dezidierten ‹Politisierung› von Gebet und Verkündigung sowie nach den Öffentlichkeitsdimensionen von Liturgie überhaupt gefragt.

Überblickt man die folgenden Beiträge wie auch die breitere Diskussion um den «politischen Gottesdienst», so lassen sich einige Gemeinsamkeiten, aber auch signifikante Differenzen feststellen. Gemeinsam ist allen Beiträgen die Unterscheidung zwischen einer *weiten* und einer *engen Verwendung* des Terminus «politischer Gottesdienst». In einem weiten Verständnis weist die Begrifflichkeit auf eine Bedeutung hin, die jedem Gottesdienst zukommt, weil jeder Gottesdienst von seinem theologischen Anspruch her darauf abzielt, die Welt und das Leben der Menschen in das Licht der christlichen Hoffnung zu rücken und sie dadurch für eine durch Gottes Geist gewirkte Veränderung und Befreiung zu öffnen, die sich auch gesellschaftlich und also – wiederum in einem weiten Verständnis – politisch manifestiert. Diese weite Verwendung können wir auch als eine *theologische* bezeichnen, denn sie sagt weder über die konkrete liturgische Gestalt, die Predigt oder die Gebete, noch über die spezifische Wirkweise einer Feier etwas aus. Sie stellt vielmehr ein *theologisches Postulat* dar, das Prediger und Liturginnen dafür sensibilisieren soll, dass Gottesdienste nicht auf der Insel der Glückseligen gefeiert werden, sondern – zumindest dem Anspruch nach – die Welt und deren Menschen ins Gebet nehmen: dankend und klagend, segnend und bittend, verkündigend und anbetend.

Eine der weiten Verwendung verwandte und teilweise synonyme Begrifflichkeit ist die des «öffentlichen Gottesdienstes», des cultus publicus. Denn das Weihnachtsevangelium, die grosse Freude der Menschwerdung Gottes, ist «allem Volk widerfahren» (Lk 2,10) und der Auferstandene sendet seine Jünger zu «allen Völkern» (Mt 28,19). Gleichwohl war der Gottesdienst der ersten Jahrhunderte zunächst ein geschlossener Privatkult. Erst im 4. Jahrhundert zwang ihn Kaiser Konstantin in die gesellschaftliche und politische Öffentlichkeit. Martin Luther und später die Aufklärungstheologen lokalisierten ihn sodann in einer zunehmend säkularen

Öffentlichkeit.[1] Dies sind historisch kontingente Entwicklungen, die allerdings mit den Grundsätzen protestantischer Theologie weitgehend übereinstimmen. Für die Reformatoren ist bekanntlich jeder dem Evangelium gemässe Gottesdienst ein *öffentlicher* Gottesdienst. Dadurch unterscheidet er sich sowohl von der durch den geweihten Amtsträger leise gemurmelten Priestermesse als auch von den Konventikeln der Schwärmer. Die Öffentlichkeit des Gottesdienstes ist bei Luther – wie *mutatis mutandis* bei den übrigen Reformatoren – in dreifacher Weise qualifiziert: Sie hat einerseits einen *missionarischen und katechetischen Charakter.* Gottesdienste sollen «öffentlich in den Kirchen vor allem Volk gehalten werden. Unter ihm sind viele, die noch nicht glauben oder Christen sind, sondern die meisten stehen da und gaffen, auf dass sie auch etwas Neues sehen, gerade als wenn wir mitten unter den Türken oder Heiden auf einem freien Platz oder Felde Gottesdienst hielten. Denn hier ist noch keine geordnete und feste Versammlung, darinnen man nach dem Evangelium die Christen regieren könnte, sondern (es handelt sich um) eine öffentliche Anreizung zum Glauben und zum Christentum.»[2] Andererseits geht es Luther um eine *kommunikative Zugänglichkeit*: «Hier sollen wir zusammenkommen, um Gottes Wort zu hören und ihn miteinander anzurufen, in aller Not zu ihm zu beten und ihm für empfangene Wohltaten zu danken. Kann es nicht unter einem Dach oder in einer Kirche geschehen, so geschehe es auf einem freien Platz unter dem Himmel, oder wo Raum dazu ist, aber doch so, dass es eine ordentliche, allgemeine, öffentliche Versammlung sei, weil man nicht für jeden einen besonderen Ort bestellen kann und auch nicht in heimliche Winkel gehen soll, auf dass man sich dort verstecke.»[3] Gottesdienste sollen zugänglich sein für alle, verständlich und geordnet. Hinzu kommt ein weiterer Aspekt: Der Gottesdienst ist für Luther keine Angelegenheit des Pfarrers allein, sondern eine der *ganzen Gemeinde.* So bittet er die Festgemeinde bei der Einweihung der Schlosskirche zu Torgau gleich zu Beginn auf die liturgische Bühne. Sie soll mit zugreifen und den sakralen Akt der Einweihung mit ihm übernehmen: «Meine lieben Freunde, wir wollen jetzt dies neue Haus einsegnen und unserem Herrn Jesus Christus weihen. Das gebührt nicht mir allein, sondern ihr sollt auch zugleich mit angreifen, auf dass dieses neue Haus dahin gerichtet werde, dass nichts anderes darin geschehe, als dass unser lieber Herr selbst mit uns rede durch sein heiliges Wort und wir umgekehrt mit ihm reden durch unser Gebet und Lobgesang.»[4] Die Öffentlichkeit des Gottesdienstes also als

1 Vgl. dazu Peter Cornehl, Öffentlicher Gottesdienst. Zum Strukturwandel der Liturgie, in: Peter Cornehl / Hans-Eckehard Bahr (Hg.): Gottesdienst und Öffentlichkeit. Zur Theorie und Didaktik neuer Kommunikation, Hamburg 1970, 118-196, hier 171.

2 Luther, Deutsche Messe, 89 (zit. nach Michael Meyer-Blanck, Liturgie und Liturgik. Der Evangelische Gottesdienst aus Quellentexten erklärt, Gütersloh 2001, 40.).

3 Luther, Torgauer Kirchweihpredigt, 441f. (zit. nach Meyer-Blanck, Liturgie [Anm. 2], 29).

4 Zit. nach Meyer-Blanck, Liturgie (Anm. 2), 29.

gemeindliche Öffentlichkeit, als *partizipative Zugänglichkeit des liturgischen Spiels.*

Von dieser *missionarischen, kommunikativen* und *partizipativen Öffentlichkeit* des reformatorischen Gottesdienstes her gibt es Anschlussstellen und Verbindungslinien zum «politischen Gottesdienst» in einem engeren Sinne. Der öffentliche Gottesdienst wird dann zu einem explizit «politischen Gottesdienst», wenn es die Situation erfordert, wenn ihn der Kasus dazu drängt. Das engere Verständnis des «politischen Gottesdienstes» ist grundsätzlich *kasuell.* Es bedarf eines triftigen Grundes, mehr noch: Es bedarf eines *status confessionis*, um eine explizit politische Ausrichtung, Äusserung und einen Positionsbezug innerhalb des politischen Tagesgeschehens zu legitimieren. Ein solcher Kairos war in der Zeit des Nationalsozialismus in Deutschland gegeben, und zwar für beide Seiten: für die Bekennende Kirche wie für die Deutschen Christen. Ein solcher Kairos war für Martin Luther King zur Zeit der amerikanischen Bürgerrechtsbewegung gegeben, für Desmond Tutu während der südafrikanischen Apartheid, für Christian Führer zur Zeit der Friedensgebete in Leipzig. Auch die Zeit um 1968 wurde in Deutschland und der Schweiz als ein solcher Kairos erfahren und in Feierabendmahlen und Politischen Nachtgebeten liturgisch gestaltet. Es sind herausgehobene Momente, dramatische Zuspitzungen gesellschaftlicher Spannungen, die einzelne oder Gruppen dazu führen, sich hinzustellen und ihren aus dem Evangelium sowie reiflicher theologischer Überlegung gewonnenen Standpunkt in den Medien Liturgie und Homilie zu bezeugen, explizit politisch zu predigen und zu beten, zu singen und zu segnen. Denn wer in einer angespannten Lage politisch predigt, wer in der Auslegung eines Bibeltextes Unrecht unmissverständlich benennt und die Opfer ins Gebet nimmt, verbindet diese Auslegungen und Stellungnahmen mit der Aura göttlicher Autorität. Zudem nimmt man in Kauf oder setzt mit Bedacht darauf, dass die kommunizierten Inhalte durch die kultischen Medien weit stärker emotionalisiert und existenziell gedeutet werden als bei einer politischen Ansprache.

Explizit «politische Gottesdienste» sind daher heikel. Sie können vielfältig missbraucht werden. Sie können aber auch leicht misslingen, wie Marco Hofheinz und Thomas Schlag in ihren Beiträgen zeigen. Sie sind von vielen Seiten her bedroht: Durch *Gesetzlichkeit*, wenn sich der Kältestrom politischer Analysen und Stellungnahmen nicht mit dem Wärmestrom des Evangeliums amalgamiert.[5] Durch nichtssagende und wirkungslose *Pauschalisierungen*, wenn der Kasus nicht präzis erfasst wurde und die Analyse nicht gründlich erfolgt ist.[6] Durch *fehlende Begründungen*,

5 Vgl. zu dieser Unterscheidung Hans-Eckehard Bahr, Kältestrom und Wärmestrom bei der Vermittlung des Christlichen. Exemplifiziert am Fernsehen, in: Peter Cornehl und Hans-Eckehard Bahr (Hg.), Gottesdienst und Öffentlichkeit. Zur Theorie und Didaktik neuer Kommunikation, Hamburg 1970, 197–216.

6 Vgl. dazu insbesondere den Beitrag von Thomas Schlag.

wenn die Predigt oder die Fürbitten zu Appellen aufgipfeln, ohne dass die Gemeinde in die Lage versetzt wird, deren Voraussetzungen argumentativ nachzuvollziehen und zu prüfen.[7] Durch das *Verfehlen der Adressaten*, wenn diejenigen, die zum Gesinnungswandel oder zum Handeln aufgerufen werden, in keiner Weise mit denen übereinstimmen, die der Predigt zuhören und in die Lieder einstimmen. Oder durch *fehlende Möglichkeiten, den Aufforderungen nachzukommen*, den intendierten Wandel in die Wege zu leiten.

In der Spannung zwischen einer theologisch-weiten und einer kairologisch-engen Bestimmung des «politischen Gottesdienstes» wurden nun allerdings in den letzten Jahren politische Wirkkräfte des Gottesdienstes identifiziert und entfaltet, die auch in den Beiträgen dieses Bandes immer wieder zur Sprache kommen und die sich auf die von Luther identifizierten Aspekte des *cultus publicus* beziehen lassen: Das Netzwerk der *Public Theology*, das insbesondere die politischen Umbrüche und Transformationsprozesse in Südafrika und Südamerika im Blick hat, reflektiert die gesellschaftliche Relevanz und die agogischen Potenziale kirchlicher Vollzüge und Stellungnahmen für die Bildung einer demokratischen Zivilgesellschaft.[8] Die Vertreter der *Formative Liturgy* weisen darauf hin, dass und in welcher Weise Liturgien bestimmte Haltungen, Einstellungen und Handlungen prägen und zwar nicht nur durch lehrhaft-prädikative Erläuterungen und theologische Reflexionen, sondern vor allem durch den liturgischen Vollzug selbst – etwa durch die Praxis des Schuldbekenntnisses oder des Abendmahls –, der eingeübt wird und zu einem Habitus führt.[9] Hier wird ein sakramentales Verständnis des Politischen im Gottesdienst in Anschlag gebracht, das sich bereits in den Politischen Nachtgebeten finden lässt.[10] Hinzu kommt die liturgiewissenschaftliche Aufmerksamkeit für altneue liturgische Formen in der gesellschaftlichen Öffentlichkeit, für «riskante» *öffentliche Liturgien*, die von dieser Öffentlichkeit selbst initiiert und mitgetragen werden: riesige Gottesdienste in Kathedralen und Domen, in Stadien und Mehrzweckhallen im Anschluss an Katastrophen und Amokläufe oder im Zusammenhang von Jubiläen und Gedenktagen.[11]

7 Vgl. dazu den Beitrag Marco Hofheinz.

8 Vgl. dazu die Beiträge von Torsten Meireis und Katrin Kusmierz.

9 Vgl. dazu James K. A. Smith, Desiring the Kingdom, Grand Rapids 2009, sowie den Beitrag von David Plüss.

10 So resümiert Gerhard Traxel in Bezug auf die *Politische Pfingstnacht* in Langnau, in der die prekären Lebensverhältnisse der italienischen Gastarbeiter im Zentrum standen: «Auf dem Hintergrund dieser ‹sakramentalen› Erfahrung (des gemeinsamen Essens und Trinkens von Brot und Wein, Anm. DP) geschah dann kritische Bewusstseinsbildung zum Thema ‹Überfremdung›» (Gerhard Traxel, Anmer kungen zum Langnauer Versuch, in: Kurt Marti (Hg.), Politische Gottesdienste in der Schweiz. Fünf Beispiele, Basel 1971, 33–35, hier: 34). Vgl. dazu den Beitrag von David Plüss.

11 Vgl. dazu Kristian Fechtner und Thomas Klie, Riskante Liturgien. Zum Charakter und zur Bedeutung von Gottesdiensten in der gesellschaftlichen Öfffentlichkeit, in: dies. (Hg.): Riskante Liturgien.

Begründet sind alle diese unterschiedlichen Konzeptualisierungen und Realisierungsformen des «politischen Gottesdienstes» in der *Missio* der Kirche, die befreiende Botschaft des Evangeliums auszurichten und die umwälzende Ankunft des Reiches der Himmel anzukünden, indem die Freiheit der Kinder Gottes und die Erlösung der Welt bezeugt (*martyria*), in verständlicher und relevanter Gestalt dargestellt und kommuniziert (leiturgia) und in Ansätzen realisiert wird (*diakonia*) – im Sinne einer Wegbereitung und ohne sie letztlich bewirken zu können.[12]

Die folgenden Beiträge machen deutlich, dass und in welcher Weise Predigt und Gottesdienst von gesellschaftlichen Konjunkturen, politischen Prozessen und theologischen Strömungen geprägt sind. Dimensionen des Politischen in der Liturgie sind in grundlegender Weise verbunden mit dem jeweiligen Kontext und können nur auf diesen bezogen erörtert werden. Der politische Gottesdienst ist ein durch und durch kontextuelles Phänomen. Davon zeugen die Bilanzen der politischen Predigerin (Barbara Stuwe) und des politischen Predigers (Hans-Adam Ritter), aber auch die des Politikers (Peter Schmid), die historischen Rückblenden des Homiletikers auf die politische Predigt (Albrecht Grözinger), der mit interkultureller Theologie vertrauten Liturgiewissenschaftlerin auf die Zeit der Apartheid (Katrin Kusmierz) und des Ethikers auf die Homiletik (Marco Hofheinz).

Selbstverständlich stehen sich dabei unterschiedliche Konzeptionen von Theologie und Ekklesiologie (Torsten Meireis), von Predigt und Liturgie, wie auch von Politik und Öffentlichkeit gegenüber. So sind Theologinnen und Theologen insbesondere bei der Bestimmung des Politischen und der Öffentlichkeit herausgefordert, nicht mit allzu reduktionistischen Konzepten zu operieren, sondern der Vielfalt von Öffentlichkeiten und der Komplexität des Politischen Rechnung zu tragen. So erfolgt die liturgische Kommunikation – ob als «politische» erkennbar oder nicht – sowohl in einer *kirchlichen Öffentlichkeit* als auch in einer *zivilgesellschaftlichen*, in einer *staatlichen* und in einer *(multi-)kulturellen*. Hinzu kommen die theologischen Positionsbezüge innerhalb einer *wissenschaftlichen Öffentlichkeit* und die kybernetischen innerhalb des Systems der *Ökonomie*. Wie auch immer Gottesdienste gefeiert und Bibeltexte ausgelegt werden: eine unpolitische Kommunikationsform des Evangeliums ist unmöglich. Wer betet und singt, wer predigt und segnet generiert, moduliert und transformiert unterschiedliche Öffentlichkeiten. Dabei kommt den Autorinnen und Autoren des vorliegenden Bandes das Verdienst zu, ihr jeweiliges Verständnis offenzulegen und damit zur Diskussion zu stellen.

Gottesdienste in der gesellschaftlichen Öffentlichkeit, Stuttgart 2011, 7–19, sowie den Beitrag von David Plüss.

12 Denn alles politische Predigen und Feiern bewegt sich mit Bonhoeffer gesprochen im Bereich des Vorletzten. Es ist bestenfalls Wegbereitung, nicht Realisierung des Heils. Vgl. dazu Dietrich Bonhoeffer, Ethik, München 1985, 142ff., sowie den Beitrag von Frank Mathwig.

Lassen sich aus dieser Auslegeordnung und Problemskizze auch Charakteristika gelingender politischer Gottesdienste gewinnen? Gewiss! Solche sind in allen Beiträgen durchaus zu finden. Da es nicht möglich ist, sie an dieser Stelle auszuführen und zu systematisieren, sollen wenige Stichworte genügen.

Grundlegend ist einerseits das sachgemässe Verständnis des Evangeliums als eine Freiheits- und Heilsbotschaft, die aller Welt gilt und sie für diese Botschaft in Anspruch nimmt. Dies bedingt unter anderem einen sorgfältigen Umgang mit den *biblischen Texten*, ein immer wieder neues Lesen vermeintlich eindeutiger Texte; aber auch die hermeneutische Kunst, die Texte in die Gegenwart hinein sprechen zu lassen, kurz: die Aufmerksamkeit auf das Wort Gottes. Thomas Schlag bringt in seinem Beitrag das Stichwort der *Aufmerksamkeit* ins Spiel und umreisst damit präzis die theologische Aufgabe der Predigerin und des Liturgen. Ebenso grosse Aufmerksamkeit wie der biblische Text verlangen die *Weltverhältnisse* – hier wird die Predigerin zur wachen und sensiblen Zeitgenossin, zur Kartografin gegenwärtiger Lebenswelten und gesellschaftspolitischer Verhältnisse. Dazu braucht es die Kunst der Wahrnehmung, des Sehens (vgl. dazu auch den Beitrag von Katrin Kusmierz), der differenzierten Betrachtung, die gesellschaftliche Problemlagen in den Blick nimmt, ihren Hintergründen nachspürt und so ein begründetes Urteil ermöglicht.[13] Angesichts der an Komplexität stetig zunehmenden Gegenwartsfragen stellt dies eine der grossen Herausforderungen und Schwierigkeiten politischen Predigens dar. Hinzu kommt die Bereitschaft, die so gewonnene, eigene Position argumentativ zu vertreten[14] und sich dabei als diskursbereit und diskursfähig zu erweisen. Dies gilt einerseits innerhalb der Gemeinde, der Gemeinschaft derer, die nach der Vergegenwärtigung der Christusnachfolge in heutiger Zeit fragen. Diese *innerkirchliche Diskursfähigkeit* geht einher mit der von Thomas Schlag genannten Aufmerksamkeit für die verschiedenen Lebenswirklichkeiten der Gemeinde: ‹Politische› Positionsbezüge innerhalb der Kirche müssen im Diskurs errungen werden, selbst dort, wo scheinbare Eindeutigkeit und Klarheit herrscht wie im Falle von Apartheid in Südafrika. Die Bereitschaft zur Argumentation und die Diskursfähigkeit sind ebenso notwendig, wenn man den Gottesdienst als Teil einer breiteren, die engeren gemeindlichen Grenzen überschreitenden diskursiven Öffentlichkeit versteht. Hier kommt die entscheidende Fähigkeit dazu, Positionen nicht nur argumentativ, sondern vor allem nachvollziehbar und verständlich zu vertreten (womit sich der Kreis zu Luthers öffentlichem Gottesdienst schliesst). Die Öffentlichkeit des Gottesdienstes kann zwar kritisch hinterfragt werden. Als theologischer Anspruch erinnert sie aber stets daran, dass die Sprache des Gottesdienstes auch für

13 Vgl. hierzu insbesondere auch den Beitrag von Marco Hofheinz

14 Vgl. ebenfalls Hofhzeinz, dazu auch Katrin Kusmierz und weitere Beiträge dieses Bandes.

Uneingeweihte verständlich sein soll, theologische Floskeln zu vermeiden und zeitgemässe Übersetzungen theologischer Inhalte anzustreben sind. Sie soll zu einer kommunikativen Öffentlichkeit beitragen, über das liturgischen Geschehen hinaus.

Aufmerksamkeit auf die *biblischen Texte*, Aufmerksamkeit des Predigers auf die *eigene Rolle* und auf den eigenen Auftrag, Aufmerksamkeit auf die *Gemeinde*, Aufmerksamkeit auf die *Welt*: In diesem homiletischen und liturgischen Viereck, in diesem Spannungsfeld entfalten sich politische Gottesdienste. Dies gilt nicht nur für die Predigt, sondern für sämtliche liturgischen Vollzüge. Alle liturgischen Teilschritte geben der heilvollen Zuwendung Gottes zu den Menschen und damit zur Welt gestischen und sprachlichen Ausdruck. Dies gilt insbesondere für die Fürbitte, das Unservater (als Ausrichtung auf eine weltweit mitbetende Gemeinde), die Sendung und den Segen. Die ersten Wegschritte der Liturgie hingegen (Sammlung, Anbetung und Lob, Konzentration auf das Wort) vollziehen eine Bewegung nach innen und richten die Gemeinde auf Gott hin aus. Die Predigt als Vergegenwärtigung und Aktualisierung des Wortes Gottes bildet sozusagen die Scharnierstelle zwischen beiden Teilen. Die Grundbewegung der Liturgie erinnert schliesslich immer wieder daran, dass beide Bewegungen, die Bewegung nach innen und hin zu Gott und die Bewegung in die «Welt» aufs Engste miteinander verwoben sind. Die eine erwächst aus der anderen heraus, mehr noch, die eine ist mit der anderen identisch.[15]

Kann man die Frage grundsätzlich beantworten, an welchen theologischen Leitlinien politisches bzw. öffentliches Predigen sich orientiert oder orientieren soll? Ja und nein. Nein, weil – wie bereits gesagt – diese im Diskurs und angesichts eines bestimmten Kontextes und eines bestimmten *Kairos* immer wieder neu bestimmt und errungen werden müssen. Ja insofern, als sich gewisse über Jahre und historische Situationen hinweg konstante Orientierungspunkte hartnäckig halten (und manchen dadurch vielleicht etwas antiquiert, ja gar verbraucht erscheinen): das Streben nach Frieden, Gerechtigkeit, Versöhnung und Erlösung. Oder ergebnisoffener formuliert: die Aufmerksamkeit für Situationen, in denen Frieden, Gerechtigkeit und Versöhnung gefährdet sind, Aufmerksamkeit für die Armen und Schwachen[16], Aufmerksamkeit für die Schöpfung. Aufmerksamkeit in all diesen Facetten ist damit eine grundlegende Bedingung für gelingende politische und öffentlichkeitsrelevante Gottesdienste.

15 Vgl. dazu auch Katrin Kusmierz, Weltgewandte Liturgie. Gottesdienst und Öffentlichkeit, in: Ralph Kunz, Andreas Marti, David Plüss (Hg.), Reformierte Liturgik kontrovers, Zürich: Theologischer Verlag Zürich, 2011, 189–194.

16 Siehe bspw. Schlag und Kusmierz.

Auf diese Weise können sich in Gottesdiensten immer wieder kritische und kreative Unterbrechungen von Zeit und Gegenwart ereignen, *Heterotopien*[17], im Kontrast zur «Welt» und gleichzeitig in enger Bezogenheit auf sie. Oder in den Worten Ernst Langes: «Die Kirche institutionalisiert einen Widerspruch. Sie stellt den Einspruch Jesu gegen die Selbstzerstörung des Menschen auf Dauer. Jesus *ist* für sie dieser Einspruch, und sie bekennt ihn als den Einspruch Gottes, der die Selbstzerstörung des Menschen überwindet und ihm Heil eröffnet. [...] Weil der Einspruch Jesu konkreter Einspruch gegen eine bestimmte gesellschaftliche Gestalt der Entfremdung und der Selbstzerstörung des Menschen ist, bedarf er der immer neuen Übersetzung in immer neue Situationen und immer neue Sprachen [...]. Eben diese jeweils spezifische ‹Indignisation› des Einspruchs Jesu in einem konkreten soziokulturellen Zusammenhang, in eine gemeinschaftliche Lebenspraxis ist die Kirche.»[18] – Und zwar nicht zuletzt in den Kommunikations- und Darstellungsformen des Gottesdienstes.

17 Vgl. dazu Michel Foucault, Andere Räume, in: Karlheinz Barck (Hg.): Aisthesis. Wahrnehmung heute oder Perspektiven einer anderen Ästhetik, Leipzig 1991, 34–46.

18 Ernst Lange, Kirche für die Welt. Aufsätze zur Theorie kirchlichen Handelns, München/Gelnhausen 1981, 199.

Erinnerungen und Bilanzen

Politisch predigen?! Wenn ich nochmals von vorne beginnen könnte

Hans Adam Ritter

1. Neue Wege

Die Zeitschrift der religiösen Sozialisten heisst «Neue Wege». Mehr als 20 Jahre lang war ich Mitglied der Redaktionskommission. Die religiösen Sozialisten wurden 1906 begründet, in den sechziger Jahren wären sie jedoch beinahe von der Bildfläche verschwunden. Da kamen in den siebziger Jahren engagierte Katholiken dazu und sie bekamen einen neuen Aufschwung. Leonhard Ragaz, bei der Gründung Pfarrer am Basler Münster, hat die Zeitschrift von Beginn an bis zu seinem Tod 1945 geprägt. Ich selbst bin nicht imstande, mit Ragaz'schem Pathos und seiner Eindeutigkeit Thesen aufzustellen, obwohl ich es gern täte. Darum lautet meine erste Antwort auch etwas verhalten: Ich würde es ähnlich machen wie damals, wenn ich nochmals mit Predigen beginnen könnte, nur vorsichtiger und bewusster.

2. Gelernt ist gelernt

Als Schüler las ich die *Neue Zürcher Zeitung*, das Morgenblatt, Mittag- und Abendblatt; mein Stiefvater hatte von Beginn seines Ingenieurstudiums an bis über den 90. Geburtstag hinaus die NZZ abonniert. Mein Theologiestudium hat mich politisch kritischer gemacht. Vor allem was wir in der Neueren Kirchengeschichte gelernt haben, war wichtig und bekam an meiner ersten Arbeitsstelle in Berlin besonders im Gespräch mit einer jüngeren Generation kirchlicher Mitarbeiter aus der DDR tragende Bedeutung. Diese wollten sich nicht mehr wie die Kirchenregierung von Bischof Dibelius im Sozialismus abschotten, sondern sich mit den bestehenden Verhältnissen und deren Entstehenszusammenhängen auseinandersetzen. Vor allem galt es die Rolle zu erkennen, die die Evangelische Kirche gespielt hatte.

Im 19. Jahrhundert versagten die Kirchen in der sozialen Frage. Sie blieben zwar nicht durchweg untätig; an manchen Stellen unterstützten sie die Verarmten und schufen soziale Einrichtungen. Sie wollten die schlimmsten Wunden heilen, um die Benachteiligten mit der herrschenden Ordnung zu versöhnen. Sie sahen in der Härte der Arbeitgeber und in der Entwurzelung des Proletariats ein individuelles Versagen. Die politischen Antworten der entstehenden Arbeiterbewegung lehnten sie ab.

Die Verbindung von Thron und Altar, die sich in der Reformation fast notgedrungen ergeben hatte, war im Zweiten Kaiserreich dann stark ausgeprägt. In der Weimarer Republik trauerte man evangelischerseits dem Kaiser nach und blieb in

Distanz zur Republik. Früher hatten sie die Reichsflagge gehisst, Schwarz-Rot-Gold wollten sie aber nun nicht flaggen und erfanden daher eine eigene Kirchenfahne. Man gab sich unpolitisch und erlag in der grossen Mehrheit dem Hitler-Faschismus. Wer die Politik nicht zum Thema machte, ging beim Übergang zum Dritten Reich lautlos mit und wurde eingereiht.

Wir folgerten: Es gibt keinen unpolitischen Gottesdienst. Gottesdienste, in denen Politisches nicht vorkommt, enthalten eine unausgesprochene Botschaft: Sie stellen keine Fragen zu den bestehenden Verhältnissen, also erkennen sie diese stillschweigend an. Dazu ist unsere neuzeitliche protestantische Tradition ganz individualistisch geprägt, was das angeblich unpolitische Schweigen über politische Zusammenhänge fördert.

Das bedeutet, dass unser Tagungsthema schlecht formuliert ist: Man kann nicht fragen, ob der Gottesdienst politisch sein dürfe, und falls ja, wie sehr. Er ist ohnehin politisch auf die eine oder andere Weise.

3. Weihrauchschwaden, Politgepolter

Im Zürcher *Tagesanzeiger* vom 3. Oktober 2009 werden auf zwei Seiten fünf Sonntagsgottesdienste besprochen, drei reformierte, zwei katholische; die reformierten kommen schlecht weg, bei den katholischen lautet das Fazit: St. Josef – kurz, aber so stark, dass man noch einmal hingehen würde; St. Franziskus: Grosser Katholizismus! Von etwas Politischem sei nicht die Rede. Vom Fraumünster vernehmen wir: plötzlicher Themenwechsel, Sprung in die Aktualität, nun wettere der Prediger gegen den gefährlichen Unsinn übermotorisierter Autos, gegen unnötige Flüge und unnötige Klimaanlagen. Der Journalist kommentiert, so abrupt könne in der zeitgenössischen Kirche das Wetter umschlagen. Und: In einer Jonapredigt in der Bullingerkirche springe die Pfarrerin von der möglich gewordenen Umkehr der Leute in Ninive zu den Abgasen von heute, zum Rohstoffverschleiss und zum Klimawandel. Der Journalist ist deprimiert, als er nach Hause radelt.

Möglicherweise ist der Artikel ungerecht, aber er zeigt, dass Politik im Gottesdienst nicht gut ankommt und als störend erlebt wird, als unverbunden mit Bibel und Kult.

4. Links gestichelt

Ich war 26 Jahre lang Gemeindepfarrer in Basel, habe über 600 Sonntagspredigten gehalten. Ich habe zu viele politische Nebenbemerkungen gemacht, über die sich Einzelne wohl geärgert, andere gefreut haben müssen, Letzteres vielleicht auch, weil sie mit mir gleicher Meinung waren. Mit den Nebenbemerkungen habe ich niemandes Meinung geändert. Dankbar denke ich an die gewisse Grosszügigkeit von zwei Mitgliedern meiner damaligen Gemeinde, beide bürgerliche Wähler. Sie haben mich mehrfach nach einer Predigt angesprochen. Der eine arbeitete bei einer Grossbank. Er betonte, man dürfe wirtschaftliche Führungskräfte nicht angreifen, weil sie eine hohe Verantwortung trügen. Der andere war Mitglied der Aktion «Kirche wohin?». Diese Aktion war gegründet worden, weil besorgte Bürger den Eindruck hatten, die reformierte Kirche sei von Linken unterwandert. Er wollte kontrollieren, was ich predigte. Meine politische Einstellung missfiel ihm, aber die biblischen und vielleicht auch die seelsorgerlichen Passagen bewogen ihn, nach erfülltem Kontrollauftrag weiterhin an den Gottesdiensten teilzunehmen.

Hie und da fühlte ich mich zu kurzen, bissigen politischen Urteilen gedrängt; mich beschäftigt, wenn ich mich daran erinnere, dass ich dabei jedes Mal ein spürbares Herzklopfen verspürte. Da ich nicht gern Streit bekomme und harmonieliebend bin, ist es nicht eindeutig, ob das Herzklopfen meiner Ängstlichkeit oder dem guten Gespür, was eine Predigt soll und was nicht, zuzuschreiben ist.

5. Sorgfältig verwebt

Kürzlich las ich meine Predigten aus dem Jahr 1981 wieder. Darin fand ich ausführlichere politische Beispiele, etwa eines zum Jugendprotest und eines zu den Saisonarbeitern.

Ich verwendete den Kämmerer aus Äthiopien als Identifikationsfigur. Ich sagte, «wir wären ihm darin nahe, dass wir gut gestellt sind und alle äusseren Mittel, die uns nötig sind, in der Hand haben: aber in uns regt sich der zunehmende Verdacht, dass uns das doch nicht bringt, was wir eigentlich suchen. Die meisten verfallen einmal auf diesen Verdacht. Aber dann vertreiben sie ihn wieder und versuchen, ihn zu vergessen. Andere fangen an zu suchen und nachzusinnen in der Art dieses Afrikaners, der in Jerusalem ein Bibelbuch gekauft hat und liest und nicht versteht. Ich führte die Jugendlichen ein, die diesen Verdacht ganz stark haben, dass ihnen verweigert wird, was sie eigentlich brauchen, und die aggressiv reagieren. Sie sprühen hässliche schwarze Buchstaben auf saubere Hauswände. Sie rufen aus. Sie demonstrieren. Das ist den meisten von uns – mir auch – unangenehm, nicht sympathisch. Aber wenn wir uns selber ansehen, merken wir, dass der Verdacht und die Unruhe in uns selber auch da sind.»

Mit dem Verdacht und der Unruhe wollte ich, wenn auch ein wenig holprig, den Kämmerer, die Gottesdienstteilnehmenden und die jugendlichen Demonstranten miteinander verbinden, um deren Verurteilung und die Distanzierung von ihnen zu verhindern.

Das andere Beispiel war ausführlicher, es ging um die «Mitenand-Initiative», die den Ausländern mehr Rechte verschaffen und vor allem das Saisonnier-Statut abschaffen wollte. Predigttext war die Geschichte von der kanaanäischen Frau, die für ihre kranke Tochter bittet und zunächst abgewiesen wird und dann doch ihre Heilung erreicht, weil sie sich so phantasievoll wehrt.

Der Kirchenbund hatte sich geäussert, er teile die Anliegen der Initianten, verzichtete aber auf eine Ja-Parole. Ich bat in der Predigt ausdrücklich um ein Ja. Die Zahl der Saisonarbeiter, die nach neun Monaten das Land wieder verlassen mussten, hatte markant zugenommen. Aus einem Interview in der Basler Zeitung erzählte ich von einem spanischen Kranführer, der über Konkurrenz unter den Arbeitern und die Flucht in den Alkohol sprach. Ich verwendete etwa ein Drittel der Predigt auf diesen politischen Teil.

Ich stehe zu meiner Predigt von damals, aber ich nehme an, dass das politische Beispiel so stark wirkte, dass dadurch die Bibelgeschichte übertönt wurde. Die Zuhörerinnen und Zuhörer werden sich hinterher noch an den Kranführer erinnert haben aber wohl nicht mehr an die kanaanäische Frau. Die Abstimmung, kommt hinzu, ging verloren.

6. Konkret werden, an Glaubwürdigkeit gewinnen

Ein Buchhändler, politisch interessiert, linksliberal, sagte mir einmal, ein Prediger, der sich traue, politische Aussagen zu machen und damit anzuecken, gewinne dadurch an Glaubwürdigkeit. Er mache sich selber sichtbar, greifbar, haftbar. Wenn ein Journalist eine schöne Rede des deutschen Bundespräsidenten oder der Bundeskanzlerin eine Sonntagspredigt nenne, was ja nicht ganz selten vorkomme, sei das ein abfälliges Urteil, weil die Rede unverbindlich geblieben sei.

Unsere Predigten stehen unter dem Verdacht, abgehoben und beliebig zu sein. Mich ärgert dieser Verdacht, aber ganz unbegründet ist er ja nicht. Mein Gewährsmann meinte, politische Überlegungen in einer Predigt gäben dem Ganzen Bodenhaftung.

7. Die Bibeltexte selbst!

Der Hauptgrund für die politische Dimension sind die Bibeltexte selbst. Der Tod am Kreuz war die Strafe für aufständische entlaufene Sklaven. Jesus sagt den Jüngern: «Ihr wisst, die als Herrscher der Völker gelten, unterdrücken sie, und ihre Grossen setzen ihre Macht gegen sie ein. Unter euch aber ist es nicht so, sondern: wer unter euch gross ein will, sei euer Deiner, und wer unter euch der Erste sein will, sei der Knecht aller.» (Mk 10,42ff.) Das bedeutet zwar nicht einen Aufstand. Aber ein Gegenentwurf zur herrschenden Ordnung ist das schon. Und der angeblich konservative Paulus schreibt nach Rom: «Fügt euch nicht ins Schema dieser Welt, sondern verwandelt euch durch die Erneuerung eures Sinns.» (Röm 12,2) Von der Kritik am Patriarchat hätte man schon vor der Zeit der Feministinnen sprechen können, wenn man Jesus sagen hört: «Niemanden auf Erden sollt ihr euren Vater nennen; denn einer ist euer Vater, der im Himmel.» (Mt 23,9)

Meine Generation wurde in der Exegese geistesgeschichtlich erzogen, die herrschenden konkreten politischen Verhältnisse waren zweitrangig. Nach der *Lecture matérialiste de l'évangile de Marc* (Fernando Belo) und ähnlichen Versuchen in den siebziger Jahren und nach der Etablierung der Sozialgeschichte und der feministischen Exegese sind die biblischen Texte nicht mehr neutral lesbar. Sie führen von selbst zu politischen Überlegungen zu damals und, wenn der Gedankenstrom nicht künstlich unterbunden wird, zu heute. Gegenwartsbezüge drängen sich doch von selbst auf, wenn wir uns beispielsweise vor Augen führen, dass ein Denar zur Zeit Jesu einen angemessenen Taglohn bedeutete, der zwar niemanden reich werden liess, aber ein bescheidenes Auskommen gewährte, und wir über das Gleichnis von den Arbeitern im Rebberg (Mt 20,1ff.) predigen, die alle diesen Denar am Abend bekommen.

8. Kirchliche und ökumenische Äusserungen predigtfähig machen

Wenn ich nochmals neu anfangen könnte, würde ich versuchen, einen Arbeitskreis zu bilden, der kirchliche und ökumenische Verlautbarungen liest und sie predigt- oder liturgiefähig macht. Als Einzelner fühle ich mich davon überfordert und vom Verlautbarungsstil gelangweilt. Beispiele dafür wären: Die Wirtschaftskritik des Reformierten Weltbundes in Accra und die Unterstützung der Schweizer Kirchen der europäischen Sozialcharta von 2009.

9. Einstellungen bearbeiten

Als Handlungsanleitung sind die sogenannten politischen Predigten beinahe wirkungslos. Die möglichen Wirkungen von Predigten erfolgen nicht über Handlungsanweisungen, sondern dadurch, dass Einstellungen bearbeitet werden. Ob eine Predigt oder eine Liturgie den Geist ewiger Wahrheiten atmet oder von der Änderbarkeit der Verhältnisse und der Menschen ausgeht, führt zu unterschiedlichen Formulierungen und unterschiedlichen Geschichten. Ich will das unterstreichen mit dem Titel einer Aufsatzsammlung von Dorothee Sölle aus dem Jahr 1971: «Das Recht, ein anderer zu werden». Sie sagt: Das Recht, ein anderer zu werden, ist das theologische Grundrecht des Menschen. Busse und von neuem Geborenwerden sind seine älteren Namen. Nach möglichen Veränderungen der Menschen zu fragen, bedeutet, nach ihrer Erlösung zu fragen.

10. Wenn es Einzelkabinen gäbe

Eine befreundete Psychotherapeutin sagte, sie würde schon in die Kirche kommen, wenn es dort Einzelkabinen gäbe. Unsere Gottesdienste sind zwar nicht so öffentlich, wie sie es selber gern wären. Denn für Leute, die von aussen kommen, sieht es aus, als ob sich ein vertrauter Kreis träfe, zu dem sie nicht gehören. Jedoch handelt es sich dabei um eine begrenzte Öffentlichkeit. Wer kommt, demonstriert, dass es nur privat oder nur per Konsum in Läden, Konzerten, Kino doch nicht geht. Wer im Gottesdienst ist, nimmt teil (an einem Konzert nimmt man nicht teil), eine Spur Engagement wird deutlich. Man singt doch sonst nicht öffentlich, ausser vielleicht am 1. August, aber bei solchen Anlässen ist das Publikum kleiner als in den Gottesdiensten. Die Kirche war in der DDR die einzige nichtstaatliche öffentliche Grösse. Die Kirchen sind bei uns, neben einigen Benevol-Unternehmungen, die alle unter Personalmangel leiden, die einzigen Grössen, die nicht völlig in den Kapitalismus integriert sind. Jeder Gottesdienst ist in sich ein Ansatz zu einer Alternative.

Politischer Gottesdienst? – Zwischen Mut und Unmut

Barbara Stuwe

Der Titel zeigt, dass das Thema mich auf der Gefühlsebene angesprochen hat. Es hat mit Angst zu tun, so viel es eben auch mit Mut zu tun hat. Ich habe diesen Titel auch gewählt in Erinnerung an zwei Situationen zu Beginn meiner pfarramtlichen Tätigkeit, vor vielen Jahren.

Ein entfernter Bekannter, angestellt bei der chemischen Industrie hier in Basel, ein kritischer Geist, soweit ich das beurteilen kann, und sehr unzufrieden mit der Firmenpolitik, erfuhr im Gespräch, dass ich Pfarrerin bin. In der Regel werden vor allem die sehr kirchenfernen Menschen da hellhörig. Es interessiert sie, was das genau heisst und was wir so machen. Sie haben keine genaue Vorstellung, teilen aber gern mit, wie die Kirche ihrer Meinung nach sein sollte. Und sie wissen in der Regel auch, was die Kirche zu tun und zu unterlassen hat. Mit den Jahren habe ich damit einen etwas gelasseneren Umgang gefunden. Anfangs fühlte ich mich sehr unter Rechtfertigungsdruck. Im Laufe des Gesprächs wurde der Mann immer heftiger und sagte dann: «Wenn ich predigen dürfte, denen würde ich was erzählen ...» Mit «denen» waren seine Chefs gemeint, die Firmenleitung, die verantwortlichen Manager. In seiner Aussage schwang eine implizite Aufforderung mit, an mich, an die Kirche, hier Verantwortung zu übernehmen und die Wirtschaft irgendwie moralisch unter Druck zu setzen.

Abgesehen davon, dass sich diejenigen, die er wohl vor Augen hatte, kaum je unter die Kleinhüninger Kanzel verirrt haben, und abgesehen davon, dass ich den angesprochenen Sachverhalt gar nicht beurteilen konnte, habe ich nach der ersten Bestürzung gedacht: Gut, dass er kein Prediger ist. Denn das kann ja wohl nicht unser Ziel sein, Leute von der Kanzel herab zur Rechenschaft zu ziehen. Es stellte sich Unmut ein. Eine Mischung aus Verärgerung und Unlust, die mich mit der Zeit eher zur Zurückhaltung hinsichtlich deutlicher politischer Äusserungen im Gottesdienst führte.

Zudem war mir in diesen Anfangsjahren noch sehr viel bewusster als heute – irgendwann schleift sich das etwas ab –, dass ich als Ausländerin, als Deutsche, von der Kanzel spreche. Und ich habe lange gebraucht, bis mir die hiesige politische Landschaft etwas vertrauter wurde. Da erschienen mir Fettnäpfchen möglicherweise noch etwas grösser und vielleicht habe ich es mit meiner Zurückhaltung etwas übertrieben.

Die zweite Situation spielte sich etwa zur gleichen Zeit ab. Nach der Predigt kam eine Gottesdienstbesucherin zu mir und sagte: «Das war aber mutig.» Nach der ersten Verwirrung – ich musste überlegen, was denn wohl mutig gewesen sein könnte in der Predigt, die ich als sehr durchschnittlich und nicht besonders angriffslustig erachtet hatte – fragte ich nach, was sie denn als mutig empfunden habe. Die Antwort lautete: «Dass du gesagt hast: Jesus war Jude.» Ich war sehr überrascht. Ich werde auf dieses Beispiel am Ende des Beitrags noch mal zurückkommen.

Zwischen Mut und Unmut – dieses Spannungsfeld hat mich früh geprägt. Ich habe meine Jugend- und den grössten Teil meiner Studienzeit in Deutschland verbracht, viel von dieser Zeit an Wohngemeinschaftstischen, wo heftig und mit Ausdauer diskutiert wurde. Thema war in der Regel Politik, natürlich auch Politik und Kirche, Politik und Religion. Jeder Hirtenbrief gab damals Anlass zu heissen Debatten.

Das war lange vor 1989, das Weltbild bestand noch aus rechts und links, Ost und West, und wenn jemand sich nicht klar äusserte, kam schon mal die Frage: Auf welcher Seite stehst du eigentlich? Ich gestehe: Ich war mir manchmal nicht so sicher; jedenfalls nicht so sicher wie andere. Diese anderen waren in der Regel etwas älter, sie waren 68er (das ist sehr pauschal gesagt; ich meine damit einen bestimmten Zeitgeist), von mir bewunderte Kämpfernaturen, an denen ich mir ein Beispiel nehmen wollte. Sie hegten ein grundsätzliches Misstrauen gegen den Staat, die Kirche und überhaupt alle Institutionen, und sie wussten viel, auch ohne Internet. Sie wussten, dass die Welt in einem furchtbaren Zustand ist, und sie wussten auch, was zu tun sei. Man musste sich wehren. Alle mussten sich wehren, aufbegehren, den Mund auftun: Sag du doch auch mal was. Drückend lastete auf ihnen das Schweigen der Elterngeneration, das Mitläufertum während der Nazi-Zeit in Deutschland. Es sollte nie wieder so grauenvoll geschwiegen werden, auch nicht in der Kirche.

Die 68er waren für mich wie ältere Geschwister, denen man als Jüngere ja in der Regel viel zu verdanken hat und die eine Vorbildfunktion haben. Sie hatten uns Freiheiten erobert, sich mit der Elterngeneration angelegt und erwarteten zu Recht die Solidarität und das Mittun der Jüngeren, der 78er. Ihre Anliegen waren mehr als berechtigt, ihre Schritte auf dem Weg zu einer besseren Welt für mich nicht immer nachvollziehbar.

Trotzdem haben wir, soweit ich das beurteilen kann, nach Kräften versucht, das weiter zu tragen, was ihr Auftrag, ihr Erbe an uns war. Dazu gehören sicher die Friedens- und die Frauenbewegung, die Anti-Atomkraft- und die Anti-Apartheid-Bewegung, die Hausbesetzungen der frühen 80er Jahre. Die Kirchentage dieser Zeit waren sehr davon geprägt und sie waren voll mit jungen Leuten. Wir 78er waren extrem geburtenstarke Jahrgänge. Wir waren überall viele.

Mein von mir hochverehrter Religionslehrer gehörte zu diesen 68er Kämpfernaturen, ein politischer Mensch durch und durch. Durch ihn bin ich überhaupt zum Theologiestudium gekommen. Er hat mir die Befreiungstheologie und die materialistische Exegese mit auf den Weg gegeben. Wenn schon Kirche, wenn schon Gottesdienst, dann sicher politisch.

Aus dieser Zeit ist mir ein lautes «Du musst» im Ohr geblieben. Vielleicht war es nicht immer ausgesprochen, aber in der Regel gemeint: «Du musst» eine Meinung zu allem haben, diese auch kundtun und dich engagieren. Und zwar für die richtige Seite. «Du musst»: Das macht ein schlechtes Gewissen, Unmut. Und es hält gleichzeitig auch wach, schärft die Sinne: Augen auf, wo ist dein Wort, deine Tat, dein Mut im Sinne des Evangeliums gefragt. «Du musst»: Und irgendwann war ich davon ganz erschöpft.

Zwischen Mut und Unmut – ich habe diesen Arbeitstitel nicht mit einem Fragezeichen versehen, denn dieses «zwischen» ist für mich keine Frage, sondern eigentlich meine erste Reaktion auf die Einladung zu der Tagung. Politische Predigt, Politik im Gottesdienst» «Muss das sein?», habe ich mich gefragt. «Ja, natürlich, das muss sein!», habe ich mir geantwortet. Dazwischen hänge ich nach wie vor.

Ja, es braucht unseren Mut, Dinge, die gesellschaftlich relevant und damit politisch sind, zu benennen, auch wenn es unbequem ist, nicht nur im Gottesdienst. Ja, und wir dürfen uns vielleicht auch einmal zurückhalten, dürfen uns daran erinnern, dass wir eine unter vielen Stimmen sind. Wenn wir öffentlich zu Menschen sprechen, die in der Welt leben und ihre je eigenen Lebenswelten haben, dann ist wohl jede Aussage in der Predigt, im Gottesdienst, die diese Welt und dieses Leben betrifft, politisch. Aber ist es deshalb schon eine politische Predigt?

Ich nehme an, Predigthörerinnen und -hörer, Menschen in unseren Gemeinden, sehen das nicht so. Allein das Stichwort «politische Predigt» oder «Politik im Gottesdienst» würde vielen den Schweiss auf die Stirn und womöglich die Zornesröte ins Gesicht treiben. Da heisst es dann: «Die Kirche muss neutral sein» und «der Pfarrer, die Pfarrerin soll sich aus der Politik heraushalten». Beim Stichwort Politik denken sie nämlich nicht an alles, was das Zusammenleben der Menschen betrifft, sondern sie denken an Wahlkampf, Abstimmungen und Tagesschau. Ich denke, die politische Predigt, verstanden in diesem engeren Sinn, ist für viele problematisch. Damit wird in der Regel wohl die Vorstellung verbunden, dass von der Kanzel eine Schimpftirade losgelassen, eine Gardinenpredigt gehalten wird, wie es umgangssprachlich heisst, eine Rede, die ein autoritäres Gefälle signalisiert, dem sich der Hörer oder die Hörerin ausgeliefert fühlt. «Abkanzeln» ist das Wort, das für solche Sachverhalte ja nicht nur in der Kirche verwendet wird. Es wird befürchtet, dass eine Belehrung und Ermahnung folgt, die bevormundend und besserwisserisch ist. Oder die Gottesdienstbesucher, die Gottesdienstbesucherin befürchten, dass sie nebst den Sorgen und Nöten, die sie mitgebracht haben, noch die Sorgen der Welt mit nach Hause nehmen müssen, verbunden mit Mahnung und Appell.

Hier schliesst sich für mich die Frage der liturgischen Einbettung der Predigt an: Werden die Hörer und Hörerinnen im Eingangsteil, mit Gebet, Liedern, Lesung und gegebenenfalls andern Texten zur Predigt geleitet («vorbereitet» ist mir beinahe schon wieder zu pädagogisch; der Gottesdienst ist keine Schulstunde)?

Und vor allem: Wie schliesse ich den Gottesdienst? Womit sende ich die Menschen wieder aus der Kirche? Ich darf ihnen einiges zumuten, wenn sie auch die nötige Traghilfe bekommen, den nötigen Trost.

Zwischen Mut und Unmut – das, was an der politischen Predigt kritisiert und in Frage gestellt wird, hat, so meine Beobachtung, nicht nur mit den Inhalten zu tun, sondern vor allem mit der Art, wie gepredigt wird, und mit dem Anlass, zu dem etwas gesagt wird.

Es gibt Situationen, da wissen wir Pfarrer und Pfarrerinnen, so wie jeder andere Mensch in der Gemeinde, in der Stadt, dass jetzt ein Wort dazu von der Kirche, in der Kirche nötig ist. Manchmal sofort und nicht erst am darauf folgenden Sonntag.

Es gibt einen Unterschied zwischen Bestürzung und der viel beschworenen Betroffenheit.

In solchen Situationen ist unsere Aufmerksamkeit gefordert, unser *genaues* Hinsehen und Hinhören. Die Kirche ist in unserer heutigen Gesellschaft eine Stimme unter vielen. Wir tun gut daran, nicht mehr eine falsche Autorität zu beanspruchen, die sich in Behauptungen erschöpft. Als Autorität per se werden wir nicht mehr wahrgenommen. Das mögen wir bedauern. Darin liegt aber vielleicht auch eine Gelegenheit, uns neu zu besinnen: Was haben wir auf dem Hintergrund unserer Schriften zu sagen? Was können wir Gutes beitragen, ohne nur zu wiederholen, was schon vielfach von anderen gesagt worden ist? Was ist das besondere Wort im Chor der Stimmen jener, die es gut meinen?

Wir müssen auch gar nicht immer zu allem etwas sagen im Sinne von: «Sag du doch auch mal was!» Die protestantische Predigt gilt vielen als ethisch überfrachtet. Das hat mit den Jahren Überdruss und Unmut erzeugt. Wir dürfen zurückhaltender sein, bescheidener, aber spezifisch und dadurch glaubwürdiger.

Aber wie machen wir das? Ich habe kein Rezept. Meine Erfahrung der letzten Jahre ist, dass Text und Form helfen. Ich erlebe, dass vor allem Menschen, denen die Kirche, der Gottesdienst über die Jahre fremd geworden sind oder die vielleicht nie wirklich mit der Kirche in Kontakt gekommen sind, es als wohltuend empfinden, wenn sie Kirche als Kirche erleben. Wenn Kirche, besonders der Gottesdienst, eben erkennbar anders ist als andere Veranstaltungen im Bildungs- oder Kulturbereich. Wenn der Gottesdienst eine Gelegenheit zur Besinnung ist, zur Selbstbesinnung vor dem Hintergrund der biblischen, evangelischen Botschaft. Ein Ort der Besinnung auch als Unterbrechung und Pause im allgegenwärtigen Stimmengewirr der Meinungen, Appelle, Belehrungen und Werbungen.

Die Kirche hat in den letzten Jahrzehnten versucht, «gleicher» zu werden und auch «gleicher» zu reden, in der Meinung, dann besser verstanden zu werden, einen besseren Beitrag leisten zu können. Das ist, meine ich, nicht so recht geglückt.

Ich habe erst recht spät meine Liebe zu den biblischen Texten, zu den wunderbaren Geschichten, entdeckt, habe erst spät gelernt, auf ihre Kraft zu vertrauen und auch auf die Kraft der Formen. Gelernt habe ich das durch die vielen Kasualgottesdienste, vor allem Trauerfeiern, und in den Gottesdiensten mit hochbetagten, demenzkranken Menschen.

Auf der Suche nach einer Sprache in Situationen, die sprachlos machen, habe ich entdeckt, dass unsere Texte und liturgischen Formen unsere stärksten Verbündeten sind, auch wenn sie etwas spröde erscheinen.

Das sind nicht politische Predigten. Aber wenn wir darum ringen, eine Form für das Politische im Gottesdienst zu finden, und es uns zunehmend schwer fällt, die richtige Sprache dafür zu finden, ist es vielleicht hilfreich, jene anderen Erfahrungen zur Rate zu ziehen.

Politisch predigen könnte für mich deshalb heissen: Text predigen, ganz nahe am Text bleiben, den Hörenden Gelegenheit geben, in die Bilder einzutauchen. Nicht um jeden Preis alles explizit machen, im Sinne einer Aufzählung der üblichen Verdächtigen.

Politik ist im Gottesdienst durchaus angebracht – mit grösster Sorgfalt hinsichtlich der Liturgie. Wenn das nicht möglich scheint, dann wäre zu überlegen, ob nicht ein anderes Gefäss wie z. B. eine Diskussionsveranstaltung sinnvoller wäre, in dem politische Fragen thematisiert werden können.

Politik im Gottesdienst oder in anderen kirchlichen Veranstaltungen sollte jeweils von der Frage begleitet sein: Was möchte ich damit? Was möchte ich damit Gutes bezwecken? Was sollen die Gottesdienstteilnehmerinnen, die Menschen der Gemeinde, mitnehmen? Wodurch sollen sie ermutigt und wozu ermächtigt werden?

Zwischen Mut und Unmut – wo ist nun der Mut geblieben? Kneife ich vor den Herausforderungen der Welt? Diese Frage stelle ich mir und muss sie mir auch gefallen lassen. Wenn ich an meinen Lehrer denke, müsste ich sagen: Ja, vermutlich schon. Wenn ich an die Predigthörerin denke, von der ich eingangs berichtet habe, die es mutig fand, dass ich gesagt habe «Jesus war Jude», denke ich: Eher nein. Nicht, dass ich mich im Nachhinein etwa mutig oder gar kämpferisch fühle, weil ich das gesagt habe. Nein, da war ich gar nicht mutig. 1989 brauchte es für eine solche Aussage in der Schweiz nicht besonders viel Mut. Aber ich meine, da war sie, die Hörerin, mutig. Sie liess sich irritieren, von etwas anrühren, was ihr nicht selbstverständlich war. Sie traute sich, einen anderen, neuen Standpunkt einzunehmen. Ich denke, das könnte Auftrag der politischen Predigt sein: den Hörerinnen und Hörern die Gelegenheit geben, einen neuen, anderen Standpunkt einzunehmen, die Perspektive auf die Welt und sich selbst zu wechseln.

Vielleicht müssen gar nicht wir Pfarrer und Pfarrerinnen allein mutig voranschreiten mit kämpferischen Predigten, obwohl die hin und wieder sicher nicht schaden. Vielleicht dürfen wir den Predigthörern zutrauen, das Richtige zu ergreifen und zu tun und selbst mutig zu sein, ohne dass wir sie belehren und allzu explizit werden.

Vielleicht sind wir mutig da, wo wir uns davon lösen, alles selbst in der Hand haben zu müssen. Da, wo wir die Geistkraft Gottes wirken und wehen lassen, die aber auch etwas unberechenbar ist.

Plädoyer für den nachvollziehbaren Mut

Peter Schmid-Scheibler

1. Erinnerung an den Dialog zwischen Christen und Marxisten

Vor beinahe vierzig Jahren veränderte die Lektüre eines Buches meine Haltung innerhalb der Kirche, meinen Bezug zur Theologie und zum Christentum nachhaltig. Es handelte sich um das Buch des Schweizer Marxisten Konrad Farner.[1] Mit einem Male wurde mir deutlich, dass der jüdische und der christliche Glaube politisch relevant sind (der Islam war mir damals noch nicht deutlich vor Augen). Zuvor hatte ich einen stark literarisch-narrativen Zugang zu biblischen Texten. Farner hatte u. a. bei Karl Barth studiert. Er war eine herausragende Persönlichkeit im Dialog zwischen Christen und Marxisten. Diese Debatten bleiben mir unvergessen, sie spielen im heutigen Bewusstsein jedoch kaum mehr eine Rolle. Ich kann hier den Inhalt seiner Schriften nicht darlegen und auch meine eigene Glaubensbiografie nicht ausführen. Ich sage einfach: Seit jenem Zeitpunkt kann ich Kirche, Theologie und Gottesdienst nicht mehr unpolitisch sehen. Ich beziehe seit Jahrzehnten Anregung und Inspiration von politisch denkenden, schreibenden und handelnden Theologinnen und Theologen.

2. Der Verzicht auf Politik ist eine politische Entscheidung

So weit der Mensch ein «geselliges Wesen» ist, muss er sich als Individuum zur Gesellschaft verhalten, sei es gestaltend oder erduldend – wahlweise alternativ oder kumulativ.

Wer politische Äusserungen im Gottesdienst ablehnt, handelt nicht zwingend unpolitisch, sondern agiert unter Umständen geradezu ‹hoch› politisch. Es wäre jedoch nachzufragen, ob es um eine allgemeine Zurückhaltung gegenüber politischen Aussagen im Gottesdienst geht oder um das gezielte Zurückbinden einer bestimmten politischen Meinung. Der Verzicht auf eine politische Aussage ist zuweilen ein handfester politischer Vorgang.

Was löst ein Gottesdienst bei mir aus? Worin werde ich bestärkt, wozu ermutigt? Ich sehe vier Optionen, denen ich auch als «Mischformen» begegne. Ich werde – erstens – ermutigt, mein Verhältnis zu den Verhältnissen zu verändern. So erfahre ich zum Beispiel Trost. Dies scheint mir beim Abdankungsgottesdienst für einen hochbetagten Menschen «nach einem reichen und erfüllten Leben» als angemessen.

1 Konrad Farner, Theologie des Kommunismus?, Frankfurt a. M. 1969.

Ich werde – zweitens – ermuntert, die Verhältnisse zu verändern. Angesichts eines durch einen rücksichtslosen Fahrer verursachten Todes eines Kleinkindes erscheint ausschliesslicher Trost nicht mehr als ausreichend. Es geht also um die Fähigkeit der Unterscheidung. Der Gottesdienst löst – drittens – bei mir gar nichts aus, ausser vielleicht den Wunsch nach Zeitungslektüre. Die vierte Möglichkeit: Der Gottesdienst verbreitet eine mittlere Ratlosigkeit, weil die Antworten auf die steil formulierte Einstiegsfrage eher flach ausfallen.

3. Neun Aussagen zum Thema

1. Als politisch denkender und handelnder Mensch bin ich gegenüber politischen Aussagen im Gottesdienst unbekümmert offen. Während des Gottesdienstes nehme ich auch eine Aussage entgegen, die ich nicht teile; allerdings nur während des Gottesdienstes, danach lege ich möglicherweise meine Zurückhaltung ab. Aber ein lebensfrohes Selbstbewusstsein überlebt auch eine nicht geteilte Aussage im Gottesdienst.

2. Pfarrerinnen und Pfarrer sollten bedenken, dass auch informierte Zeitungslesende hie und da einen Gottesdienst besuchen. Es soll schon vorgekommen sein, dass ein Gottesdienstbesucher oder eine Gottesdienstbesucherin über einen politischen Gegenstand besser Bescheid wusste als der Pfarrer oder die Pfarrerin. Also bitte keine permanenten Politikkurse für vermeintlich permanente Anfänger/-innen! Es klingt paradox, aber gerade als politisch sehr bewusst denkender und handelnder Mensch, der viele Jahre in der Berufspolitik arbeitete, trete ich für eine gewisse Zurückhaltung ein.

3. Gegenwärtig scheint mir weniger eine ausgeprägte Politisierung unserer Gottesdienste das Problem zu sein, als vielmehr die oftmals vorgetragene Banalisierung der Lebenswirklichkeiten. Der von allerlei Kümmernissen geplagte, aber daran nicht ernsthaft leidende Mensch nimmt für mein Empfinden in vielen Gottesdiensten einen zu grossen Raum ein.

4. Klar erkennbare politische Aussagen zu benennbaren Fragen sind mir auch im Gottesdienst willkommen. Ich ziehe hier eine fassbare Meinung, die ich persönlich nicht teile, einem unpräzisen Streifen der allgemeinen Weltlage vor. Vorgetragener Allerweltsschmerz bereitet mir mehr Mühe als unbequeme ethische Genauigkeit.

5. Schon Paracelsus meinte – allerdings in einem andern Zusammenhang – es komme auf die Dosierung an.[2] So würde ich einen Taufgottesdienst nicht dazu verwenden, die Vorzüge oder Nachteile von HarmoS darzulegen, obwohl sich ein direkter Zusammenhang zur Zukunft des Täuflings ableiten liesse. Den Gottesdienst

2 Paracelsus, Septem Defensiones, 1538, z. B. in der Ausgabe Theophrastus Paracelsus, Werke, besorgt von Will-Erich Peuckert, Bd. 2, Darmstadt 1965, 510.

am «Flüchtlingssonntag» kann ich mir hingegen nicht unpolitisch vorstellen. Etwas bange wird mir auch, wenn ich gelegentlich in einem Gottesdienst eine Anspruchshaltung wahrnehme, als würde die hörende Gemeinde aus lauter Konzernleitungsmitgliedern, Spitzenpolitikerinnen und führenden Wissenschaftlern bestehen. Ich finde es auch nicht hilfreich, wenn die fünf älteren Damen aus der Alterssiedlung unbesehen und direkt für die Folgen der Globalisierung verantwortlich gemacht werden.

6. Krisen gehören benannt und nicht verdrängt, das ist für mich keine Frage. Ich suche jedoch im Gottesdienst Zugänge zu gelingendem Leben. Gelingendes Leben ist für mich rücksichtsvolles Leben und geteiltes Glück. Der Gottesdienst ist für mich kein Ort für verbale Prügelstrafen. Ich hoffe, dass meine Kirche oder zumindest die christliche Botschaft selbst dann noch da ist, wenn die Instrumente der Politik versagen. Aus der Theologie kennen wir Begriffe wie ‹vorpolitisch› oder die Unterscheidung von ‹letzten› und ‹vorletzten› Dingen.

7. Das sozialethische, gesellschaftspolitische Engagement beschränkt sich nicht auf den Gottesdienst. Wir haben Werke wie *Brot für Alle* und *HEKS*, die Missionsgesellschaften, das *Institut für Theologie und Ethik* des SEK, Veranstaltungen und Publikationen, die diese Bereiche abdecken. Es muss deshalb nicht alles, was gesagt, gedacht und empfunden werden kann, in einen einzigen Gottesdienst gepackt werden.

8. Glaubwürdig wirkt für mich eine politische Aussage im Gottesdienst, wenn dahinter eine erkennbare exegetische Fundierung steht, eine persönlich-berufliche Erfahrung, ein neues, zusätzliches Argument, das in der öffentlichen Debatte übersehen oder ausgeblendet wurde. Die Aussage sollte die Qualität der gleichzeitig am Fernsehen laufenden «Sternstunde» zumindest annähernd erreichen!

9. Pfarrerinnen und Pfarrern rate ich zu ‹nachvollziehbarem Mut›. Etwas Mut braucht es schon. Aber es muss zugleich für die hörende und mitfeiernde Gemeinde nachvollziehbar werden und bleiben, weshalb eine bestimmte politische Aussage gerade jetzt in diesem Gottesdienst erfolgt. Die Gemeinde wird eine politische Aussage durchaus akzeptieren, wenn dahinter eine echte Haltung, ein glaubwürdiges Engagement und eine nachvollziehbare Meinung der Pfarrerin oder des Pfarrers erkennbar und spürbar sind.

Homiletik und Liturgik des politischen Gottesdienstes

Politische Predigt

Albrecht Grözinger

So selbstverständlich wir den Begriff der politischen Predigt verwenden und wir in der Regel auch wissen, auf was wir uns dabei beziehen, so bedarf es doch der Klärung dieses Begriffes, um im homiletischen Diskurs in den Disput über die Eigenart, über das Recht und die Grenze politischer Predigt einzutreten.

Um zu wissen, was eine politische Predigt ist, müssen wir zunächst fragen, was denn das sei – Politik? In der Diskussion um den Begriff des Politischen begegnen wir in der Regel zwei Verständnissen von Politik, nämlich einem engeren und einem weiteren Verständnis des Politischen. Für einen weiten Begriff des Politischen kann Aristoteles stehen. Für ihn gehört in den Bereich der Politik alles, was dem «guten Leben» dient. Dies ist zunächst einmal einsichtig. Allerdings bringt dieser weite Begriff des Politischen auch eine Schwierigkeit mit sich. Wenn Politik all das ist, was dem guten Leben dient, wird dann nicht letztendlich alles zur Politik? Denn die Wissenschaft, die Religion, die Kunst – wollen und sollen sie nicht alle dem guten Leben dienen? Und es ist ja auch nicht falsch, dass alle diese menschlichen Tätigkeiten in den Bereich des Politischen hineinragen, dass der Wissenschaft, der Religion und Kunst auch die Dimension des Politischen anhaftet. Nur – werden sie damit selbst zur Politik? Wissenschaft als Politik? Religion als Politik? Kunst als Politik? Unser durch die Erfahrungen des 20. Jahrhunderts geschärfter Instinkt sagt uns, dass dies nicht sein darf. Wir werden deshalb gut daran tun, nach einem engeren Begriff von Politik zu fragen, wenn uns unter der Hand nicht alles zur Politik werden soll. Gerade wer nicht leugnet, dass Wissenschaft, Religion und Kunst eine politische Dimension haben, tut gut daran, nicht alles zur Politik werden zu lassen. Denn nur wenn wir einen solchen engeren Begriff von Politik haben, können wir auch ein kritisches Differenzierungskriterium einführen, um einen politischen Missbrauch von Naturwissenschaft, Kunst und Religion von ihrer durchaus berechtigten politischen Funktion zu unterscheiden. Gerade auch das homiletische Nachdenken über Recht und Grenze politischer Predigt bedarf eines solchen Differenzierungskriteriums.

Max Weber hat nun einen – im Vergleich zu Aristoteles – sehr viel engeren Begriff des Politischen in Anschlag gebracht. Max Weber sieht das Wesen des Politischen in der Fähigkeit, die Verteilung von Macht zu beeinflussen und zu regeln, wobei es um die Macht zwischen Staaten und um die Macht von einzelnen Gruppen innerhalb eines bestimmten Staatsgebietes gleichermassen geht. Dies mag keine sympathische Definition des Politischen sein, realistisch ist sie gleichwohl. Denn Politik hat es in der Tat mit der Verteilung von Macht und des Verfügens über

Macht zu tun. Die entscheidenden Differenzen zwischen den politischen Staatsverfassungen einer Demokratie, einer Diktatur, einer Monarchie oder einer durch Clans bestimmten Gesellschaft lassen sich daran festmachen, wie sie den Zugang zur Macht bestimmen und legitime und illegitime Macht voneinander unterscheiden. Und für unser heutiges Verständnis einer demokratisch legitimierten Macht gehört auch die Frage dazu, wofür und wogegen Macht eingesetzt wird, die Frage nach den Zielen der Politik also. In diesem Sinne verstehe ich unter politischer Predigt eine Predigt, die sich in diesen Diskurs um Legitimation und Ziele der in einer Gesellschaft sich immer schon vorfindlichen politischen Machtverhältnisse einschaltet.

1. Das Jahrhundert der politischen Predigt

Otto Dibelius hat in seinem berühmten Buch aus dem Jahre 1928 bereits im Titel das 20. Jahrhundert als das «Jahrhundert der Kirche» bezeichnet.[1] Dies mag – zumindest für den europäischen Raum – am Ende dieses Jahrhunderts und am Beginn des 21. Jahrhunderts als eine reichlich verfehlte Prognose erscheinen. Eines aber war das 20. Jahrhundert im deutschsprachigen Raum auf jeden Fall – es war das Jahrhundert der Politischen Predigt. Am Anfang dieses Jahrhunderts war Deutschland eine Monarchie, eine Staatsform, die aus der Antike über das Mittelalter bis in die industrielle Moderne hineinragt. Durch die kulturellen Erschütterungen, die der verlorene Erste Weltkrieg auslöste, wenn auch nicht allein verursachte, fand Deutschland zu einer recht instabilen Demokratie, die dann zwischen den beiden Totalitarismen des Faschismus und Stalinismus zerrieben wurde. Die Verbrechen des nationalsozialistischen Regimes und der verlorene Zweite Weltkrieg etablierten die Konkurrenz zweier Staaten in Deutschland. In dieser Konkurrenz massen sich noch einmal ein totalitäres Politikmodell und der Versuch, in Deutschland dauerhaft eine demokratisch grundierte Gesellschaft zu etablieren. Am Ende des 20. Jahrhunderts ist Deutschland ein Land mit zwar grossen sozialen und wirtschaftlichen Problemen, gleichwohl scheint dadurch die Entscheidung für das demokratische Modell und das sich allmähliche Herausbilden eines zivilgesellschaftlichen Bewusstseins nicht gefährdet zu sein.

Diese Erfahrung extremer Veränderungen im Bereich der politischen Machtstrukturen hat auch die Predigt nicht unbeeinflusst gelassen. Evangelische Predigt war darin verwickelt, oft aktiv, oft passiv, oft die jeweilige Herrschaftsform legitimierend, und – dies war wohl der grösste homiletische Lernprozess im 20. Jahrhundert – sie zunehmend auch kritisch hinterfragend. Die Geschichte des protestantischen Gottesdienstes und der protestantischen Predigt im 20. Jahrhundert

1 Otto Dibelius, das Jahrhundert der Kirche. Geschichte, Betrachtung, Umschau und Ziele der Kirche im 20. Jahrhundert. Berlin 1926.

wird so zu einer Geschichte, die eine atemberaubende innere Dynamik aufweist. Diese Geschichte möchte ich hier ganz kurz erzählen.

Im «Gesangbuch für die evangelische Kirche in Württemberg», das ich von meiner Grossmutter geerbt habe, findet sich ein Abschnitt mit der Überschrift «Fürst und Vaterland». Welche Lieder haben die evangelischen Württembergerinnen und Württemberger über ihren König und über das Königreich Württemberg gesungen? Fremd für unsere heutige Ohren und gleichwohl anrührend mag das Lied anmuten, das an Königs Geburtstag gesungen wurde. Ein Tag übrigens, dessen mein Grossvater noch nach dem Zweiten Weltkrieg in der Weise gedachte, dass er an diesem Tag im Anzug am Frühstückstisch erschien. Das Lied, das nach der Melodie von «Nun danket alle Gott» gesungen wurde, lautet in der ersten und den letzten beiden Strophe so:

> «Preis, Ehr und Lob sei dir, in dessen Schirm und Schatten wir bis zur Stund allhierviel Heil zu schmecken hatten, der auch zu jeder Frist allmächtig nah und fern ein Herr und König ist des Königs, unsers Herrn.
>
> Du wollest seine Treu vergelten durch die Treue, womit ihn täglich neu ein gutes Volk erfreue, daß dein Gebot im Bund von ihm und uns gescheh, und seines Thrones Grund in unsern Herzen steh.
>
> O segne, was wir flehn an seinem Jahresfeste, und gib zum Wohlergehn ihm deiner Gaben beste! Gib, daß er's nie vergißt noch wir, wie du so gern ein Herr und König bist, des Königs, unsres Herrn.»[2]

Die Lektüre vieler Predigten in Deutschland vor 1918 hat mir gezeigt, dass dieses kleine Lied des württembergischen Oberhofpredigers und Prälaten Karl Grüneisen exemplarisch stehen kann für die Art und Weise, wie politische Gottesrede sprachlich realisiert wurde. Das Lied reisst ja keineswegs die Grenze zwischen König und Gott ein. Der König wird nicht vergöttlicht. Über dem König steht ein anderer «König und Herr». Gleichwohl kommen durch die sprachliche Figur von Gott als dem «Herrn und König» des württembergischen «Königs, unseren Herrn» beide, Gott und König, doch sehr nahe beieinander zu stehen. Und es ist die Frage, wie haltfest die durchaus eingezogene Differenz zwischen beiden ist.

Uns zivilgesellschaftlich und multikulturell grundierten Menschen des beginnenden 21. Jahrhunderts mögen solche patriotischen Lieder wie Melodien aus einer fernen, fremden Welt erklingen. Doch es ist daran zu erinnern, dass das 19. Jahrhundert, das diese Art und Weise der politischen Gottesrede erfunden hat, in Europa das Jahrhundert der neu entstehenden Nationalismen war. Wir blicken heute

2 Gesangbuch für die evangelische Kirche in Württemberg, Stuttgart 1912, Nr. 453.

auf diesen überbordenden Nationalismus zurück – von den Katastrophen her, in die er Europa geführt hat. Und wir vergessen dabei, dass dieser Nationalismus durchaus am Anfang auch eine Freiheitsgeschichte war. Auf den Schlachtfeldern gegen die napoleonischen Heere, die die Freiheitsideale der Französischen Revolution mit sich brachten und zugleich imperiale Eroberer waren, entstand der junge deutsche Nationalismus auch als Einspruch gegen die Unterdrückung durch einen fremden Staat, und dann im Hambacher Fest des Jahres 1832 auch als Bekenntnis zu den individuellen Freiheitsrechten, eine politische Bewegung, die im Paulskirchenparlament ihren Höhepunkt und kurz danach ihr drastisches Ende fand. Vielleicht fand der Nationalismus so leicht Eingang in die Herzen der Deutschen, und vielleicht waren sie deshalb an dieser Stelle auch besonders verführbar, weil sie sich immer noch an diese anfängliche Freiheitsgeschichte erinnerten. Der Nationalsozialismus etwa hat es auf demagogische Weise verstanden, sich als Erbe dieser Freiheitsgeschichte darzustellen.

Das Beispiel der in dieser Hinsicht glücklicheren und wohl auch unschuldigeren Schweiz zeigt, dass politisch-patriotische Gottesrede durchaus auch in demokratischen Verhältnissen populär war. Die heutige Schweizer Nationalhymne – aus gutem Grunde nicht allzu oft gesungen, sondern nur als Melodie gehört – ist ein Paradebeispiel politischer Gottesrede:

«Trittst im Morgenrot daher,
seh ich dich im Strahlenmeer,
dich du Hocherhabener, Herrlicher!
Wenn der Alpen Firn sich rötet,
betet freie Schweizer, betet!
Eure fromme Seele ahnt,

Gott ihm hehren Vaterland, Gott, den Herrn, im hehren Vaterland.
Kommst im Abendglühen daher,
find ich dich im Sternenheer,
dich, du Menschenfreundlicher, Liebender!
In des Himmels lichten Räumen kann ich froh und selig träumen;
denn die fromme Seele ahnt
Gott ihm hehren Vaterland, Gott, den Herrn, im hehren Vaterland.

Ziehst im Nebelflor daher,
such ich dich im Wolkenmeer,
dich, du Unergründlicher, Ewiger!
Aus dem grauen Luftgebilde, bricht die Sonne klar und milde,
und die fromme Seele ahnt
Gott ihm hehren Vaterland, Gott, den Herrn, im hehren Vaterland.

Fährst im wilden Sturm daher,
bist du selbst uns Hort und Wehr,
du, allmächtig Waltender, Rettender!
In Gewitternacht und Grauen laßt uns kindlich ihm vertrauen!
Ja, die fromme Seele ahnt,
Gott ihm hehren Vaterland, Gott, den Herrn, im hehren Vaterland.»[3]

Dieses Lied ist im Jahr 1841 entstanden, also kurz vor dem Entstehen dessen, was wir die moderne Schweiz aus dem Jahr 1848 nennen, deren Staatsverfassung in ihren Grundstrukturen noch heute die politische Wirklichkeit der Schweiz bestimmt. Ist das nun ein Kirchenlied oder eine Nationalhymne? Wohl beides, ein merkwürdiger Zwitter. Theologisch ist dieses Lied darin, dass zentrale doxologische Namen Gottes (Hocherhabener, Liebender, Ewiger, Rettender!) die Struktur des Liedes bestimmen. Und zugleich ist in dieses Lied der Alpenmythos eingeschrieben, der das zivilreligiöse Bewusstsein der Schweiz noch heute bestimmt. Können wir zivilgesellschaftlich und multireligiös grundierte Menschen heute ein solches Lied noch singen? Interessant ist, dass das Lied in das neue «Gesangbuch der Evangelisch-reformierten Kirchen der deutschsprachigen Schweiz» aus dem Jahr 1998 aufgenommen wurde. Heute wird das Lied hin und wieder bei Gottesdiensten im Grünen, etwa in einem Alp-Gottesdienst, gesungen. Auf den Gesichtern der Menschen ist beim Singen dieses Liedes eine Mischung aus Ergriffenheit und Ironie zu sehen. Nur in dieser Gebrochenheit ist es wohl heute noch zu singen, in dieser Gebrochenheit aber erfreut es sich einer offensichtlich zunehmenden Beliebtheit. Politische Identitätsbildung in einer Zeit der Herausforderung durch die kulturelle und religiöse Buntheit einer globalisierten Welt?

Doch kehren wir von unserem Ausflug in die Schweiz in das Deutschland der Jahre 1914–1918 zurück. Ich habe oben von der durchaus vorhandenen, aber schwach ausgebildeten Differenz zwischen dem himmlischen und irdischen König im dem Geburtstagslied für den Württembergischen König gesprochen. Und ich habe gefragt, wie haltfest diese so schwach eingezogene Differenz sein kann. Die Kriegspredigt des Ersten Weltkriegs zeigt, dass auf die Haltfestigkeit dieser Differenz kein Verlass war. In einer Predigt vom 20. September 1914 aus Anlass des Ausmarsches Kriegsfreiwilliger hören wir folgende Worte:

«[...] Der größte Gedanke, den ein Mensch fassen kann, nein, von dem er erfaßt wird, ist der Gedanke an Gott. Und dieser Gedanke verbindet sich in unserer Zeit unwillkürlich und ungekünstelt mit dem des Vaterlandes. Gott und das Vaterland. Wir spüren es

3 Gesangbuch der Evangelisch-reformierten Kirchen der deutschsprachigen Schweiz, Basel/Zürich 1998, 3. verbesserte Auflage 2006, Nr. 519.

jetzt unmittelbar: Beide gehören zusammen. – Ihr alle kommt von einer bestimmten Heimat, der eine vom Dorf, der andere von der Stadt. Ihr habt bewußt oder unbewußt ein Gefühl, daß dort, in der Heimat, die Wurzeln eurer Kraft liegen. Die Heimat hat euch eure Eigenart, euer Bestes, was ihr habt, geschenkt. Aber nicht nur jeder einzelne hat seine Heimat, sondern auch jedes große Volk, das durch Sprache, Sitte, Geschichte und Klima zusammengehört. Wir leben nicht nur in dieser Heimat, unserem Vaterland, wir leben auch von ihm, das heißt: Aus ihm heraus ziehen wir unsere Gaben und Aufgaben, unseren Charakter und unsere Eigenart, unsere Kräfte und geistigen Säfte. Ohne diese Gottesordnung des Vaterlandes wäre die Menschheit zersplittert und zerrissen, wäre die Menschheit ein buntes Gewirr von einzelnen durcheinander gewühlten Individuen, mit auseinanderstrebenden Wünschen, Zielen und Absichten. [...] Wenn diese Gottesordnung in Gefahr ist unterzugehen, wenn der durch eine heilige Geschichte, durch reiche, ehrliche Arbeit, durch das höchste sittliche Streben errichtete Bau von Neid und Machthunger der Nachbarn zerstört werden soll, dann ist es nichts weniger als unsere heilige Pflicht, sich zu wehren, dann ist der Krieg, der auf der einen Seite ein Frevel ist, auf der anderen Seite ein Gottesdienst. Das ist der erste Sonntagsgedanke, den ich euch für euren harten Werktagsdienst mitgeben möchte: Eure Arbeit ist ‹ein Werk des Herrn›; euer Kriegsdienst ist ein Gottesdienst. Das haltet euch vor, wenn die Arbeit Schweiß kostet! [...] Ein schlechter, gottloser Mensch ist nie ein guter Soldat, und ein rechter Soldat ist immer auch ein guter Christ.»[4]

In dieser Predigt sind so ziemlich alle Unterscheidungen unterblieben, von denen eine gemässigte patriotische Gottesrede bisher getragen war. Gott und das Vaterland gehören unverbrüchlich zusammen; das Vaterland, zur Zeit der Predigt in seiner politischen Gestalt nur etwas mehr als 40 Jahre alt, wird zur Gottesordnung; die Geschichte mit ihren Kontingenzen wird zur heiligen Geschichte; Kriegsdienst wird zum Gottesdienst; und jeder rechte Soldat wird zum guten Christen. Eine so geartete politische Predigt liefert ihre Hörerinnen und Hörer den jeweils geltenden politischen Verhältnissen schutzlos aus. Dies mag in einer Gesellschaft mit einer gewissen öffentlichen Pluralität an politischen, religiösen und weltanschaulichen Orientierungen – und dies war selbst das Deutsche Kaiserreich während des Ersten Weltkrieges – nicht in aller Schärfe zu Tage treten. Die Wirkung einer solchen politischen Gottesrede entwickelt aber ihre volle Dynamik im Kontext einer Gesellschaft mit einer politisch totalitären Ordnung. Und deshalb gelangten die mit dem Nationalsozialismus sympathisierenden Deutschen Christen zum Höhepunkt einer politischen Gottesrede, der jegliches Differenzierungskriterium fehlt. Die Deutschen Christen konnten sich damit in einen breiten Traditionsstrom politischer Predigt stellen, stellen ihrerseits jedoch einen Sonderfall in doppelter Hinsicht dar.

4 Zit. n. Gert Otto, Von geistlicher Rede, Güterloh 1979, 96.

Zum einen waren die christlichen Kirchen in Deutschland zum ersten Mal mit einem Regime konfrontiert, das aus seiner Feindschaft gegenüber dem Christentum zunehmend keinen Hehl machte und das intern sogar – nach dem grossen Krieg, den zu führen und zu gewinnen man sich vorgenommen hatte – erste Überlegungen zur gewaltsamen und restlosen Beseitigung aller christlichen Kirchen und Gemeinschaften anstellte. Zum anderen gab es unter den Deutschen Christen durchaus ernsthafte Theologen, die sich auf die Anverwandlung der Theologie und der kirchlichen Praxis an die neuen politischen Machtverhältnisse verstanden. Man muss dabei nicht nur an Emanuel Hirsch und Friedrich Gogarten, der dem Nationalsozialismus allerdings sehr bald desillusioniert den Rücken kehrte, denken. So gründeten die Deutschen Christen in Württemberg bereits im Juli 1933 – also wenige Monate nach der Ernennung Adolf Hitlers zum Reichskanzler – ein wöchentlich erscheinendes Organ mit dem Titel «Deutscher Sonntag», auf dessen Titelseite das Hakenkreuz und das Christusmonogramm nebeneinander zu sehen waren. In der zweiten Nummer des «Deutschen Sonntag» war das folgende Kampflied zu lesen, das aus der Feder des württembergischen Pfarrers Immanuel Schairer stammte, der zugleich Herausgeber des Wochenblattes war:

> «Die Herzen hoch, die Hände her! Wir rufen zum Ganzen.
> Es blinkt und blitzt die Glaubenswehr – auf stürmet die Schanzen!
> Und drüber töne frank und frei der Deutschen Christen Feldgeschrei:
> Gott ist uns groß, der Bruder wert,
> in Erd und Himmel hochgeehrt Christus Versöhner.
>
> Die Herzen hoch, die Hände her! Aus Not neu geboren.
> Die deutschen Glocken dröhnen schwer, der Eid sei geschworen!
> Der bösen Geister Widerpart – er trifft bei uns auf Christenart:
> Gott ist uns groß, der Bruder wert,
> in Erd und Himmel hochgeehrt Christus Versöhner
>
> Die Herzen her, die Hände hoch! Auf flamme dein Feuer.
> Du Kirche deutsch – es waltet noch der Herre, dem du teuer.
> Vorbei ist es mit träger Ruh, nun geht's dem Überwinden zu!
> Gott ist uns groß, der Bruder wert,
> in Erd und Himmel hochgeehrt Christus Versöhner.»

Auch dieses Lied steht, wenn auch auf äusserst zugespitzte Weise, in der Tradition politischer Gottesrede innerhalb des deutschen Protestantismus. Theologisch-sprachliche Motive verbinden sich mit dem Sprach-Gestus und der Symbolik der herrschenden – dieses Mal nationalsozialistischen – Ordnung.

Diese politische Gottesrede ist dann nicht unwidersprochen geblieben. Hatte schon Karl Barth nach dem Ende des Ersten Weltkriegs die Koalition zwischen Theologie und herrschender Kultur aufzukündigen versucht, so bekommen nun die Denkstrukturen der frühen Dialektischen Theologie eine neue Plausibilität. Dies nicht zuletzt auch deshalb, weil sich in der *Theologischen Erklärung von Barmen* aus dem Jahr 1934 die Position eines traditionellen Luthertums – als Protagonist wirkte hier Hans Asmussen – mit dem Ansatz der Barth'schen Theologie zu einem zeitbedingten historischen Kompromiss zusammen gefunden haben. Direkt und indirekt wird in der Barmer Erklärung auch das Problem der politischen Predigt verhandelt, denn die Bekennende Kirche sah sich ja nicht zuletzt durch die profilierte politische Predigt der Deutschen Christen herausgefordert. Die beiden entscheidenden Thesen dazu – es sind die Thesen 2 und 5 – lauten:

> «Wie Jesus Christus Gottes Zuspruch der Vergebung aller unserer Sünden ist, so und mit gleichem Ernst ist er auch Gottes kräftiger Anspruch auf unser ganzes Leben; durch ihn widerfährt uns frohe Befreiung aus den gottlosen Bindungen dieser Welt zu freiem, dankbarem Dienst an seinen Geschöpfen. Wir verwerfen die falsche Lehre, als gebe es Bereiche unseres Lebens, in denen wir nicht Jesus Christus, sondern anderen Herren zu eigen wären, Bereiche, in denen wir nicht der Rechtfertigung und Heiligung durch ihn bedürften. [...] Die Schrift sagt uns, daß der Staat nach göttlicher Anordnung die Aufgabe hat, in der noch nicht erlösten Welt, in der auch unsere Kirche steht, nach dem Maße menschlicher Einsicht und menschlichen Vermögens unter Androhung und Ausübung von Gewalt für Recht und Frieden zu sorgen. Die Kirche erkennt in Dank und Ehrfurcht gegen Gott die Wohltat dieser seiner Anordnungen an. Sie erinnert an Gottes Reich, an Gottes Gebot und Gottes Gerechtigkeit und damit an die Verantwortung der Regierenden und Regierten. Sie vertraut und gehorcht der Kraft des Wortes, durch das Gott alle Dinge trägt. Wir verwerfen die falsche Lehre, als solle der Staat über seinen besonderen Auftrag hinaus die einzige und totale Ordnung menschlichen Lebens werden und also auch die Bestimmung der Kirche erfüllen. Wir verwerfen die falsche Lehre, als solle und könne sich die Kirche über ihren besonderen Auftrag hinaus staatliche Art, staatliche Aufgaben und staatliche Würde aneignen und damit selbst zu einem Organ des Staates werden.»

Herausgefordert durch die politische Predigt der «Deutschen Christen» formuliert die Barmer Theologische Erklärung auch eine Theorie der Politischen Predigt, die in den eben zitierten Thesen anklingt. Das Thema der politischen Predigt wird zwar in Barmen nicht explizit angesprochen, jedoch enthalten die beiden Thesen, die das Verhältnis von Kirche und Staat bestimmen, theologische Perspektiven, die auch die politische Predigt qualifizieren. Barmen ist insofern von Bedeutung, als hier nicht allein die lutherische und die reformierte Tradition sich zu einer gemeinsamen Sichtweise zusammenfinden, sondern weil Barmen das Verhältnis von Kirche und Staat ungemein differenziert – und dies in wenigen Sätzen – beschreibt. Auf der einen Seite wird Gottes kräftiger Anspruch auf das ganze Leben betont. Damit ist ausgeschlossen, dass der Bereich des Politischen in einer theologisch unbedeutsamen Eigenständigkeit sich ansiedelt, was die ursprüngliche Zwei-Regimenter-Lehre Luthers auch nie im Blick hatte. Damit ist aber auch eine politische Predigt grundsätzlich in ihr Recht gesetzt. Auf der anderen Seite wird der Bereich des Politischen durchaus in seiner Eigenständigkeit gewürdigt. In ihm wird «nach dem Maß menschlicher Einsicht und menschlichen Vermögens unter Androhung und Ausübung von Gewalt» entschieden und gehandelt. Eine Bestimmung, die den Überlegungen Max Webers sehr nahe kommt. Zugleich ist der Bereich des Politischen kein Selbstzweck; der Staat hat für «Recht und Frieden» zu sorgen. Demgegenüber handelt die Kirche nicht direkt politisch. Sie steht aber durchaus in politischer Verantwortung, denn «sie erinnert an Gottes Reich, an Gottes Gebot und Gerechtigkeit und damit an die Verantwortung der Regierenden und Regierten» – was durchaus als eine Definition einer theologisch reflektierten politischen Predigt gelten kann. Ungemein vorwärtsweisend erscheint mir zudem, wie in der Barmer Theologischen Erklärung Staat und Kirche in ihren Funktionen dadurch bestimmt werden, dass ihnen eine Grenze gesetzt wird, die sie nicht überschreiten dürfen. Der Staat darf niemals zur «einzigen und totalen Ordnung menschlichen Lebens» werden, und die Kirche darf sich nicht «staatliche Aufgaben und staatliche Würde» aneignen. Es wird sowohl vor einer Politisierung der Kirche gewarnt wie andererseits einer Klerikalisierung der Politik gewehrt werden soll. Dies ist – *avant la lettre!* – im Grunde schon zivilgesellschaftlich gedacht. Die Barmer Theologische Erklärung formuliert Differenzen, die als politisch und theologisch heilsame Differenzierungen gelten können. Insofern hat die Barmer Theologische Erklärung auch ihre Bedeutung für die politische Predigt in einer demokratischen Zivilgesellschaft.

Die Bedeutung der Barmen Theologischen Erklärung für die Praxis der Politischen Predigt kann kaum hoch genug veranschlagt werden. Die Bekennende Kirche wurde gerade auch in ihrer Liturgie und Predigt für die Menschen erkennbar. Die öffentlichen Fürbittengebete für die Gefangenen, die oft konkret beim Namen genannt wurden, schufen im totalitären Staat einen Raum von Gegen-Öffentlichkeit, den sich keine andere Institution mehr leisten konnte. Ein eindrückliches Beispiel einer solchen Gegen-Öffentlichkeit und damit auch der Politischen Predigt ist der Gottesdienst in Berlin-Dahlem am Busstag des Jahres 1938, den Helmut Gollwitzer hielt. Dem Gottesdienst unmittelbar vorausgegangen war das grosse Juden-Pogrom vom 9. November 1938. Gollwitzer beginnt seine Predigt über Lukas 3,3–14 (den Bussruf Johannes des Täufers) mit folgenden Sätzen:

> «Liebe Gemeinde! Wer soll denn heute noch predigen? Wer soll den heute noch Buße predigen? Ist uns nicht allen der Mund verstopft an diesem Tage? Können wir heute noch etwas anderes, als nur schweigen? Was hat nun uns und unserem Volk und unserer Kirche all das Predigen und Predigthören genützt, die ganzen Jahre und Jahrhunderte lang, als daß wir heute so hereinkommen müssen, wie wir hereingekommen sind? Was hat es genützt, daß Gott unserem Volk so viel hat gelingen lassen? Was hat die große, freudig empfangene Gabe des Friedens vor noch nicht zwei Monaten genützt, als daß jetzt jedes der Zehn Gebote, die wir soeben gehört haben, wie ein Hammer uns traf und niederschlug? Welch ein kurzer Augenblick liegt zwischen jener Friedensnachricht und

> diesem Bußtag! Damals haben wir uns an dieser Stätte sagen lassen, daß der neue Friede ein neuer Raum zur Buße ist, – und jetzt, wenige Wochen später, wie sind wir dran? Wie ist jener Raum genutzt worden? Was muten wir Gott zu, wenn wir jetzt zu ihm kommen und singen und die Bibel lesen, beten, predigen, unsere Sünden bekennen, so als sei damit zu rechnen, daß Er noch da ist und nicht nur ein leerer Religionsbetrieb abläuft!»[5].

Das ist politische Predigt zweifellos. Politische Ereignisse werden auf direkte und indirekte Weise angesprochen. Die Krise um das Sudetenland, die dann im Kompromiss des Münchner Abkommens endete, ist direkt angesprochen. Und noch bedrohlicher, weil eben nicht direkt genannt, stehen die Ereignisse des 9. November 1938 im Raum. Gerade das indirekte Benennen macht die Ereignisse so präsent. Dem stehen Gott und seine Gebote schroff entgegen. Auch hier wird nur benannt, nicht beredet, nicht erklärt. Gott und seine Gebote stehen den politischen Ereignissen gegenüber. Dadurch erhalten sie ihre politisch brisante Bedeutung. Meilenweit ist diese Predigt entfernt von der Predigt an die Kriegsfreiwilligen des Jahres 1914. Beides sind politische Predigten, und beide sind durch Abgründe voneinander getrennt. Homiletisch lautet also die Frage nicht: Politische Predigt – ja oder nein? Sondern: Welche politische Predigt? Damit aber sind wir bei der Frage nach der Praxis der politischen Predigt heute angelangt.

2. Die verfehlte Gegenwart politischer Predigt

Das 20. Jahrhundert war in Deutschland das Jahrhundert der Ablösung von der monarchischen Ordnung, der Erfahrung zweier totalitärer Regimes und der schwierigen und keineswegs abgeschlossenen Versuche, eine demokratische Gesellschaft aufzubauen, zu bewähren und damit zu bewahren. Die Politische Predigt war – woran unsere kleine Erzählung vom Jahrhundert der Predigt erinnern sollte – in die Geschichte dieser politischen Abläufe verwickelt. Das Versagen und die wenigen Momente des Glückens politischer Predigt sind nur vor dem Hintergrund der jeweiligen geschichtlichen Situation zu verstehen und zu bewerten. Insofern ist politische Predigt heute etwas anderes als politische Predigt in einer Monarchie oder im totalitären Staat.

Die politische Predigt eines Helmut Gollwitzer am Busstag des Jahres 1938 war ein auch persönlich höchst riskantes Unternehmen. Der Weg von der Kanzel in das Konzentrationslager war kurz. Heute steht – Gott sei es gedankt – die politische Predigt in unseren Breitengraden nicht mehr unter diesem Risiko. Gleichwohl bleibt die Verantwortung für die politische Predigt. Allerdings scheint es, dass viele

5 Zit. n. ebd., 111f.

Predigerinnen und Prediger den Ort politischer Predigt in einer pluralistischen, demokratischen Gesellschaft noch nicht gefunden haben. Nicht selten hat man den Eindruck, dass die wechselvolle Geschichte politischer Predigt im deutschsprachigen Raum den Predigerinnen und Predigern eher im Wege steht, als dass sie daraus für ihre Gegenwart lernen.

Christiane Burbach hat in einer umfassenden Studie eine grosse Anzahl politischer Predigten unserer Gegenwart analysiert.[6] Insofern kann den Ergebnissen dieser Untersuchung durchaus ein gewisser repräsentativer Anspruch zugeschrieben werden. Politische Predigt, oder besser gesagt: die konkrete Praxis politischer Predigt, gerät bei ihr sehr kritisch in den Blick. Die «gewöhnliche» politische Predigt, die auf unseren Kanzeln zu hören ist, ist offensichtlich nicht so beschaffen, dass man ihr unbesehen ein positives Zeugnis ausstellen kann. Ich habe das Buch von Burbach sehr genau studiert, habe viele von ihr zugrunde gelegten Predigten gelesen und kann mich ihrem Urteil nur anschliessen. Sie formuliert vor allem drei kritische Einsichten aus ihrer Analyse.

(1) Die Predigerinnen und Prediger stehen im Schatten der Wirkungsgeschichte politischer Predigt. Es soll nicht mehr zu einer unheilvollen Vermischung von Politik und Religion kommen. Dies ist an sich nicht zu tadeln (im Gegenteil), führt jedoch in der Predigtpraxis dazu, dass «das Verhältnis von Politik und Religion weitgehend als dualistisches dargestellt wird. Der Weltbezug ‹politischer Predigt› ist der der Kritik. Die Konkretionen bleiben häufig hinter der Konkretheit der Problembeschreibungen zurück und werden den gesellschaftlichen und politischen Notwendigkeiten nicht gerecht, fehlen völlig oder realisieren das andere Extrem, indem sie – in Gestalt der Elite-Helden – die Möglichkeiten durchschnittlicher Gemeindeglieder überfordern. Das Spektrum realistischer Handlungsmöglichkeiten bleibt weitgehend ausgespart.»[7] Eine so geartete politische Predigt verfehlt ihre eigene Intention. Sie wirkt notwendigerweise entpolitisierend. Politik wird dem Raum des konkreten Handelns, des alltäglichen Kompromisses entzogen und in eine Sphäre des Heldenhaften versetzt. Wir alle – so denke ich – sind wohl keine Gandhis, keine Martin Luther Kings und keine Nelson Mandelas. Im Grunde hat eine solche politische Predigt – wiederum contre cœur – eine antidemokratische Tendenz. Sie redet einer Aristokratisierung der Politik das Wort, indem sie uns nur wenige Heroen vor Augen stellt, die offensichtlich allein zu wirklichem politischen Handeln befähigt sind. Damit aber verliert die politische Predigt die reale Politik, wie sie sich in einer Zivilgesellschaft abspielt, aus den Augen.

(2) Damit werden zugleich die konkreten Hörerinnen und Hörer der volkskirchlichen Gottesdienstgemeinde in bedenklicher Weise qualifiziert: «Die Gemeinde

6 Christiane Burbach, Argumentation in der «politischen Predigt» Frankfurt am Main 1990, 52–166.
7 Ebd., 167.

wird dem Kosmos der sich zu Gott und den religiösen Idealen in Opposition befindlichen Welt zugerechnet. Damit ist nicht die christliche Handlungsfreiheit, sondern das mangelnde Vertrauen in die Handlungsfähigkeit der Gemeinde im Bewusstsein der Prediger das Problem. Woher auch immer sich dieser Zweifel speist, ob aus den pastoralen Erfahrungen in der Zeit des Nationalsozialismus, aus der starken Identifikation der Prediger mit der Widerstandsgeschichte, aus der starken Identifikation mit den religiösen Idealen, aus einem autoritären Predigtverständnis oder aus allen diesen Motiven gemeinsam, er scheint der Ursprung der nur sehr mangelhaft versuchten Weltgestaltung innerhalb der Predigt zu sein.»[8] Politische Predigt verführt offensichtlich zur Wiederholung eines alten homiletischen Schemas, das im Selbstverständnis von Predigenden heute ganz unbestritten keinen Platz mehr hat, aber offensichtlich in der Praxis weiterhin am Werk ist: Der Prediger auf der Kanzel steht über der Gemeinde. Er weiss es besser als die Gemeinde, und deshalb sagt er der Gemeinde, wo es langgeht.

(3) Schliesslich stellt Burbach eine kräftige «Pastorenzentriertheit» der politischen Predigten fest: «Diese beginnt mit der Reklamierung der Helden- und Autoritätenrolle für sich selbst und setzt sich darin fort, daß die Heldensubjekte so gewählt sind, daß sie vor allem als Identifikationsfiguren für männliche Akademiker – in höherer Position – in Frage kommen. Die Reflexion der Gemeinde bleibt demgegenüber undifferenziert und ist vor allem negativ besetzt. Die Gemeinde scheint die Größe zu sein, in der den Predigern ‹Welt› und ‹Gesellschaft› begegnet. Dies definiert sie zu Gegnern der Prediger im Kommunikationsgeschehen Predigt. Indem andererseits die Identifikation mit Person und Handeln von Elite-Helden nahegelegt wird, muß der Eindruck entstehen, daß den Predigern selbst, nicht der Gemeinde verkündigt wird.»[9]

Im Grunde verweist das Ergebnis der Untersuchung von Burbach auf eine Katastrophe: die Katastrophe der Politischen Predigt in der Zivilgesellschaft. Ich schreibe diesen Satz in dem Bewusstsein, mich selbst dabei nicht auszunehmen. Allzu oft bin ich bei ihren Predigtbeispielen und ihren Analysen an meine eigene Predigtpraxis erinnert worden. Die politische Predigt auf protestantischen Kanzeln möchte die Fehler der Vergangenheit vermeiden und bleibt doch dieser Vergangenheit verhaftet. Im Grunde ist die politische Predigt des zeitgenössischen Protestantismus in den zivilgesellschaftlichen Verhältnissen unserer pluralistischen Gegenwart noch nicht angekommen. Wie aber sähe dies aus: Politische Predigt in der Zivilgesellschaft?

8 Ebd., 167.
9 Ebd., 167f.

3. Die Erfindung des Politischen

Die Zivilgesellschaft prägt auch das Gesicht der gottesdienstlichen Gemeinde. Wir haben es dort mit kompetenten Menschen zu tun, die nicht in die Gottesdienste kommen, um von den Predigenden Antworten zu hören, sondern die Hilfestellungen erwarten, sich selbst ihre eigenen Antworten geben zu können. Wir haben es mit Menschen zu tun, die aus den Erfahrungen des 20. Jahrhunderts heraus mit Recht den «grossen Erzählungen» misstrauen, aber doch nach tragfähigen Geschichten, Symbolen und Weltdeutungen Ausschau halten. Wir haben es mit Menschen zu tun, die den alten Wegen politischer Gestaltung misstrauen, und die dennoch wissen, dass es ohne Politik nicht geht. Wie müsste eine politische Predigt aussehen, die solche Menschen als Partner/-innen des Predigtgeschehens akzeptiert und nicht über ihre Erfahrungen und Erwartungen hinwegredet?

Ulrich Beck hat in seinen soziologischen Analysen auf einen Kategorienfehler hingewiesen, dem ganz offensichtlich auch die politische Predigt unserer Gegenwart immer wieder aufsitzt. Dieser Fehler besteht seiner Ansicht nach in «der Gleichsetzung von Politik mit Staat, von Politik mit politischen Systemen».[10] Demgegenüber identifiziert Beck das Politische in der pluralistischen Zivilgesellschaft an ganz anderer Stelle: «Das Politische bricht jenseits der formalen Zuständigkeiten und Hierarchien auf und aus [...]. Wir suchen das Politische am falschen Ort, mit den falschen Begriffen, in den falschen Etagen, auf den falschen Seiten der Tageszeitungen. Genau die Entscheidungsbereiche, die im Modell des Industriekapitalismus im Windschatten des Politischen liegen – Privatheit, Wirtschaft, Wissenschaft, Kommunen, Alltag usw. – geraten in der reflexiven Modernisierung in die Stürme der politischen Auseinandersetzungen. Dabei ist wichtig: Wie weit das geht, was das heißt, wohin das führt, ist selbst wiederum abhängig von politischen Entscheidungen, die nicht nur ergriffen, sondern auch geformt, programmatisch gefüllt und in Aktionsmöglichkeiten umgesetzt werden müssen. Politik bestimmt – eröffnet, ermächtigt – Politik. Diese Möglichkeiten einer Politik der Politik, einer Erfindung des Politischen nach seinem ‹bewiesenen› Ende gilt es aufzudecken und auszuleuchten.»[11]

Beck redet damit nicht einer falschen Ausweitung des Politischen das Wort. Nicht alles, was dem ‹guten Leben› dient, ist Politik, aber alles kann in bestimmten Situationen, von bestimmten Menschen so identifiziert, zur Politik werden. Politik hat es auch bei Beck weiterhin mit der Verteilung und Gestaltung von Macht zu tun. Politik, das ist aber in der Zivilgesellschaft nicht mehr das Monopol der traditionellen politischen Institutionen wie Parteien und Parlament, sondern Politik wird von einzelnen Menschen und von den zivilgesellschaftlichen Assoziationen

10 Ulrich Beck, Die Erfindung des Politischen, Frankfurt am Main 1993, 155.
11 Beck, Erfindung des Politischen (Anm 11), 156f.

her identifiziert und gestaltet. Manche Verkrustungen staatlicher Politik, nicht zuletzt auch im sozialen Bereich, können dann aufgebrochen werden, wenn die zivilgesellschaftlichen Assoziationen das alte Monopol des Politischen überwinden und neue Formen der Politik entwickeln. Die Kirchen als zivilgesellschaftliche Assoziationen könnten sich mit an dieser Erfindung des Politischen beteiligen: «Erfindung des Politischen meint: schöpferische, selbstschöpferische Politik, die gerade nicht alte Gegnerschaften kultiviert und renoviert, aus ihnen die Mittel der Macht gewinnt und schärft, sondern neue Inhalte, Formen und Koalitionen entwirft und schmiedet. Gemeint ist eine Renaissance des Politischen, die – um ein Bild von Fichte aufzugreifen – ‹sich selbst setzt›: aus Aktivität ihre Aktivität entwickelt und entfaltet, sich sozusagen am eigenen Schopfe aus dem Sumpf des Eingefahrenen zieht. Gemeint ist nicht ‹Gesinnungspolitik› (Max Weber) oder eine Politik der Lippenbekenntnisse. Die Erfindung des Politischen bedarf im Gegenteil einer machiavellistischen Realistik. Aber sie erschöpft sich nicht darin, sondern übt und ringt um Räume, Formen und Foren der Stil- und Strukturbildung und -findung innerhalb und außerhalb des politischen Systems.»[12]

Eigentlich müsste die politische Predigt, von Barmen her und von neueren homiletischen Erkenntnissen über die Chancen einer Predigt als «offenes Kunstwerk» belehrt, gut gerüstet sein, um sich an diesem zivilgesellschaftlichen Projekt einer Erfindung des Politischen zu beteiligen. Barmen wehrte eine autoritäre Klerikalisierung des Politischen ab und setzte zugleich dem Staat eine Grenze. Beides ist gut zivilgesellschaftlich gedacht. Die Theorie von der Predigt als einem «offenen Kunstwerk» macht Ernst mit den Kompetenzen der Predigthörerinnen und -hörer: Sie sind es, die von ihren Erfahrungen und Erwartungen her die Impulse, die von der Predigt ausgehen, aufnehmen und gestalten. Eine solche Predigt möchte nicht mehr länger Antworten vorgeben, sondern Sinnfindungs- und Gestaltungsräume eröffnen. Auf solche Sinnfindungs- und Gestaltungsräume ist das angewiesen, was Beck die «Erfindung des Politischen» nennt. Die Predigt ist dabei ein Faktor unter anderen. Sie ist eine zivilgesellschaftliche Partnerin in der Buntheit einer pluralistischen Partnerschaft. Wenn sie allerdings sich in die Partnerschaft zur Erfindung des Politischen einbringen würde, dann würde sie sich selbst als politische Predigt neu erfinden.

4. Die sich selbst neu erfindende politische Predigt

Gibt es Kriterien einer solchen Neu-Erfindung der politischen Predigt? In der vielfältigen homiletischen Literatur über Recht und Grenze der politischen Predigt fin-

12 Ebd., 210.

det sich immer wieder der Hinweis auf Jesus von Nazaret. Im Ensemble der Argumente für und gegen eine politische Predigt ist dieser Hinweis natürlich ein Trumpf-Ass. Denn wenn sich politische Predigt direkt von Jesus her begründen liesse, dann könnten im Grunde keine Argumente mehr dagegen eingeführt werden. Doch wie verhält es sich damit? Kann von der Verkündigung und vom Handeln Jesu her die politische Predigt der Gegenwart begründet werden? Ein naiver biblizistischer Zugriff ist uns heute sicher verwehrt und findet sich in der wissenschaftlichen Diskussion auch kaum mehr. Wir müssen also in dieser Hinsicht hermeneutisch reflektierter vorgehen. Wenn sich allerdings eine politische Dimension im Wirken Jesu ausmachen liesse, dann liessen sich von daher auch Impulse für das Nachdenken über das politische Predigen heute gewinnen. Mit der Frage nach eben dieser «politische Dimension des Wirkens Jesu» hat sich jüngst Gerd Theißen in einem instruktiven kleinen Aufsatz befasst.[13]

Theißen versetzt uns zunächst einmal in ein spannungsreiches Geflecht historischer Befunde, die sich seines Erachtens aus der biblischen Überlieferung ergeben. Zum einen dürfte unbestreitbar sein, dass Jesus ein konsequenter Vertreter der Gewaltlosigkeit war. Dem widerspricht auch nicht die wohl kaum gewaltlos verlaufende sogenannte Tempelsäuberung, die – analog zu gewissem Verhalten alttestamentlicher Propheten – als Symbolhandlung zu verstehen ist. Wenn Hosea als Symbolhandlung eine Ehebrecherin zur Frau nimmt, dann rechtfertigt er damit nicht den Ehebruch. Weiterhin geben die neutestamentlichen Zeugnisse Anlass dazu, dass Jesus für sich selbst durchaus eine – wie auch immer geartete – messianische Autorität in Anspruch genommen hat. Zu einhellig sind die Zeugnisse, die von Jesus als dem Messias reden, und sie können auch nicht alle als nachträgliche Interpretationen verstanden werden. Das messianische Reich seinerseits war eng mit politischen Konnotationen einer befreienden Herrschaftsordnung verbunden (*basileia theou!*) und insofern in die Dynamik der Macht einbezogen. Theißen resümiert denn auch folgendes Ergebnis seiner historisch-exegetischen Recherche: «Jesus vertrat demonstrativ Gewaltlosigkeit, weckte aber gleichzeitig die Erwartung, ein messianischer Herrscher zu sein. Darin liegt ein Widerspruch: Herrschaft (auch eine messianische Herrschaft) stützt sich latent immer auf Gewalt. Läßt sich dieser Widerspruch durch die Annahme erklären, daß Jesus zutiefst unpolitisch war – so unpolitisch, daß ihm die Unvereinbarkeit von Gewaltlosigkeit und politischer Herrschaft gar nicht bewußt war? Oder wurde er von seiner Umgebung (von Anhängern und Gegnern) politisch mißverstanden? Oder war er in anderer Weise politisch?»[14]

13 Gerd Theißen, Die politische Dimension des Wirkens Jesu, in: Wolfgang Stegemann, Bruce J. Malina, Gerd Theißen (Hgg.), Jesus in neuen Kontexten, Stuttgart 2002.

14 Ebd., 118.

Theißen bejaht die letzte Frage und versucht, das Besondere des Politischen im Wirken Jesu zu bestimmen. Jesu Wirken ist von symbolischen Handlungen mit einer unverkennbar politischen Dimension durchzogen: Einer seiner Exorzismen gilt dem Dämon «Legion», was an die Struktur des römischen Besatzungsheeres erinnert; Jesus spricht seinen Jüngern die Macht und Richterkompetenz über die zwölf Stämme Israels zu und nicht den gegenwärtigen Herrschern (Mt 19,28); Jesus zieht wie ein König in Jerusalem ein und entlegitimiert durch die Tempelreinigung die damalige Priesteraristokratie etc. Gleichwohl erhebt Jesus nirgendwo den direkten Anspruch auf unmittelbare politische Herrschaft. Theißen prägt dafür den Begriff der «Symbolpolitik» und kennzeichnet damit ein Wirken, das unverkennbar «politisch» wirkt und dennoch im «Politischen» nicht aufgeht. Diese Symbolpolitik beschreibt auf der einen Seite die Strukturen irdischer Politik, vor allem ihre Machtbasis, sehr genau und ermöglicht auf der anderen Seite einen Blick auf die Politik, den das Politische aus sich selbst heraus nicht freisetzen kann: «Ohne Politik gibt es kein gutes Leben. Das hat Aristoteles klar gesehen. Aber Politik ist Auseinandersetzung um Machterwerb und Machterhaltung. Das hat Machiavelli gelehrt. Das Dilemma ist: ‹*Power corrupts. Absolute power corrupts absolutely*› (Lord Acton). Jesus hat es allein der Macht des Absoluten zugetraut, diese Aporie zu lösen. In Erwartung der Herrschaft Gottes hat er auch politisch gewirkt. Dabei ist bei ihm das Ziel aller zivilen Bemühungen in der Politik erkennbar, die Gewalt in der Politik zurückzudrängen und zu zähmen. Jesus gehört in den Diskurs der Menschheit um Macht und Gewalt. Sein politisches Handeln will Gewalt minimieren, führt den Kampf mit legitimierender und delegitimierender Symbolpolitik und will auch die Machtlosen zum Subjekt von Macht erheben. Sein Wirken hat eine politische Dimension – und das gilt sogar dann, wenn man den engeren Politikbegriff zugrunde legt.»[15]

Auch die Theorie der Zivilgesellschaft ist getragen von der Einsicht Lord Actons «Power corrupts. Absolute power corrupts absolutely». Deshalb versucht sie, Macht zu begrenzen, nicht aber zu negieren, weil alles politische Handeln auf Macht – legitime Macht! – angewiesen ist. Eine wichtige Funktion bei dieser «Balance of Power» spielen die zivilgesellschaftlichen Assoziationen, wobei jede dieser einzelnen zivilgesellschaftlichen Assoziationen ihren spezifischen Beitrag leistet. Der spezifische Beitrag der politischen Predigt zum «Diskurs der Menschheit um Macht und Gewalt»[16] – wie Gerd Theißen dies genannt hat – ist es, Einsichten, die aus der Symbolpolitik Jesu zu gewinnen sind, für ihre jeweilige Gegenwart zu reformulieren. Reformulieren heisst nicht, einfach nur zu wiederholen. Die politischen Verhältnisse unserer Gegenwart sind andere als die zur Zeit Jesu, wenn auch die Welt im Zeichen der Globalisierung durchaus Ähnlichkeiten mit dem Imperium

15 Ebd., 122.
16 Ebd. 120.

Romanum zur Zeit Jesu aufweist. Ähnlich heisst aber nicht identisch. Deshalb muss jede Zeit für sich ihre politische Predigt neu erfinden. Der spezifische Raum, in dem wir zur Neuerfindung der politischen Predigt herausgefordert sind, ist die pluralistische, globalisierte und zugleich individualisierte Gesellschaft heute. In ihr müssen sich die Lebensgeschichten formen und definieren. Und diesen zu formenden und zu definierenden Lebensgeschichten gilt die politische Predigt. Gerade die lebensgeschichtliche Orientierung schliesst – daran hat Urich Beck nachdrücklich erinnert – die Dimension des Politischen nicht aus. Wie müsste eine solche lebensgeschichtlich orientierte politische Predigt heute aussehen? Ich möchte hierzu abschliessend zwei Punkte benennen.

1. Unsere Medienlandschaft prägt gegenwärtig die politischen Diskussionen und Kontroversen. Es erscheint so, dass für Politiker Auftritte etwa in der TV-Show bei Sabine Christiansen am Sonntagabend mindestens ebenso wichtig sind wie ihre Präsenz im Parlament. Zwar sollten wir nicht in die Falle der Mediengesellschaft tappen, dass nur das existiert, was in den Medien vorkommt. Gerade die Lebensgeschichten des Alltags bewegen sich oft abseits aller medialen Präsenz. Gleichwohl werden diese Lebensgeschichten auch durch die Medien in einem nicht geringen Ausmass bestimmt. Die Massenmedien neigen dazu – dies ist kein Vorwurf, sondern ein analytisches Urteil – Probleme zu personalisieren. Die Probleme werden dadurch handlicher, plastischer, darstellbarer. Dies muss nicht nur ein Mangel sein, wenngleich damit meistens eine nicht unbeträchtliche Reduktion der Komplexität eines bestimmten Problemzusammenhanges verbunden ist. Aus der Ambivalenz der Personalisierung politischer Sachprobleme werden wir wohl nicht mehr herauskommen. Deshalb kommt es darauf an, mit dieser Ambivalenz sachgerecht umzugehen.

Eines der grössten Probleme der Personalisierung politischer Sachfragen besteht darin, dass sich damit sehr schnell eine Feind-Erklärung verbindet. Es war der grosse Kommunikator Ronald Reagan, der den Begriff des «Reiches des Bösen» geprägt hat, was ja gegenwärtig zu einer «Achse des Bösen» mutiert ist. Mit einer Personalisierung politischer Gegnerschaft ist im extremstem Fall – der aber gar nicht so selten ist – eine Enthumanisierung des jeweiligen politischen Gegners verbunden. Ich nenne ein Beispiel: Dass die Truppen, die den Irak von Sadam Hussein befreiten, nach den alten Machtträgern suchen, ist legitim. Ebenso unbestritten ist, dass zum Hussein-Regime Menschen gehörten (Saddam Hussein eingeschlossen), die nach den Regeln der kodifizierten Menschenrechte ungeheuerliche Verbrechen begangen haben und deshalb einem Gericht zugeführt werden müssen. Dass an diese Truppen dann aber Kartenspiele mit Konterfeis der Meistgesuchten verteilt werden, stellt eine Verletzung der persönlichen Würde eines Menschen dar, die noch dem gemeinsten Verbrecher zuzugestehen ist. Wie wirkungsvoll andererseits diese Karten waren, zeigt ihre Präsenz in den Medien. Dort sind sie bis auf den heutigen Tag immer wieder zu sehen. Natürlich verstricken sich Politiker selbst gern immer wieder in eine solche Dynamik, in der eine bestimmte politische Funktion und die eigene Person bis zur Unkenntlichkeit miteinander verquickt werden.

Im Grunde kehrt mit einer solchen Verquickung von Sachposition und Personen, die diese Position vertreten, die alte und schon überwunden geglaubte Politik-Definition von Carl Schmitt wieder. Bekanntlich vertrat Schmitt die These, der Kern des Poltischen bestehe in der «Unterscheidung von Freund und Feind». Damit aber wird jede politische Kontroverse zum potenziellen Bürgerkrieg, was Schmitt auch gar nicht bestritten hätte. Sicher ist, bei totalitären Regimes zum Feind erklärt zu werden, für die Betroffenen weitaus gefährlicher, als dies in einer parlamentarischen Demokratie der Fall ist. Aber auch parlamentarische Demokratien sind nicht davor gefeit, ihr menschliches Gesicht zu verlieren. Dies hat etwa die schwierige Zeit gezeigt, als die Bundesrepublik Deutschland durch den brutalen Terror der sogenannten Rote Armee Fraktion herausgefordert war. Auch noch der entschlossenste Mörder hat das Recht, im Fernsehen nicht als gefangenes Freiwild präsentiert zu werden. Gerade der Kampf gegen den Terror, und da stehen wir gegenwärtig unter veränderten Bedingungen mitten drin, trägt die Versuchung in sich, sich selbst von der Signatur des Terrors anstecken zu lassen. Denn es kennzeichnet den Terrorismus, dass er mit letzter Konsequenz die Unterscheidung von Person und Position, von Person und Tat negiert. Selbst noch die Unschuldigsten können zum Ziel eines tödlichen Angriffs werden, wenn sie nur als Symbole einer bestimmten politischen Option erscheinen.

Humane Politik steht vor der Herausforderung stetiger Entfeindung, gerade weil politische Kontroversen eine Tendenz hin zur politischen Feinderklärung – durchaus verschiedener Intensität – haben. Eine wichtige Voraussetzung solcher Entfeindung ist die Unterscheidung von Person und Position, von Person und Tat. Und hier hat die politische Predigt eine besondere Kompetenz in den politischen Diskurs der Zivilgesellschaft einzubringen. Denn es war die Reformation, die genau diese Unterscheidung zu einem ihren zentralen Anliegen machte. Dabei ist dieses Anliegen für die Reformatoren in erster Linie ein theologisches Anliegen. Und deshalb hat es in der Predigt seinen privilegierten Ort. Es ist allerdings ein theologisches Anliegen mit klaren und weitreichenden politischen Konsequenzen. Eberhard Jüngel, der sonst gegenüber allen Formen eines allzu raschen Übergangs von der theologischen in die politische Dimension grosse Vorbehalte hat, hat diesen Zusammenhang eindrücklich dargestellt: «Wer aus der Gerechtigkeit Gottes lebt, der weiß, daß wir unsere eigene Anerkennung nicht selber ins Werk setzen müssen. Gerechtfertigt sein heißt: eine unwiderruflich anerkannte Person zu sein. Wer aus der Gerechtigkeit Gottes lebt, der wird aber auch im anderen Menschen eine von Gott unwiderruflich anerkannte Person respektieren: allen ihren möglichen Leistungen und Erfolgen zuvorkommend, allen ihren faktischen Fehlleistungen und Mißerfolgen zum Trotz. Nicht was ein Mensch aus sich selbst macht, entscheidet über ihn, sondern daß Gott aus Sündern Gerechte gemacht hat, entscheidet über unser ewiges und deshalb auch über uns zeitliches Leben. Wer aus der Gerechtigkeit Gottes lebt, der wird in jeder menschlichen Person mehr sehen als nur einen Täter oder Untäter. Die Rechtfertigung des Sünders verbietet es, die beste Tat, aber auch die schlimmste Untat, mit dem Ich zu identifizieren, die sie tat. Sie entmythologisiert den Mythos vom sich durch seine Erfolge selber übertreffenden Übermenschen und läßt uns hinter der Fassade des sich mit seinem Lebenswerk verwechselnden Selbstgerechten einen erbarmungswürdigen Menschen entdecken. Sie entmythologisiert aber genauso den Mythos vom sich durch seine Untaten zur Unperson machenden Unmenschen und läßt uns auch im schlimmsten Fall hinter einer trostlosen Lebensgeschichte die menschliche Person entdecken, deren Gott sich selbst erbarmt hat. Wer aus der Gerechtigkeit Gottes lebt, kennt keine hoffnungslosen Fälle. Er erkennt in jedem Fall eine Person, der göttliche Erbarmung widerfahren ist und die eben deshalb auch unter Menschen erbarmungswürdig ist – wie jeder von uns. Es gibt unmenschliche Taten. Es gibt unheimlich viele unmenschliche Taten. Doch Gottes Gerechtigkeit verbietet es uns, die unmenschliche Tat kategorial so auszuweiten, daß ihr Subjekt mit ihr identifiziert und dadurch zum Unmenschen erklärt wird. Die Kategorie des Unmenschen ist selber eine unmenschliche Kategorie.»[17]

Jüngel erinnert mit diesen Sätzen an eine Erfahrung, die die Gottesgeschichte den Menschen, die mit ihr in Berührung geraten, zu vermitteln vermag. Es ist die Erfahrung der heilsamen Unterscheidung der Person von ihren Taten. Diese Unterscheidung berührt den Kern der *Conditio humana*. Wo diese Erfahrung ein Leben bestimmt, macht sie die eigene Lebensgeschichte und die Lebensgeschichte der anderen menschlicher. Von dieser Erfahrung geht deshalb eine eigentümlich humanisierende Kraft aus. Von der Erfahrung dieser humanisierenden Kraft her kann sich politische Predigt jeweils aufs Neue für ihre konkrete Gegenwart erfinden. Eine solche politische Predigt «politisiert» nicht, sie gibt aber unserem Blick auf alle Dimensionen des Politischen eine neue Perspektive. Insofern wird in einer solchen politischen Predigt das Politische selbst neu erfunden. In dem so neu erfundenen Raum des Politischen müssen Entscheidungen nicht heillos personalisiert werden, sondern werden überhaupt erst als Sachentscheidungen erkennbar. Auch der politische Irrtum – den es immer gibt und immer geben wird – wird humanisiert. Wer politisch irrt, hat sich als Person nicht diskreditiert. Wo politische Irrtümer derart entlastend humanisiert werden, können sie auch leichter eingesehen und korrigiert werden. Insofern erweitert eine politische Predigt, die an diese entlastende Humanisierung erinnert, die faktischen Handlungs- und Gestaltungsräume von Politik. Die Politik wird damit nicht weniger verantwortungsvoll, aber leichter. Vielleicht

17 Eberhard Jüngel, Das Evangelium von der Rechtfertigung des Gottlosen als Zentrum des christlichen Glaubens, Tübingen 1968, 226f.

scheint in den Raum des derart erfundenen Politischen sogar ein Licht, dessen es im harten Geschäft des politischen Alltags so mangelt – das Licht des Erbarmens.

2. Politik hat es mit Gestaltungs- und Handlungsalternativen zu tun. In Politik sind deshalb auch immer ethische Alternativen eingeschrieben. Die grossen politischen Auseinandersetzungen unserer Gegenwart, wie die Frage nach dem Recht oder Unrecht präventiver und/oder «friedensschaffender» Kriege oder die Frage nach den Chancen und Gefahren der Genmedizin, haben nicht von ungefähr grundsätzliche ethische Debatten provoziert bis hin zur Einrichtung von Ethik-Kommissionen, die die Politik beraten sollen. Ethische Entwürfe verbinden sich ihrerseits nicht selten mit Utopien. Ja man kann mit einem gewissen Recht sagen, dass jede grosse Ethik dem Geist der Utopie entspringt. Dies gilt für die prophetische Ethik des Alten Testaments ebenso wie für die Bergpredigt. Dies gilt aber auch für die ethischen Implikationen des Marxismus, die im 19. und 20. Jahrhundert Millionen von Menschen zu verpflichten wussten. Gerade die Geschichte des sich realisierenden Kommunismus zeigt nun aber auch, dass der utopische Gehalt von grossen Ethiken diese selbst immer gefährdet. Die sich geschichtlich realisierende Utopie neigt allemal dazu, als realisierte Utopie totalitär zu werden und sich damit selbst zu dementieren. Dies zeigt übrigens nicht nur die Geschichte des Marxismus-Leninismus. Auch die christliche Inquisition und der von der Genfer Reformation hingerichtete Michael Servet zeugen davon. Weder die Inquisitoren noch Johannes Calvin waren moralisierende Desperados, sondern von aufrichtigen ethischen Idealen getragene Menschen, deren Verwirklichung nach ihrer Überzeugung eben ihren (Blut-)Preis kostet. Wir bezeichnen es heute als die Lehre des 20. Jahrhunderts, diesen Zusammenhang erkannt und daraus unsere Konsequenzen gezogen zu haben. Damit aber stehen wir hinsichtlich der Ausbildung von Ethiken vor einem Dilemma. Lösen wir die Ethik von ihren utopischen Gehalten, dann berauben wir sie ihres eigentlichen Kraftzentrums. Bestehen wir weiterhin auf deren geschichtlicher Realisierung, dann unterliegen wir dem Mechanismus des totalitären Ausschlusses oder der Vernichtung dessen, was sich der Realisierung der Utopie nicht beugt. Gibt es ein Drittes, das ja nur ein «Dazwischen» sein könnte?

Dieses «dritte Dazwischen» bestünde meines Erachtens darin, dass wir der Utopie wieder ihren ursprünglichen Ort zuweisen. Dieser ursprüngliche Ort der Utopie sind die Religion und die Kunst. Wenn sie diesem Ort entrissen wird, wenn sie geschichtlich realisiert wird, dann – aber erst dann! – entsteht jener Mechanismus des totalitären Ausschlusses. Die Utopie steht damit natürlich im Verdacht, vor der Wirklichkeit zu versagen oder sie nur zu verklären. Nur wurde dieser Verdacht erst in dem Augenblick laut, indem sich die Menschen an die geschichtliche Realisierung von Utopien gemacht haben. Heute gilt es diesem Verdacht entschieden zu widersprechen. Utopien wirken gerade dadurch, dass sie nicht realisiert werden. Jede Realisierung von Utopie dementiert diese. Um der Utopie willen gilt es, deren utopischen Gehalt zu bewahren.

Wie lässt sich nun die Wirkung einer Utopie beschreiben, auf deren geschichtliche Realisierung verzichtet wird? Den Versuch einer solchen Beschreibung hat an prominenter Stelle Robert Musil in seinem Roman «Der Mann ohne Eigenschaften» unternommen. Die Kraft der als Utopie bewahrten Utopie bewährt sich für Musil im Möglichkeitssinn, den er dem Wirklichkeitssinn entgegenstellt. Von diesem Möglichkeitssinn heisst es: «Wer ihn besitzt, sagt beispielsweise nicht: Hier ist dies oder das geschehen, wird geschehen, muß geschehen; sondern er erfindet: Hier könnte, sollte oder müßte geschehen; und wenn man ihm von irgend etwas erklärt, daß es so sei, wie es sei, dann denkt er: Nun, es könnte wahrscheinlich auch anders sein. So ließe sich der Möglichkeitssinn geradezu als die Fähigkeit definieren, alles, was ebensogut sein könnte, zu denken, und das, was ist, nicht wichtiger zu nehmen, als das, was nicht ist. Man sieht, daß die Folgen solcher schöpferischen Anlage bemerkenswert sein können, und bedauerlicherweise lassen sie nicht selten das, was die Menschen bewundern, falsch erscheinen, und das, was sie verbieten, als erlaubt oder wohl auch beides als gleichgültig. Solche Möglichkeitsmenschen leben, wie man sagt, in einem feineren Gespinst von Dunst, Einbildung, Träumerei und Konjunktiven: Kindern, die diesen Hang haben, treibt man ihn nachdrücklich aus und nennt solche Menschen vor ihnen Phantasten, Träumer, Schwächlinge und Besserwisser oder Krittler.»[18]

Man spürt, dass Musil mit dem Möglichkeitssinn etwas anderes meint als die Beliebigkeit eines *anything goes*, wie es der Postmoderne so gern unterstellt wird. Der Möglichkeitssinn stellt eine neue Verbindlichkeit unserer Wahrnehmungen her, die als eine «offene» Verbindlichkeit gegenüber einer «geschlossenen» Verbindlichkeit begriffen werden kann. Utopisch ist sie gerade darin, dass sie die Möglichkeit des «Offenen» auch noch einmal gegen den Möglichkeitssinn selbst wendet. Der Möglichkeitssinn ist kein Prinzip, sondern eine Suchbewegung, die in der Vielfalt sinnlicher Wahrnehmungen – wie es Musil sehr schön formuliert – den «noch nicht erwachten Absichten Gottes»[19] nachspürt.

Politische Predigt könnte sich als Anwältin dieser «noch nicht erwachten Absichten Gottes» verstehen. Sie wäre dann eine Freundin des Möglichkeitssinns, der gleichwohl nicht dem totalitären Furor eines «Dies muss so und nicht anders gemacht werden» verfallen wäre. Sie wäre politisch nicht in dem Sinne, dass sie neue utopische Rezepte verkündigte, sondern dass sie den Möglichkeitssinn in den Menschen stärkte. Nicht das Himmelreich auf Erden gilt es zu realisieren. Die, die das wollen, schaffen ja in der Regel die menschlichen Höllen, in denen Menschen auf unmenschliche Weise zu leiden haben. Wohl aber gilt es, wiederum für das alltägliche Handwerk der Politik, die Lust am «Sinn und Geschmack für das Unendli-

18 Robert Musil, Der Mann ohne Eigenschaften (1931/32), Hamburg 1981, 16.
19 Ebd.

che» (Friedrich Schleiermacher) zu wecken. Die, die diese Lust am Sinn und Geschmack für das Unendliche kennen, wissen von der Kraft der Utopie, die aus weiter Ferne in unsere Welt hineinleuchtet und uns damit auf eigentümliche Weise nahekommt. Politische Predigt weiss von jenem «aufgehenden Licht in der Höhe», von dem der alte Zacharias sang (Lk 1,78). Jenes Licht erlischt dort, wo Menschen sich selbst und ihre Taten mit diesem Licht verwechseln. Jenes Licht aber kann dort, wo es die Menschen von ihrem eigenen Vermögen zu unterscheiden wissen, eben dieses menschliche Vermögen im buchstäblichen Sinn «erleuchten». Was kann es für die Politik besseres geben, als derart ins rechte Licht gerückt zu werden?

Was hat der Prediger politisch noch zu bedeuten? Pastoraltheologische und kirchentheoretische Überlegungen zur Aufmerksamkeits-Kunst gegenwärtiger Kanzelrede

Thomas Schlag

1. Zur «Leichtigkeit» politisch bedeutsamer Predigtrede

Es ist für den Prediger bzw. die Predigerin längst ein Leichtes, anhand der medialen Berichterstattung über die Weltverhältnisse sowie mithilfe der Kenntnis rhetorischer Kunstregeln auf ein vielfältiges Instrumentarium für die erkennbar politische Predigt zurückzugreifen. Für ein Predigtmenü in politischer Absicht können die tagespolitischen Analysen und Kommentare mit den entsprechenden Such- und Kompilationstechniken mühelos als Ingredienzien für das anschaulich gewürzte Wort zusammengestellt werden. Mit der nötigen digitalen Kompetenz lassen sich schon lange auf denkbar einfache Weise die grossen historischen und gegenwärtigen Predigtvorbilder des politischen Protestantismus konsultieren und deren Gedanken geradezu mühe- und willenlos übernehmen. Zudem können selbst die einschlägigen biblischen Referenzen sowie einzelne Abschnitte kirchenleitender Orientierungshilfen und Stellungnahmen im Copy-and-Paste-Verfahren leicht behauen und mühelos als Pflastersteine in den eigenen Argumentationsweg eingebaut werden.

Auch in professioneller Hinsicht scheinen für eine erkennbar politische Predigt alle Wege offen. Es gehört zum homiletischen Standardrepertoire universitärer und kirchlicher Fachausbildung, zukünftige Predigerinnen und Prediger vor der altbekannten Falle einseitiger politischer Ausrichtung und politischer Funktionalisierung deutlich zu warnen. Dass die individuelle politische Stellungnahme von parteipolitischer Programmatik zu unterscheiden ist, stellt längst einen Allgemeinplatz dar. Und dass auf manchen Kanzeln politisch einseitig gepredigt werde, dürfte in den allermeisten Fällen sehr viel weniger auf die Predigtrealität als auf ein politisches Missfallen bestimmter Hörer zurückzuführen zu sein – bekanntermassen melden sich hier klagend vornehmlich diejenigen zu Wort und drohen sogar mit Kirchenaustritt, denen das gepredigte Wort zu linkslastig ist. An diesem Sensibilitätsextrakt hinsichtlich des Politischen mangelt es den Predigenden in der Regel insofern wenigstens theoretisch nicht.

Aber auch das Umgekehrte gilt: Es stellt längst eine homiletische Grundeinsicht dar, dass jedes Predigen natürlich auf seine implizite politische Bedeutsamkeit hin befragt werden kann und soll. Der immer wieder laut werdende Vorwurf, die Predigenden der Gegenwart würden die politischen Zusammenhänge weitgehend vernachlässigen oder ignorieren, hat weder in der entsprechenden homiletischen Literatur noch in der Predigtrealität landauf und landab wirklichen Anhalt.[1] Die in den vergangenen Jahrzehnten professionalisierte Ausbildung in Fragen theologischer Ethik dürfte daran ihrerseits bedeutenden Anteil haben.

Vielfältige Informationen, kluge Rezeptanleitungen sowie ein fundiertes homiletisch- professionelles Instrumentarium für die politische Predigt sind somit in vielfältiger Weise vorhanden und müssen eigentlich nur noch in die entsprechende Praxis umgesetzt werden. Insofern spricht auf den ersten Blick nichts gegen die Möglichkeit eines erkennbar und vielleicht sogar politisch bedeutsamen Predigens.

Kommt nun – so ist zu fragen – ein solches Predigen durch den instrumentell versierten Umgang mit dieser Informationsvielfalt und einer sowohl rhetorischen wie auch homiletischen Professionalität tatsächlich schon aus? Wie steht es überhaupt um die reale Passgenauigkeit der herbeigezogenen Versatzstücke? Bei einem solchen «Koch- und Kompilations-Verfahren» könnte jedenfalls im «worst case» das Entscheidende vernachlässigt und gar ignoriert werden, nämlich die unbedingt konstitutive Rolle und Verantwortung desjenigen, der sich hier gemeinsam mit seiner Hörergemeinde auf den Weg der öffentlichen Predigtrede macht. Und überdies ist zu fragen, ob sich nicht gerade in der predigthaften Thematisierung des Politischen bei den Akteuren der Kanzelrede längst so etwas wie eine «Versöhnungs- und Sinnstiftungsroutine»[2] breitgemacht hat.

Ohne die höchst sensible Selbstwahrnehmung der Predigenden und die entsprechende Wahrnehmung ihres unmittelbaren Kontextes mag ihre Deutung des Politischen zwar unter Umständen der augenblicklichen Erwartung der Hörenden (bzw. eines Teiles unter ihnen) entsprechen. Ob dies aber – um im Bild zu bleiben – zum nachhaltig bedeutsamen Geschmackserlebnis führt, ist sehr viel mehr und ganz anderes als eine Frage der richtigen Technik und des passenden Rezeptbuchs.

Die Rede über aktuelle politische Verhältnisse, sei es im lokalen, regionalen, nationalen oder internationalen Zusammenhang, bedarf in ihrer Form der predigenden Bezugnahme sowohl eigener erfahrungsbezogener Einsichten wie einer zutiefst reflektierten Grundhaltung der Predigenden und der Selbstverortung gemeinsam mit der ganzen Gemeinde. Ohne die innere Haltung des Predigers bzw. der Predigerin und den stimmigen Gesamtkontext der Gemeinde bleibt jedenfalls das

1 Dies gilt trotz der Tatsache, dass die homiletische Arbeit an den Herausforderungen öffentlicher diskursiver Rede in den vergangenen Jahren aufgrund der ästhetischen Wende etwas in den Hintergrund getreten ist, vgl. Birgit Weyel, Sich über Religion verständigen, in: Lars Charbonnier/ Konrad Merzyn/Peter Meyer (Hg.), Homiletik. Aktuelle Konzepte und ihre Umsetzung, Göttingen 2012, v.a. 234.

2 Dieter Wellershof, in: Alexander Deeg/Dietrich Sagert (Hg.), Evangelische Predigtkultur. Zur Erneuerung der Kanzelrede, Leipzig 2011, 18.

Predigtereignis gleichsam ohne persönliche Note und Würze und ermangelt damit einer theologisch durchdachten überzeugungsstarken Bedeutung. Insofern kann bei einer solchen Grundhaltung durchaus von einer problematischen Leichtigkeit politischer Predigt gesprochen werden, die noch zumal von der kritisch-aufgeklärten Hörerschaft dann «gewogen und als zu leicht empfunden» wird. Möglicherweise nimmt man den Prediger bzw. die Predigerin dann überhaupt als analytisches Leichtgewicht wahr, dem bzw. der kaum mehr gelingt, als die faktischen Realitäten durch die blasse Zeichnung utopistischer Gegenwelten zu konterkarieren. Damit droht die Gefahr, dass das wortwörtliche Zentrum des Gottesdienstes an die Peripherie der Bedeutsamkeit tritt. Dass es allerdings auch noch eine ganz andere «leichte» Seite politischer Kanzelrede gibt, wenn diese den Gedanken göttlicher Befreiung und menschlicher Freiheit wirklich ernst nimmt, davon soll später ebenso noch die Rede sein. Von diesen ersten Bemerkungen zur ambivalenten Leichtigkeit der Kanzelrede aus sollen die folgenden Überlegungen zu ihren schwerwiegenden Aspekten angestellt werden:

2. Schwerwiegende Aspekte politischer Predigt

Die Frage nach der politischen Predigt wirft unweigerlich die Frage nach den Predigenden und dem konkreten Predigtkontext auf. Wie jedes öffentliche Reden steht auch die Predigt als gottesdienstliches Verkündigungsgeschehen in vielfältigen Wechselbeziehungen mit ihrem jeweiligen Kontext – und dies weit über den klassischen Zeit-Ort des regulären Sonntagsgottesdienstes hinaus. Alle Überlegungen zur politischen Relevanz des Predigens sind im unmittelbaren Zusammenhang mit dem Selbstverständnis der Predigenden und ihrer möglichst breiten und reflektierten Selbstwahrnehmung zu betrachten. Diese Selbstwahrnehmung umfasst – das ist nun zu betonen – weit mehr als nur die homiletische Reflexion der eigenen Rolle als Predigerin bzw. Prediger oder Überlegungen zur thematischen Fokussierung und konkretisierenden Ausgestaltung der Predigt selbst. Damit ist im wahrsten Sinn des Wortes eine schwerwiegende und durchaus auch schwierige und schwere Aufgabenstellung angezeigt. Denn Selbstwahrnehmung stellt eine grundlegende analytische, pastoraltheologische und kirchentheoretische Selbstkompetenz dar, das gesamte personale Bedingungsfeld politischen Predigens möglichst breit in den Blick zu nehmen.

Der an Predigende und Predigten zu Recht gerichtete Anspruch der politisch relevanten Deutungs- und Orientierungsfunktion geht mit dem theologischen Selbstverständnis und Verkündigungsanspruch der Predigenden selbst einher.[3] Erst

3 Vgl. Albrecht Grözinger, Ethische Predigt?, in: Pastoralblätter. Monatsschrift für den Gesamtbereich des evangelischen Pfarramts, Jg. 150 (2010), 84–88, sowie Martin Hoffmann, Ethisch und politisch predigen. Grundlagen und Modelle, Leipzig 2011.

von dieser Klärung aus können dann die notwendigen Einsichten hinsichtlich der politisch relevanten Verkündigungsaufgabe angestellt werden. Diese beruhen vor aller thematischen Fokussierung auf einer erheblichen Fähigkeit zur notwendigen Unterscheidung zwischen der Predigerin bzw. dem Prediger selbst und dem von ihr bzw. ihm verkündigten Wort.

Im Zusammenspiel von verkündigtem Wort, Verkündigendem und dem Ereignisakt der Verkündigung verbinden sich der Predigttext und seine Deutung, die Predigtperson und der Predigtkontext zu einem umfassenden Aufmerksamkeits- und Verantwortungsgeschehen. Für eine Predigtrede, die politisch bedeutsam werden soll, muss folglich mit einer erheblichen und kaum zu bewältigenden Komplexität unterschiedlicher Einfluss- und Bedingungsfaktoren gerechnet werden. Die politische Predigt kommt – kurz gesagt – nicht von selbst und ereignet sich erst recht nicht von sich aus. Von daher ist in neuer Weise Aufmerksamkeit auf die agierende Person und ihre Rede zu richten, wobei der Terminus selbst hier keineswegs zufällig gewählt ist: «Es mag sein, daß Aufmerksamkeit nicht nur in der Tradition, sondern vielfach bis heute deshalb so beiläufig und nachlässig behandelt wird, weil sie sich den spektakulären Gegensätzen von Wahr und Falsch, von Gut und Böse, von Recht und Unrecht, von Nützlich und Unnütz, von Freiheit und Abhängigkeit so beharrlich entzieht – was keineswegs ausschließt, daß sie eben dort untergründig und hinterrücks am Werk ist.»[4]

Wenn deshalb hier von der Notwendigkeit einer Predigtkunst der Aufmerksamkeit die Rede ist, so kommen damit zugleich mehrere Aspekte von Aufmerksamkeit mit ins Spiel:

1. Aufmerksamkeit auf die Weltverhältnisse

Wie bereits oben angedeutet, lebt ein politisches Predigen von der Wahrnehmung der konkreten Weltverhältnisse, zu denen Stellung genommen werden soll. Wichtig ist hier nun allerdings, dass sich die Predigenden ihrem Selbstverständnis nach nicht einfach als weltgewandte Rezipientinnen bzw. Konsumenten dessen verstehen, was sie lesen, sondern als solche, die sich von Beginn an auf die Komplexität und auch die dilemmatischen Aspekte dessen einstellen, was sie wahrnehmen. Schon das Lesen und Hören selbst sollte gleichsam ihr theologisches Selbstverständnis integrieren und sozusagen ihre theologisch aufmerksame Verstehenskompetenz in ihnen wachrufen. Hier erstaunt es die geneigten Predigthörer und -hörerinnen doch immer wieder, wie etwa in Hinsicht auf politische Themen recht schnell in inklusiver Weise gesprochen wird, so als ob die realen Verhältnisse tatsächlich immer schon so eindeutig wären wie sie von den Predigenden nicht

4 Bernhard Waldenfels, Phänomenologie der Aufmerksamkeit, Frankfurt/M. 2004, 11.

selten in suggestiver Weise beschrieben werden. Dass hier selbst vermeintlich eindeutige Informationen keineswegs schon der ganzen Wahrheit entsprechen müssen, zeigt sich etwa in der homiletisch-dramatischen Bezugnahme auf aktuelle Kriege und kriegerische Auseinandersetzungen in verschiedenen Weltregionen, die sich nicht selten mit einer eindeutigen Positionierung für eine ganz bestimmte Deutung des Konflikts, gar auf die Solidarität mit einer der Kriegsparteien verbinden. An dieser Stelle sei nur betont, dass hier doch in vielen Fällen mit erheblich grösserer Komplexität der grossen und selbst der kleinen lokalen politischen Weltlagen zu rechnen ist, als dies dann transparent gemacht wird. Hinsichtlich solcher pastoralen Beschreibungskunst ist somit eine erhöhte Aufmerksamkeit unbedingt angebracht.

Dies bedeutet dann aber auch, bereits bei der Lektüre und dem thematischen Agenda-Setting für eine Predigt mit möglichst genauem und seriösem Blick nach dem möglichen theologischen Kern der jeweiligen Berichterstattung zu forschen. Unzulänglich wäre es hingegen, wenn etwa bestimmte Zeitungskommentare nur noch in eine bestimmte predigthafte Semantik gekleidet würden, weil damit die genuine Perspektive der theologischen Deutung gerade ausgeblendet bliebe. In diesem Sinn ist die notwendige Aufmerksamkeit auf die Weltverhältnisse von einer gleichsam theologischen Aufmerksamkeits-Kunst her zu denken.

2. Aufmerksamkeit auf die Lebensweltwirklichkeit der Gemeinde

Der Prediger bzw. die Predigerin sollte sich davor hüten, in der Gemeinde von einer eindeutig und einlinig beschreibbaren Lebenswirklichkeit oder gar einer gemeinsamen Deutungsbasis des Politischen auszugehen. Dieser Hinweis mag nun so banal wie überflüssig erscheinen, da ja unter den Predigenden von einem grossen Bewusstsein der Pluralität der Gemeinde ausgegangen werden kann. Die weltbezogene Stellungnahme von der Kanzel ist längst eingeübt und scheint sich Sonntag für Sonntag neu zu bewähren – nimmt man dafür einmal den ausbleibenden expliziten Widerspruch der Hörerschaft als Beleg. Nur ausgesprochen selten verlassen einzelne Gemeindeglieder unter lautem Zuknallen der Kirchentür während der Predigt den Raum, weil ihnen die in der Predigt verkündete politische Meinung zuwider ist. Insofern scheint hier doch wohl in der Regel der richtige Ton getroffen zu werden? Oder hält sich der sichtbare bzw. hörbare Widerstand in Grenzen, weil der grosse Teil der Hörerschaft die entsprechenden Passagen schlichtweg über sich ergehen lässt oder stillschweigend für sich für unbedeutend hält?

Aufgrund der vielfältigen Lebenshintergründe und auch der sehr unterschiedlichen Bedeutungszuschreibungen hinsichtlich des Politischen – ganz zu schweigen von der unterschiedlichen Informationsbasis – ist jedenfalls vonseiten der Predigenden davon auszugehen, dass hier von Beginn an sehr unterschiedliche Vorverständnisse und Assoziationen, Einschätzungen, Meinungen und auch emotionale Gestimmtheiten im Raum sind.

Insofern muss mindestens mit in Erwägung gezogen werden, dass selbst bei vermeintlich ganz eindeutigen thematischen Problemen keineswegs von vornherein ein Wahrnehmungs-, geschweige denn ein Meinungskonsens unter der Hörerschaft vorhanden ist. Selbst dort – um einmal ein besonders prekäres Beispiel zu nehmen –, wo die Positionierung gegen Fremdenfeindlichkeit und Rassismus eigentlich eindeutig sein müsste –, können bestimmte nationalistische oder ressentimentbehaftete Vorurteile im Raum sein, mit denen die Predigenden mindestens rechnen und denen sie sogar in ihren Erwägungen und Deutungen den notwendigen Raum geben müssen.

Falsch und homiletisch fatal wäre es dann aber, wenn sie bestimmte politische Zuschreibungen aufgrund einer kurzschlüssigen Political-correctness-Sichtweise für schlichtweg unmöglich hielten. Denn damit wäre das schwierige Signal gesetzt, dass bestimmte reale Sichtweisen der Hörerschaft – und seien sie noch so problematisch und absurd – von vornherein ausgeblendet würden. Dann aber kann natürlich für den weiteren homiletischen Argumentationsgang nicht mehr auf eine echte Hörbereitschaft gezählt werden.

Zudem ist mindestens immer auch in Erwägung zu ziehen, dass sich bestimmte Hörerinnen und Hörer gerade keine politischen Bezüge wünschen, sondern mit einem gänzlich anderen Orientierungsbedürfnis Gottesdienste aufsuchen. In diesem Fall könnten schon bestimmte, immer wieder angestellte Klagen «über das Unrecht in unserer Gesellschaft», «die Gier des Kapitalismus» oder die «leidvollen Kriege in der Welt» bestenfalls als realitätsfremde und ärgerlich einseitige Codes gehört und verstanden werden.

Im Zusammenhang dieses Abschnitts sei übrigens noch ausdrücklich darauf hingewiesen, dass bei der Rede von der Gemeinde weit mehr als die anwesenden sonntäglichen Zuhörerinnen und Zuhörer gemeint sind. Natürlich stellen sich manche der oben genannten Fragen nur im Zusammenhang des konkreten Kommunikationsgeschehens zwischen den Predigenden und den Hörenden im kirchlichen Raum. Allerdings ist auch davon auszugehen, dass mindestens indirekt auch auf andere Weise vernommen wird, was in der Predigt mitgeteilt worden ist – sei es, dass einer Predigerin bzw. einem Prediger ein bestimmter Ruf vorauseilt, sei es durch die wörtliche Weitergabe innerhalb der ganzen Gemeinde, sei es durch andere schriftliche Ausdrucksformen. Insofern müssen die Predigenden in der Vorbereitung gerade auch über die Kernhörerinnen und Kernhörer hinaus die weitere Gemeinde mit im Blick haben. Dass hinter diesem Punkt natürlich auch ein weites kirchentheoretisches Verständnis der hörenden Gemeinde steht, sei an dieser Stelle nur angedeutet.

3. Aufmerksamkeit auf die eigene Rolle

Gerade in politischen Fragen erscheint die Rolle der Predigenden, wie bereits angedeutet, schnell als eine allzu selbstverständliche Angelegenheit, die die entsprechenden Leichtfertigkeiten nach sich ziehen kann. Auf der Kanzel nimmt er bzw. sie nach wie vor weitgehend unangefochten die vertraute Rolle ein. Und die institutionell gegebene Redeautorität verleitet nicht selten dazu, die eigene Rolle auch im Blick auf die politisch gefärbte Artikulation für geradezu selbstverständlich zu halten. Es mag zum unbewussten Habitus werden, dieser Rollenzuschreibung mit den vertrauten Semantiken zu entsprechen bzw. diese eben in gewohnter Weise zu verwenden.

Ob den Predigenden nun allerdings gerade diese Rolle autoritativer Orientierung in Fragen des Politischen noch abgenommen wird, scheint doch in hohem Masse fragwürdig. Gerade die inzwischen praktisch unüberschaubare Medienkultur von Echtzeitberichterstattung und Dauerkommentierung bringt in ebenso unüberschaubarer Weise immer neue Kommentatoren und Deutungsinstanzen hervor. Die einstmals vielleicht noch vertraute Rolle des lokalen monopolitischen Welterklärers – oftmals eine von wenigen akademisch ausgebildeten und medial gut informierten Personen mit besonderem Herrschaftswissen im konkreten Gemeindekontext – gehört längst der Vergangenheit an.

Möglicherweise handelt es sich, wenn Pfarrpersonen heute noch politisch «kommentieren» um eine ähnlich anachronistische Tätigkeit wie die des Nachtwächters vor der grossflächigen Einführung individueller Chronometer. Zu denken kann einem hier, nebenbei bemerkt, geben, dass Nachtwächter ja inzwischen zum ausdrücklichen Relikt geworden sind und bestenfalls noch bei touristischen Nachtführungen heiliges Schaudern erzeugen. Insofern können bestimmte Bedeutungszuschreibungen, die sich die Pfarrpersonen imaginativ zu eigen machen, unter Umständen in eine völlig falsche Richtung gehen, wenn sie sich – und sei es nur noch im Entferntesten – eine solche autoritative Rolle zuschreiben.

Es geht folglich im Sinn der Aufmerksamkeit darum, immer wieder zu überprüfen, ob es tatsächlich Anlass dafür gibt und gerechtfertigt ist, sich selbst überhaupt noch als wirkmächtige und eben auch politisch glaubwürdige Interpretationsinstanz zu verstehen. Auch hier gilt, dass Hörende unter Umständen eine ganz andere Hoffnung auf die Predigtpräsenz haben und von der pastoralen Rolle im Blick auf das Politische weder Vernünftiges noch gar Inspirierendes erwarten. Dies mag dann zwar als bedauerlich erscheinen, sollte aber doch mindestens einmal ernsthaft als Möglichkeit in Betracht gezogen werden.

4. Aufmerksamkeit auf den eigenen Auftrag

Wenn bisher von Aufmerksamkeit im Wesentlichen als Kunst der Wahrnehmung die Rede war, so ist damit die eigentliche homiletische, pastoraltheologische und kirchentheoretische Tiefenschärfe noch nicht erreicht. Zu fragen ist deshalb, worin sich in theologischem Sinn diese notwendige Aufmerksamkeit abbildet bzw. woher sie ihre Begründung erfährt. Pastoraltheologisch bedeutet dies, dass Predigende in ihrer predigenden Anspruchshaltung grundlegend nach dem biblisch und theologisch Gebotenen zu fragen haben. Anders gesagt: Ohne eine möglichst reflektierte Klarheit hinsichtlich des für Amt und Verkündigung gegebenen Auftrags wird sich auch die politisch bedeutsame Rede nur unzulänglich in ihrem theologischen Sinn begründen und konkretisieren lassen. Das eigentliche Mandat der Verkündigung ist nun weder in inhaltlichem noch in institutionellem Sinn primär politisch begründet.

Die Predigenden haben qua Amt und Beauftragung einen Auftrag erhalten, der ihnen gerade unter der Bedingung, theologisch zu reden und zu deuten, erteilt wurde. Zielen die Predigenden in und mit ihrer Verkündigung auf die politische Relevanz ihrer Rede ab, so müssen sie in dieser gerade von sich als Redner, Person und Verkündiger wegweisen und auf das hinweisen und verweisen, was im Ersten und Letzten ihren Auftrag ausmacht. Die aufmerksame Rede beginnt folglich damit, auf das Evangelium als entscheidende Orientierungsinstanz für die eigene Rede zu hören und diese zugleich den Hörenden gegenüber in ihrem Eigensinn zum Ausdruck und zum Vorschein zu bringen. Die gegenwärtig starkgemachte Rede von der Kommunikation des Evangeliums bedeutet folglich im Blick auf die Frage des pastoralen Auftrags, das eigene Reden in möglichst selbstkritisch-vernünftiger Weise immer wieder vom Anspruch göttlicher Selbstexplikation her kritisch zu hinterfragen. Dass sich mit diesem Auftrag auch eine prinzipiell auf Verstehen, Dialog und Versöhnung abzielende Predigtrede verbinden muss, gilt es insbesondere bei allen politisch relevanten Selbstpositionierungen zu bedenken.

5. Aufmerksamkeit für «Arme und Schwache»

Es mag nun erstaunen, dass nach diesem Plädoyer für eine vergleichsweise zurückhaltende Haltung hinsichtlich der explizit politisch-eindeutigen Stellungnahme gleichwohl nun von einer Aufmerksamkeit für Schwache die Rede ist – eine Formulierung, die an die dezidiert politische und etwa befreiungstheologische Form kirchlicher Rede von der Option für die Armen und Schwachen erinnern mag. Wird diese Formulierung im Folgenden aufgenommen, so ist dies nun in einem ebenso dezidiert politischen wie deutungsoffenen Sinn gemeint.

Tatsächlich sei hier betont, dass die pastorale Selbstreflexion auf das biblische und theologische Mandat der eigenen Verkündigung natürlich mit einer inhaltlichen Positionierung hinsichtlich politischer Fragen verbunden sein muss. Politisch bedeutsame Kommunikation des Evangeliums hat notwendigerweise damit zu tun, diejenigen mit in den Blick zu nehmen und ins Gespräch zu bringen, die von den konkreten politischen Umständen betroffen sind. Wenn dabei ein besonderer Blick auf die realen und potenziellen Opfer herrschender Verhältnisse gerichtet wird, so mag man dies als hermeneutisch und homiletisch unangemessene Zielorientierung interpretieren – tatsächlich aber dürfte eine solche Ausrichtung gerade dem theologischen Kern der Verkündigung und auch dem Mandat der Verkündigenden am ehesten entsprechen. Aber um es an dieser Stelle nochmals ausdrücklich zu sagen: Die aufmerksame Rede auf die Armen und Schwachen macht ebenfalls komplexe Gedankengänge und Abwägungen notwendig. Denn keineswegs immer sind die Opfer- und Täterrollen so eindeutig zuschreibbar, wie es in manchen Predigten erscheint: Ob beispielsweise die gegenwärtig besonders im Fokus stehenden Mitarbeitenden des Bankenwesens tatsächlich durchgängig über den Anklagekamm geschoren werden können, ist mindestens ebenso überprüfbar wie die vermeintlich zweifelsfreie Opfersituation bestimmter Minderheiten. Bei solchen politischen Zuschreibungen ist zumindest auch mit ganz anders gelagerten Einzelfällen zu rechnen, die gerade nicht in die gängigen Muster einzuordnen sind. Und dass die Rede von den «Armen und Schwachen» weit mehr als eine ökonomische Zuschreibung bedeutet, muss angesichts der vielfältigen persönlichen Problemlagen eigentlich kaum noch eigens betont werden.

Wenn Predigende sich so in den aktuellen Kontext vor Ort stellen und seelsorglich auf die Befindlichkeit beispielsweise von Familien und Einzelschicksalen Bezug nehmen, dann ist dies eher als Parteinahme im Namen Gottes für das Leben des Menschen gegen Tod, Unrecht und Unterdrückung zu deklarieren als als politische Parteinahme zugunsten einer bestimmten parteipolitischen Richtung: «Eine Predigt, die den Versuch unternähme, um all diese Dinge herumzureden, stellte den Versuch dar, das Schöpfer-, Erlöser-, und Heilshandeln Gottes niederzuringen bzw. ihm seine Bezugspunkte zu entziehen.»[5]

Die Pointe meines Plädoyers für eine möglichst differenzierte Aufmerksamkeitskunst geht aber nicht darauf hinaus, dadurch politische Ungerechtigkeiten zu relativieren oder gar die Unterschiede zwischen politischem Recht und Unrecht zu vernebeln. Sondern gerade durch die komplexe Wahrnehmung kann ein genaueres und durchaus auch ein schärferes Urteil über die bestehenden Machtverhältnisse getroffen werden. Es mag paradox klingen: Wenn sich die Predigenden der notwendigen Differenzierungen wirklich kundig bewusst sind, kann damit die politisch bedeutsame und widerständige Rede umso eindrücklicher – weil wirklich fundierter und sehr viel weniger anfechtbar – erfolgen.

Von einer solchen kundigen Grundlegung aus können im gelungenen Fall selbst skeptische Hörerinnen und Hörer nochmals in ganz anderer Weise für die eigene Argumentation interessiert werden. Mit noch mehr Attraktivität kann eine politisch bedeutsame Predigt rechnen, wenn in ihr dasjenige zur Darstellung kommt, was tatsächlich schon jetzt der Fall ist. Übertragen gesprochen: Aufmerksamkeit dürfte der politische Prediger gerade dann finden, wenn sich in seinem Reden die

5 –Wilfried Engemann, Einführung in die Homiletik, Tübingen/Basel 2002, 296.

mögliche Realität des Verkündigten schon andeutungsweise widerspiegelt. Damit ist nun der weitere Kontext, in dem sich die politisch bedeutsam Predigenden befinden, unmittelbar angesprochen.

6. *Aufmerksamkeit der Gemeinde*

Es war bereits die Rede davon, dass die aufmerksame Wahrnehmung des Kontextes gemeindlicher Lebensverhältnisse für die Predigenden unbedingt konstitutiv ist und dabei zugleich von einem weiten Gemeindebegriff weit über die real anwesenden Hörerinnen und Hörer auszugehen ist. Im Folgenden soll nun die Dimension der Gemeinde nochmals von anderer Seite her in den Blick gerückt werden: Mit der Begrifflichkeit «Aufmerksamkeit der Gemeinde» wird dabei in kirchentheoretischer Hinsicht die These starkgemacht, dass sich eine Plausibilität politisch bedeutsamer Rede und auch des Redners bzw. der Rednerin selbst in erheblicher Weise vom konkreten Erscheinungsbild der Gemeinde her bestimmt. Wenn sich in der Gemeinde die wörtliche Rede gleichsam sichtbar ereignet und niederschlägt, gewinnt die Kommunikation erst ihren Handlungssinn.[6]

Die freiheitliche und verantwortliche Aufmerksamkeits-Kunst der Predigenden wird somit dann nochmals in eindrücklicher Weise manifest, wenn die Gemeinde selbst ihre Gestaltungsräume in politisch relevantem Sinn nutzt. Anders und auf das Element des Prophetischen übertragen: Gerade prophetische Rede ist abhängig von einer solchen öffentlichen Wirkung. Und so stellt sich die Grundfrage: Vermag es der prophetisch Predigende, ihm nachfolgende Jüngerinnen und Jünger um sich zu scharen, die seine Botschaft weitertragen und zu einem öffentlichen Ereignis werden lassen? Oder werden die Ideen seiner Rede durch die institutionelle Priesterschaft absorbiert, «vermachtet» und in religiöse Strukturen eingefügt, die am Ende die Lehre des Propheten und seine Schule ganz und gar überflüssig machen?[7] Im Sinn einer ‹prolongierten Verkündigung› kann dann die Predigt im Alltag der Hörenden ihren gesellschaftsverändernden und politischen Anspruch gewinnen. Damit wird zugleich einer Engführung der «politischen Predigt» auf ein besonderes Predigtgenre vermieden und die Predigt allgemein in den Status einer politischen Rede erhoben, insofern sie als öffentliche, dialogoffene Rede gesellschaftsverändernd wirken kann.

Man könnte es auch umgekehrt formulieren: Entspricht die gemeindliche Praxis nicht den formulierten Ansprüchen – ganz zu schweigen von allem Appellativen – der Predigenden, dann wird die Kommunikation selbst von nur sehr begrenzter Überzeugungskraft und Reichweite sein. Politisch relevant wird Gemeinde mit all ihren Leitungs- und Partizipationsstrukturen erst dann, wenn sie sich selbst als

6 Vgl. dazu Thomas Schlag, Öffentliche Kirche. Grunddimensionen einer praktisch-theologischen Kirchentheorie, Zürich 2011.

7 Vgl. Pierre Bourdieu, Religion. Schriften zur Kultursoziologie 5, Frankfurt/M. 2011, 11–90.

öffentlicher Brief versteht und ihren eigenen Grund für alle Welt lesbar macht, wenn also aus dem Ereignis göttlicher Rede eine ereignisreiche Gemeinde wird. Hierbei wird es dann im Einzelfall immer wieder darauf ankommen, die gemeindlichen Möglichkeiten und auch die Notwendigkeiten eines solchen profilierten Handelns so deutlich wie möglich öffentlich vor Augen zu führen und damit alternatives Denken und Handeln gerade in politisch kontrovers geführten Debatten zu ermöglichen.

3. Fazit

Angesichts der gegenwärtigen Komplexität und Herausforderungen des politischen Lebens samt seinen damit verbundenen faktischen gesellschaftlichen Nöten und Beschädigungen ist die praktisch-theologische Zielsetzung politisch bedeutsamer Predigtrede eine so notwendige, «schwerwiegende» wie auch «leichte» Aufgabe. Sie bringt erhebliche Verantwortung für die an der konkreten Kommunikation des Evangeliums beteiligten Akteure mit sich, sei es als Redende, sei es als Hörende, sei es als Gemeindeleitende oder als an ihr in unterschiedlicher Weise Partizipierende.[8] Dafür liefert die protestantische Predigttradition nach wie vor wichtige Einsichten: Als Predigende und Zeugen, die sich gegen alle Formen des Totalitären stellten, prägten unzählige bekannte und ungenannte Theologinnen und Theologen die dezidiert menschenfreundliche Ausrichtung der Verkündigung des Wortes Gottes – und dies letztlich immer in der theologischen Zu-fluchts-Linie: «Jesus Christus, wie er uns in der Heiligen Schrift bezeugt wird, ist das eine Wort Gottes, das wir zu hören, dem wir im Leben und im Sterben zu vertrauen und zu gehorchen haben. Wir verwerfen die falsche Lehre, als könne und müsse die Kirche als Quelle ihrer Verkündigung außer und neben diesem einen Worte Gottes auch noch andere Ereignisse und Mächte, Gestalten und Wahrheiten als Gottes Offenbarung anerkennen.»[9] Die erste Barmer These markiert hier die theologische Grenze par excellence und zugleich die in Krisenzeiten des Humanen dringlich gefragte Selbstpositionierung des bzw. der Predigenden und der ganzen Kirche.[10]

Ein solches Predigen ist parteilich für den Menschen, sie ist aber keine Moralpredigt gegen die unbekannten anderen, die gesellschaftspolitische Verantwortung tragen und nicht im Gemeindegottesdienst anwesend sind. Gerade in politischen

8 Vgl. dazu aktuell in durchaus vehement-eindrücklicher Weise Hans-Martin Gutmann, Sich einsetzen, sich hingeben, sich nicht hergeben. Protestantische Einwürfe zu umstrittenen Lebenshaltungen. Manfred Josuttis zum 75. Geburtstag, Berlin 2011.

9 Barmer Theologische Erklärung vom Mai 1934, These 1.

10 Zur Geschichte und Theorie ethischer Theoriebildung vgl. jetzt Arnulf von Scheliha, Protestantische Ethik des Politischen, Tübingen 2013.

Dingen ist darauf zu achten, dass der spezifisch reformatorische Wortereignisreichtum nicht im allgemeinen Anschaulichkeitsfuror untergeht. Eine solche Predigt wäre von der Kategorie ‹Klatsch und Tratsch auf der Kanzel› ebenso wenig zu unterscheiden wie von einer moralisch imprägnierten Gesetzlichkeitsrede.[11] Im Sinne der prophetischen Rede hat die politische Predigt aufdeckenden, erhellenden und den motivierenden Charakter in sich zu tragen, die Dinge anders zu sehen als sie bisher gesehen wurden.[12]

Der Prediger bzw. die Predigerin und seine bzw. ihre Rede dürfen komplex und herausfordernd, irritierend und verstörend wirken – sie müssen dafür allerdings gute Gründe und Argumente gelten machen können. Bildhaftigkeit ist jedenfalls sehr viel mehr und qualitativ anderes als eine rhetorische Technik. Vielmehr geht es in der Rede und darüber hinaus am Ort der Gemeinde um ein prinzipielles «Aufmerksamkeitsgeschehen»[13] im Sinn überzeugender Sichtbarkeit und Erkennbarkeit des Gesagten und Zu-Gesagten, des persönlichen Aufmerkens und der von Gott her erfolgenden Aufmerksamkeit auf jede individuelle Existenz. Die «grossen» politischen Themen müssen folglich immer wieder auch auf ihre zivilgesellschaftlich möglichen Aktivitäts- und Umsetzungsformen im lokalen gemeinschaftlichen Kontext bezogen werden.

In inhaltlicher Hinsicht bringt dies für die Predigenden die Aufgabe mit sich, alle Erinnerungen an das einstmalige monopolistische Herrschaftswissen ad acta zu legen und dagegen mit einer besonderen Analysekompetenz bestehender Herrschafts- und Machtverhältnisse zu glänzen. Das Predigen als Kunst der Aufmerksamkeit verlangt insofern von den Predigenden eine Haltung, die sich Zeit für das Unerhörte nimmt, Empathie an den Tag und damit freilegt, Visionäres anstrebt und von der Hoffnung lebt, tatsächlich bei den aktiv und passiv Betroffenen Gehör zu finden. Kriterium und Prüfstein für die inhaltlich sachgemässe Rede muss dabei sein, ob das Politische in seinen Handlungsvollzügen von einer Vorstellung des Humanum geprägt ist oder ob es diese längst aufgegeben hat.

Aufmerksam predigen heisst für die Predigenden nichts anderes, als so menschlich wie möglich zu predigen. Dafür können sich die Akteure der notwendigen theologischen Aufmerksamkeits-Kunst von der unbedingten Zusprache des Evangeliums selbst getragen wissen, wodurch sich der Gedanke der verantwortungspflichtig Beauftragten mit dem Bild der verantwortungsfähig Beschenkten verbindet. Und so ist in pastoraltheologischer und kirchentheoretischer Perspektive für eine Haltung von Predigenden und Predigtgemeinde zu plädieren, die schon für die religiöse Rede überhaupt zu Recht geltend gemacht wird: Diese «soll sich nicht

11 Vgl. zur theologischen und homiletischen Einordnung Siegfried G. Hirschmann, Das evangelische Gesetz. Ethik in der Predigt, Münster u. a. 2011.

12 Vgl. Engemann, Einführung (Anm. 5), 382–391.

13 Waldenfels, Phänomenologie (Anm. 4), 11.

ängstlich und pflichtschuldig am Geländer der dogmatischen Gewissheiten festhalten, sondern muss sich angstlos in Freiheit ereignen als bezeugte Erfahrung und werdende Wahrheit. Das allein ist überzeugend.»[14]

Von dort her ist die politisch bedeutsame Predigtrede so notwendig wie leicht und vielleicht sogar leicht-sinnig – wenn es nämlich darum geht, die Hörenden auch in aller Freiheit bewusst zu irritieren und im Ernstfall auch vor den Kopf zu stossen. Nicht ohne Grund wird gegenwärtig im Zusammenhang homiletischer Überlegungen an die politisch relevante Tradition des heiligen Hofnarren erinnert.[15] Wie auch immer: Verbieten sollte sich jedenfalls mutlose Lauheit ebenso wie eine elitäre Ignoranz der weltlichen Verhältnisse.

Predigende haben damit beim Versuch, politisch bedeutsam zu predigen, keine «schwererwiegende» und auch keine «leichtere» Aufgabe, als immer wieder neu in aller Freiheit die ganze Gemeinde zur Verantwortung zu ermutigen und sie dabei zugleich immer an die ihnen geschenkte Freiheit der Kinder Gottes zu erinnern. Und sie sollten sich dabei bewusst sein, diese Tätigkeit nicht einfach kraft einmalig ausstrahlungskräftiger individueller Begabung auszuüben, sondern damit in allererster Linie dem Auftrag nachzukommen, der ihnen von ganz anderer Seite her zukommt. Ob sie damit im Bereich des Politischen nachhaltig wirmächtig sind, können sie dann getrost den vielfältigen Einschätzungen der weiten Hörergemeinde überlassen.

14 Wellershoff, in: Deeg/Sagert (Hg.), Predigtkultur (Anm. 2), 19.

15 Vgl. die beiden Beiträge von Charles Campbell, Der Prediger als lächerlicher Mensch. Extreme Homiletik und nackte Straßenprediger, und Predigt, die die Welt verändert!?. Ein Ausrufezeichen und ein Fragezeichen, in: Deeg/Sagert (Hg.), Predigtkultur (Anm. 2), 49–68 u. 69–88.

Politischer Gottesdienst als liturgische Praxis oder: Von der rituellen Performanz des Politischen

David Plüss

1. Die Homiletisierung eines Diskurses

Die protestantische Diskussion des politischen Gottesdienstes ist fast ausschliesslich eine homiletische. Wer eine protestantische Theologin für einen Beitrag zum *politischen Gottesdienst* anfragt, erhält in aller Regel einen solchen zur *politischen Predigt* geliefert.[1] Wie kommt es zu dieser ‹Homiletisierung›? Und ist diese Beschränkung auf die Predigt als sachgemässe Fokussierung oder als bedauerliche Engführung zu bewerten? Wäre für die Frage des politischen Gottesdienstes gar ein *performative turn*[2] von der Homiletik hin zur Liturgik angezeigt? Diese Fragen sollen im Folgenden diskutiert werden. Und zwar soll dies so geschehen, dass zunächst die Gründe für die festgestellte ‹Homiletisierung› gesucht und erörtert werden. Sodann werden zwei Beispiele politischer Gottesdienste analysiert und ein liturgiewissenschaftliches Modell vorgestellt, welches die politische Dimension des ‹normalen› Gottesdienstes dezidiert von der Liturgie her zu denken versucht. Sodann werden die Ergebnisse gebündelt und mögliche Folgerungen gezogen.

Bevor mögliche Gründe für die Fokussierung auf die Predigt erwogen werden, scheint mir eine Klärung der *Unterscheidung von Liturgie und Predigt* angezeigt. Denn was mit *Liturgie* bezeichnet wird, ist durchaus strittig, nicht nur zwischen den Konfessionen, sondern auch im Verlauf der Christentumsgeschichte. Michael Meyer-Blanck hat neulich eine Differenzierung vorgeschlagen, die mir für die hier verhandelte Frage hilfreich scheint. Er unterscheidet zwischen einer *rhetorisch-diskursiven* und einer *rituellen Dimension der Liturgie*: «Die Predigt kann als Widerspruch zum Ritus im Kontext des Ritus verstanden werden. Die Predigt ist in dieser Sicht eine Art von regelrechter Regelverletzung des rituellen Handelns durch rhetorisches Handeln bzw. sie ist der Teil des gottesdienstlichen Rituals, der dieses deutet.»[3] Das *Rituelle* und das *Rhetorische*[4] stellen nach Meyer-Blanck zwei Di-

1 Dies haben wir sowohl im Zusammenhang einer Tagung als auch bei der Vorbereitung dieses Bandes erfahren.

2 Vgl. hierzu Doris Bachmann-Medick, Cultural Turns. Neuorientierungen in den Kulturwissenschaften, Reinbek bei Hamburg 2007, 104–143.

3 Michael Meyer-Blanck, Gottesdienstlehre, Tübingen 2011, 2.

4 Meyer-Blanck meint mit der rhetorischen die diskursive und reflexive Dimension der Liturgie. Mit der Rhetorizität sind allerdings noch andere Aspekte im Spiel, die nicht in Spannung stehen zum

mensionen des Gottesdienstes dar, die einerseits kategorial verschieden, andererseits unabdingbar aufeinander bezogen sind und die den Gottesdienst in seiner reformatorischen Gestalt bestimmen.[5] Den protestantischen Kultus gibt es nicht ohne eine *diskursive Hermeneutik* desselben. Der reformatorische Gottesdienst zeichnet sich demnach gerade dadurch aus, dass die der Liturgie und der Predigt zugrunde liegenden Referenztexte in Teilen jeweils neu ausgelegt und reflektiert werden. Die beiden Dimensionen sind nicht nur aufeinander bezogen, sondern durchdringen sich gegenseitig. So ist selbst der Diskurs der Predigt vom Ritual der Liturgie umfangen und geprägt. Predigten sind nicht von der Liturgie abtrennbare reflektierende Akte, sondern zentrale Elemente des reformatorischen Kultus und damit selbst rituell verfasst, rituelle Reden mit der Funktion der Reflexion, aber auch der Expression, der Orientierung und der Integration.[6] Und auch das Rituelle bedarf – nicht nur im protestantischen Gottesdienst! – einer der jeweiligen Gattung gemässen Rhetorik, einer reflektierten und sorgfältig gestalteten Sprache.[7]

Mit dieser systematischen Dimensionalisierung wird die oben aufgeworfene Frage komplexer und zugleich präziser: Der Verdacht der Engführung lässt sich ausweiten und nicht mehr nur auf die Predigt als isolierten Teil des Gottesdienstes, sondern auf die diskursiven Elemente und den diskursiven Zuschnitt eines Gottesdienstes insgesamt beziehen: auch auf die Gebete und die Moderation, die Lieder und die Lesungen, sofern diese einen homiletisch-diskursiven Charakter aufweisen. Die Frage wäre also folgendermassen zu präzisieren: *Zeichnet sich in der protestantischen Diskussion um den politischen Gottesdienst eine Beschränkung auf die diskursive und eine Vernachlässigung der rituellen Dimension des Gottesdienstes ab?* Dabei ist zunächst offen zu lassen, ob es sich hier um eine sachgemässe oder unsachgemässe Fokussierung handle. Denn es könnte sich bei näherer Betrachtung ja herausstellen, dass die ‹Homiletisierung› nicht nur dem Anliegen des Protestantismus, sondern auch des Politischen durchaus entspricht.

Rituellen, sondern durch dieses bedingt sind. Ich verwende darum im Folgenden den Begriff des Diskursiven statt den des Rhetorischen.

5 Diese Unterscheidung ist eine typisch protestantische. Für die katholische oder die orthodoxe Liturgie kann sie nicht gleicherweise gelten, da bei diesen die rituelle Dimension im Vordergrund steht und die kritische Reflexion des Rituals keinen konstitutiven Bestandteil desselben darstellt.

6 Predigten haben nicht nur die Funktion der Reflexion, sondern auch des Zuspruchs, des Bezeugens, des Bekennens, des Trostes etc. – Vgl. dazu auch Peter Cornehl, Der Evangelische Gottesdienst. Biblische Konturen und neuzeitliche Wirklichkeit, Bd. 1: Theologischer Rahmen und biblische Grundlagen, Stuttgart 2006, 66–72.

7 Mit der Reflexion ist somit nur eine und nicht einmal die wichtigste Funktion der Sprache im Ritual benannt. Diskursivität und Verbalität sind in keiner Weise identisch. Vgl. dazu Ronald L. Grimes, Ritual Criticism. Case Studies in its Practice, Essays on its Theory, Columbia S.C. 1990. – Zur Sprache der Liturgie gibt es eine umfangreiche katholische Diskussion, vgl. Benedikt Kranemann/Stephan Wahle (Hg.), «... Ohren der Barmherzigkeit». Über angemessene Liturgiesprache, Freiburg/Basel/Wien 2011.

2. Faktoren einer ‹Homiletisierung› des Politischen

Die protestantische Fokussierung auf die Predigt hat zunächst historische Gründe, die bis in die Reformationszeit zurückreichen. Die Erneuerung des Gottesdienstes in Wittenberg und Zürich war von Anfang an weniger eine rituelle als vielmehr eine theologische und hermeneutische. Das neue Verständnis des Evangeliums als Rechtfertigungsbotschaft, als Ankündigung der gottgegebenen Freiheit eines Christenmenschen soll im Gottesdienst *gehört* und *verstanden* werden und bedarf somit der *verständlichen Vermittlung*. Die Predigt erhält eine Zentralstellung und wird zeitlich immer mehr ausgedehnt, das Abendmahl dagegen wird abgedrängt und nur noch selten gefeiert. Eine gewisse *Katechisierung* und *Pädagogisierung* halten Einzug in die Gottesdienstkultur Wittenbergs, aber auch in Zürich und Genf – mit Auswirkungen bis in die Gegenwart.[8] Der Grundtypus des protestantischen Gottesdienstes ist und bleibt wohl auch weiterhin der *Predigtgottesdienst*, allen gegenläufigen Initiativen von Kirchenleitungen und liturgischer Bewegungen zum Trotz.

Dies wird nicht zuletzt daran deutlich, dass die rituelle Dimension des Gottesdienstes im etablierten Fächerkanon der theologischen Ausbildung kaum vorkommt.[9] Die theologische Grundbildung ist klassischerweise zunächst eine *exegetische* und *dogmatische*. Sie soll die *Verbi Divini Ministri* dazu befähigen, das Wort Gottes schrift- und sachgemäss auszulegen. Dass diese Auslegung im Rahmen der Predigt oder etwa von Andachten und Unterrichtslektionen erfolgt, ist dabei so selbstverständlich wie – vermeintlich! – unproblematisch. Denn, so die Voraussetzung, wer den Inhalt erfasst hat, findet auch die passende Form der Vermittlung. *Homiletische Seminare* sind zwar seit dem 19. Jahrhundert teilweise Bestandteil der Curricula, aber als Appendix zur eigentlichen theologischen Bildung und als praktische Anwendung derselben – in Bern und Basel etwa durchgeführt durch den ersten Münster-Pfarrer oder den Inhaber eines exegetischen oder dogmatischen Lehrstuhls, je nach Fähigkeit, Neigung und Konstellation. Damit soll die Qualität einer solchen Veranstaltung nicht in Frage gestellt werden. Aber der Stellenwert der *Kommunikation des Evangeliums* im Rahmen eines Gottesdienstes wird mit dieser Anlage überaus deutlich: Sie ergibt sich vermeintlich von selbst. Das Entscheidende, wofür sich die Investition von Zeit und Anstrengung lohnt, sind die Inhalte.

Diese Meinung begegnet uns im Zusammenhang des politischen Gottesdienstes beispielsweise bei Kurt Marti, wenn er 1971 über die sogenannten «neuen Gottesdienste» schreibt: «Von Gottesdienst-Kosmetik halte ich jedenfalls nichts. Ich bin der vielleicht naiven Meinung, wichtiger als das ‹Wie› sei das ‹Was›, entscheidender

8 Vgl. hierzu insbes. Peter Cornehl, Art. Gottesdienst / VII: Evangelischer Gottesdienst von der Reformation bis zur Gegenwart, in: TRE XIV (1985), 54–85.

9 Dass sich in einigen Curricula in dieser Hinsicht in den letzten zehn Jahren eine zaghafte Wende hin zum Liturgischen abzeichnet, soll nicht unerwähnt bleiben.

als die Verpackung der Inhalt. Form ist eine Funktion des Inhalts. Alles andere ist Betrug.»[10] – Formfragen werden von Marti als das Bemühen um modische, um zeitgemässe und gefällige Aufmachung abqualifiziert und den Bemühungen um die eigentlichen und als solche ‹politischen› Inhalte gegenübergestellt. So sei der Ausgangspunkt etwa des Kölner *Politischen Nachtgebets* «nicht ein Form- und Adaptionsproblem, sondern die Erkenntnis einer Gruppe von Christen, ‹dass Glaube und Politik untrennbar sind›».[11] In der theologischen Zuspitzung lautet die Alternative dann folgendermassen: «Am Anfang stand also nicht die Frage nach dem Gottesdienst, sondern die Frage nach Gott.»[12]

Marti rekurriert in seiner Gegenüberstellung auf den Grundsatz *Form Follows Function* – eine Formel, die gegenwärtig immer wieder zur Legitimation der typisch protestantischen Isolierung der Inhaltsfrage ins Spiel gebracht wird, allerdings ohne in Rechnung zu stellen, dass sie einem ästhetischen Diskurs in den Disziplinen des *Designs* und der *Architektur* entstammt, welche damit keine Vernachlässigung der Gestaltungsfrage verbinden, sondern – im Gegenteil! – eine inhaltlich-kritische Fokussierung derselben.[13] Der Architekt *Louis Sullivan*, der die Formel vor mehr als hundert Jahren in die Diskussion einbrachte, verband damit weder die Reduktion der Form und den Verzicht auf Ausschmückung noch die einseitige Beschäftigung mit Inhalten. Denn sogar das Ornament habe – wie jede Formgebung – eine bestimmte Funktion. Vielmehr war es ihm darum zu tun, der spezifischen Bedeutung einer Formgebung für den Menschen Rechnung zu tragen, Architektur und Anthropologie, die Häuser und deren Bewohner aufeinander zu beziehen. Wird die Formel dazu verwendet, einer einseitigen protestantischen Inhaltsfixierung das Wort zu reden, läuft dies ihrer ursprünglichen und eigentlichen Bedeutung zuwider.

Damit hängt ein zweiter Punkt zusammen: Auf die Predigt und die Vermittlung von Informationen fokussierte politische Gottesdienste entsprechen der insgesamt lehrhaften und diskursiven Ausrichtung des protestantischen Gottesdienstes in hohem Masse. Die beiden sind wahlverwandt. Wenn politische Gottesdienste als politische Lernprozesse konzipiert werden, die mit einer Motivationsphase beginnen, in denen sodann über bestimmte gesellschaftliche Fragen informiert, Lösungsmöglichkeiten diskutiert und konkrete Aktionen konkretisiert und geplant werden, dann passt eine solche gottesdienstliche Konzeption weit besser zum protestanti-

10 Kurt Marti, Politische Gottesdienste in der Schweiz. Fünf Beispiele, Basel 1971, 7.

11 Ebd.

12 Ebd.

13 Vgl. dazu den klassischen Aufsatz des Architekten Louis Sullivan: Louis Sullivan, The tall office building artistically considered, in: Lippincott's Magazine, Philadelphia 1896.

schen Predigtgottesdienst als zu einer katholischen Messe. Allerdings folgt aus einer solchen Wahlverwandtschaft noch keine Engführung auf die Predigt, wie aus den folgenden Beispielen deutlich werden dürfte.

3. ‹Politische› Liturgien

Im Folgenden werden ein explizit *politischer Gottesdienst* aus dem Emmental und ein *zivilreligiöser* aus dem Berner Münster vorgestellt und analysiert. Anschliessend werde ich mit Bezug auf die rituelle Bildungstheorie des reformierten Liturgiewissenschaftlers *James K. A. Smith* die politische Bedeutung der ‹normalen› Sonntagsgottesdienstes zumindest ansatzweise erörtern. Die Auswahl der folgenden Beispiele sowie der Gottesdiensttheorie von James K. A. Smith ist durch eine These begründet, die im Rahmen dieser Überlegungen nur genannt, aber nicht weiter erörtert und begründet werden kann: Die *politische Dimension* des Gottesdienstes realisiert sich seit je in *drei typisch unterschiedlichen Formen*:

1. im *politischen Gottesdienst im engeren Sinn*, in welchem aktuelle politische Fragen in Liturgie und Predigt explizit thematisiert und politische Positionen bezogen werden – in Zustimmung zur jeweiligen Machtelite oder in Ablehnung derselben,[14]
2. in *zivilreligiösen Liturgien* – Gedenkfeiern anlässlich von Katastrophen, Unfällen oder Amokläufen, aber auch von Jubiläen und Festgottesdiensten –, welche von öffentlichem Interesse sind und von Akteuren und Institutionen der Zivilgesellschaft und/oder der Politik initiiert und/oder mitgetragen werden
3. und schliesslich im *traditionellen Gottesdienst*, der für sich in Anspruch nimmt, durch die befreiende Botschaft des Evangeliums Einstellungen von Individuen und Gruppen zu verändern und dadurch zivilgesellschaftlich wirksam zu sein.

1. Eine politische Liturgie aus dem Emmental: Pfingstnacht in Langnau

Am Vorabend des Pfingstfestes 1970 wird in der reformiert Kirche Langnau im Emmental (Schweiz) ein politischer Gottesdienst gefeiert, zu welchem im Vorfeld mit folgendem Aushang eingeladen wurde:

> «Italiani e Svizzeri insieme nella Chiesa Evangelica a Langnau
> Vogliamo riunirci per conoscerci meglio.

14 Albrecht Grözinger weist in seinem Beitrag im vorliegenden Sammelband mit Rekurs auf Predigten, die im Umfeld des Ersten und des Zweiten Weltkriegs gehalten wurden, darauf hin, dass politische Predigt nicht als solche herrschaftskritische Predigt sein muss, sondern sich historisch betrachtet wohl mehrheitlich affirmativ zur je aktuellen Machtelite verhält.

> Assisterà questa sera anche il prete cattolico.
> Prenderemo insieme pane e vino.
> Vorremo discutere i vostri problemi (alloggio, problemi di famiglia, problemi di scuola, ore libere, contatto con gli Svizzeri).
> Venite, abbiamo bisogno di voi, aiutateci nella discussione a risolvere tutti questi problemi. Non vogliamo soltanto parlare ma anche agire, cattolici e protestanti insieme!»[15]

Diese Einladung ist instruktiv. Sie ist in italienischer Sprache gehalten und richtet sich damit exklusiv an die aus Italien zugezogenen Fremdarbeiter und Fremdarbeiterfamilien. Es wird nicht zu einem Gottesdienst eingeladen, sondern zu einem Anlass am Pfingstsamstag Abend in der reformierten Kirche, der dem gegenseitigen Kennenlernen dienen solle. Ausser dem Kirchenraum und dem anwesenden katholischen Priester weist nichts auf einen religiösen Anlass hin. Zwar soll gemeinsam Brot gegessen und Wein getrunken werden, doch dürfte dies bei den eingeladenen Gäste kaum die Erwartung einer eucharistischen Feier geweckt haben. Im Zentrum stehen jedenfalls die Probleme der Zugezogenen, die besprochen und einer Lösung zugeführt werden sollen, indem nicht nur geredet, sondern auch gehandelt wird.

Hier wird also zu einem Gottesdienst eingeladen, der zunächst nicht als solcher erkennbar ist und erkennbar sein soll. Eine Mogelpackung also? Jedenfalls liegt den Initianten offenbar daran, die Schwelle möglichst niedrig zu halten und das ‹politische› Ziel des Anlasses – das gegenseitige Kennenlernen bei Brot und Wein und das Erörtern von Lösungen drängender Probleme – ins Zentrum zu stellen. Dem traditionellen Gottesdienst wird beides offenbar nicht zugetraut. Dafür scheint eine andere, eine adäquatere Form notwendig zu sein. Wie sieht diese aus? Wie ist die ihrem Anliegen angemessene politische Liturgie in Langnau beschaffen?

Sie ist dreigeteilt – nach dem Modell des Kölner *Politischen Nachtgebets*:[16] Sie beginnt mit einer *Agape-Feier*; es folgt ein Teil, der überschrieben ist mit *Information und Meditation*; *Diskussion und Aktion* schliessen die Liturgie ab.[17]

Der Anlass findet offenbar nicht in einem Mehrzweckraum eines Kirchgemeindehauses statt, wie man erwarten könnte, sondern in der Kirche. Die Teilnehmenden sitzen in den Kirchenbänken. Vor Beginn wird ab Tonband italienische Volksmusik abgespielt, unterbrochen durch ein Max Frisch-Zitat: «Ein kleines Herrenvolk sieht sich in Gefahr. Wir riefen Arbeitskräfte, und es kamen Menschen.»

Der eigentliche Anlass beginnt mit der Lesung des Pfingstberichtes und einer knappen Paraphrase desselben durch die beiden Seelsorger, aber ohne Begrüssung,

15 Marti, Gottesdienste (Anm. 10), 15.

16 Vgl. dazu Peter Cornehl, Dorothee Sölle, das «Politische Nachtgebet» und die Folgen, in: Siegfried Hermle/Claudia Lepp/Harry Oelke (Hg.): Umbrüche. Der deutsche Protestantismus und die sozialen Bewegungen in den 1960er und 70er Jahren, Göttingen 2007, 265–284.

17 Vgl. Marti, Gottesdienste (Anm. 10), 16–32. Seitenangaben im Text.

Einleitung und weitere Erläuterungen. Es folgen ein Eingangssegen («Ihr seid ein Leib und ein Geist. Ihr seid gemeinsam berufen, Gottes Kinder in seinem Haus zu sein …», (17), ein gemeinsames Lied («Grosser Gott, wir loben dich.»), eine Einführung in die Agape-Feier durch einen katholischen Theologieprofessor und ein Gebet in Form einer Epiklese («Geist Gottes – jeder, der hören kann, versteht dich in seiner Sprache. Lege uns Worte in den Mund, die wahr sind und aufklären …», (17). Dann wird Brot und Wein in den Bänken verteilt, dazu wird miteinander gesprochen und gelacht, italienische Volksmusik ertönt.

Der *zweite Teil der Liturgie*, überschrieben mit *Information und Meditation*, ist stark durch Inhalte bestimmt und in drei thematische Blöcke gegliedert. Zunächst wird *Diskriminierung* als Phänomen und Problem behandelt. Genannt wird die Diskriminierung von Langhaarigen, Schuldbauern, Homosexuellen und Kommunisten. In kurzen, vorformulierten Wortbeiträgen wird Diskriminierung aus der Sicht der Opfer wie der Täter prägnant dargestellt, harte Schnitte in rascher Folge. Landläufige diskriminierende Rede wird immer wieder im O-Ton zitiert. Den Abschluss des ersten Blocks bildet ein kurzes Gebet mit folgendem Wortlaut:

> «Herr, wir verdächtigen die, welche anders sind als wir. Oft möchten wir am liebsten ausmerzen und verdrängen, was aus dem gewohnten Rahmen fällt. Herr, mach uns frei von den Schablonen und Vorurteilen. Dir begegnen wir täglich im verachteten Mitmenschen. Öffne unser Leben für die, die anders sind als wir, öffne unser Leben für dich. Amen.»[18]

Es folgen ein Block zur *Überfremdung* und einer zu den *Fremdarbeitern in Langnau*, beide in gleicher Weise wie der vorangehende gestaltet. Der zweite Block schliesst wiederum mit einem Gebet, der dritte mit der Frage: «Was können wir *hier in Langnau* tun?» (Kursivierung im Original, 31).

Über den letzten Teil der Liturgie – *Diskussion und Aktion* – ist wenig zu erfahren. Offenbar wurde nun das im zweiten Teil Vorgetragene mit den Gästen diskutiert und gemeinsam nach Lösungen der genannten Probleme gesucht. Ob dieser Teil in irgendeiner Weise liturgisch gestaltet oder abgeschlossen wurde, scheint aus den vorliegenden Unterlagen eher unwahrscheinlich.

Was fällt an der liturgischen Gestaltung der Emmentaler «Ökumenischen Pfingstnacht» auf? In welcher Weise wird das inhaltliche Anliegen des Politischen liturgisch performativ?

1. Zunächst fällt auf, dass der gesamte Gottesdienst mit Ausnahme des letzten Teils durchkomponiert ist. Die Gesamtkonzeption entspricht der genannten Kölner

18 Marti, Gottesdienste (Anm. 10), 21.

Vorlage[19] und ist einerseits theologisch begründet, denn «mit der Voranstellung der Pfingstbotschaft und der Gemeinschaftsfeier der Agape will die ‹Pfingstnacht› deutlich machen, dass das kritische Engagement gegen die Fremden-Disriminierung eine Konsequenz des einheitsstiftenden Evangeliums ist. ‹Kritische Theologie kommt aus dem Ursprung und Zentrum der Kirche› (J. Moltmann).»[20] Andererseits wird die liturgische Gestaltung mit Bezug auf das Konzept von *Hans-Ekkehard Bahr* insgesamt emotionspsychologisch begründet.[21] Denn das «Interesse der Langnauer Versuche zielt dahin, den ‹Wärmestrom› der mit Jesus begonnenen Neuschöpfung nicht durch den ‹Kältestrom› gesellschaftskritischer Analyse und Information in den Hintergrund zu drängen. Die Basis kritischer Analysen und Aufrufe zur Veränderung ist der geschehene und geschehende Anbruch des Neuen. Dieser ‹Wärmestrom› entkrampft und ermutigt. Aus diesem Grund beginnt die Pfingstnacht [...] mit der aktualisierten Pfingstbotschaft und der Praxis einer neuen Gemeinschaft in der ‹Agape›: [...] Einheimische und Fremdarbeiter (letztere z. T. mit ihren Kindern auf dem Schoss) tranken aus demselben Becher den Rotwein, der vom Banknachbar gereicht wurde, und assen vom gemeinsamen Brot.»[22] – Aber es bleibt dabei: An der Stelle, wo man aufgrund der Einladung die Begegnung, das Kennenlernen und das gemeinsame Essen erwartet, wird gelesen, gesegnet und gebetet. Auf eine Begrüssung sowie auf weitere Erklärungen und Ausdeutungen wird verzichtet. Die theologische Konzeption wird damit liturgisch eindrücklich in Szene gesetzt. Kommentarlos. Das politische Ziel, die Vision einer «humanen Gesellschaft», wird ansatzweise, symbolisch und erfahrungsstark dargestellt und ‹realisiert›. Der Versuchung einer Vermischung oder Nivellierung der Gattungen und Gesellungsformen, wie sie die Einladung erwarten liess, wird dagegen widerstanden.

2. Eine Vermutung schliesst sich hier an: Möglicherweise braucht das Gesellige im Rahmen des Gottesdienstes, braucht die *liturgische Gemeinschaft* eine klare Form, eine rituelle Ordnung, ohne die sie sich nicht einstellt. Zumindest wurde in Langnau – wie auch an anderen Orten – dezidiert auf eine deutlich erkennbare Liturgie gesetzt, um die Gäste zu empfangen und mit ihnen in Kontakt zu treten.

3. Bemerkenswert ist zudem die verwendete Sprache. Alle Redeteile sind vorbereitet und zeichnen sich durch verdichtete liturgische oder liturgieaffine Sprache

19 Vgl. hierzu Gerhard Traxel, Anmerkungen zum Langnauer Versuch, in: Kurt Marti (Hg.): Politische Gottesdienste in der Schweiz. Fünf Beispiele, Basel 1971, 33–35, hier 33; Cornehl, Nachtgebet (Anm. 16).

20 Traxel, Versuch (Anm. 19), 33.

21 Vgl. Hans-Eckehard Bahr, Kältestrom und Wärmestrom bei der Vermittlung des Christlichen. Exemplifiziert am Fernsehen, in: Peter Cornehl/Hans-Eckehard Bahr (Hg.): Gottesdienst und Öffentlichkeit, Hamburg 1970, 197–216.

22 Traxel, Versuch (Anm. 19), 33f.

aus: die Lesung der Festlegende und die Meditationen, die Gebete und die Segensformeln, die Gedichte und die Zeugnisse. Die Reihenfolge der Texte ist geregelt, die Sprecherinnen und Sprecher bestimmt. Auf spontane Redebeiträge wird in den ersten beiden Teilen der Feier – den eigentlich ‹liturgischen› Teilen – verzichtet. Offenbar wurde den vorbereiteten, der Tradition entnommenen oder an anderen Orten bewährten Texten zugetraut, dem Anliegen des Anlasses besser zu entsprechen als durch den Verzicht auf diese und die Verflüssigung der Kommunikation in der Gestalt spontaner Redebeiträge. Dies überrascht angesichts der Einladung, in der das Kennenlernen und zusammen Reden so sehr im Vordergrund steht.

4. Unscharf oder mehrdeutig bleibt, an wen sich der Anlass richtet und wer ihn trägt. Wenn wir theologisch die *Gemeinde* als Trägerin und handelndes Subjekt der Liturgie verstehen,[23] so ist diese zumindest *zweigeteilt*: in *Gäste* und *Einheimische*, in katholische Italiener und reformierte Emmentalerinnen. Bei genauerer Betrachtung fällt allerdings auf, dass drei Gruppen zu unterscheiden sind: die Liturginnen und Sprecher, die italienischen Gastarbeiterinnen und die reformierte Gemeinde der einheimischen Langnauer. Im Agape-Teil werden diese drei Gruppen liturgisch zu einer Gemeinde verbunden. Im zweiten Teil agiert einzig die Vorbereitungsgruppe durch gelesene Redebeiträge. Alle anderen sitzen in den Kirchenbänken und hören zu. Adressiert werden allerdings vor allem die Einheimischen, auch wenn sich der Fokus immer stärker auf die Gastarbeiterinnen richtet. Dies wird an den erwähnten Beispielen der Diskriminierung im ersten Block des zweiten Teils deutlich. Aber auch der dritte Block, der die Situation der Fremdarbeiter in Langnau traktiert, richtet sich an die lokale reformierte Gemeinde.[24] Die Politisierung des Gottesdienstes erfolgt liturgisch durch eine Differenzierung der Gemeinde und eine Fokussierung und Aktivierung bestimmter Adressatengruppen.

5. Die Gesamtanlage der Liturgie gehorcht der rituellen Logik des reformierten Prädikantengottesdienstes – und zwar unbeschadet des Umstands, dass es sich um eine ökumenische Feier handelt. Im Zentrum steht nicht die Priestermesse, sondern die Proklamation, Auslegung und Anwendung des Evangeliums. Der erste Teil dient der Sammlung und Versammlung der Gemeinde. Der umfangreiche mittlere Teil entspricht der Zentralstellung der Predigt in der protestantischen Liturgie, der dritte Teil der Sendung, die allerdings ohne Segen erfolgt.

23 Verstanden im Sinne der Torgauer Formel, wonach im Gottesdienst nichts anderes geschehen soll, als dass «unser lieber Herr mit uns rede durch sein heiliges Wort und wir umgekehrt mit ihm reden durch unser Gebet und Lobgesang» (Martin Luther, Luther Deutsch, Göttingen/Stuttgart 1959–1967, 440; zit. nach Michael Meyer-Blanck, Liturgie und Liturgik. Der Evangelische Gottesdienst aus Quellentexten erklärt, Gütersloh 2001, 29).

24 Auch die verwendete Sprache deutet darauf hin, dass der primäre Adressatenkreis des Gottesdienstes die reformierte Emmentaler Gemeinde darstellt.

2. Eine öffentliche Liturgie aus Bern: die Tsunami-Trauerfeier von 2005
Wenige Tage nach der verheerenden Flutwelle vom 26. Dezember 2004 in Ostasien, der allein in Indonesien 165 000 Menschen zum Opfer fielen, fand am Abend des 5. Januar 2005 im Berner Münster auf Anregung des Bundesrates eine vom Schweizer Fernsehen direkt übertragene Trauerfeier statt.[25] Zur Feier eingeladen haben die drei Landeskirchen, deren Leitungen bei der Feier mitwirkten. Anwesend waren der Bundespräsident und eine Delegation des Bundesrates, Mitglieder des diplomatischen Korps sowie Vertreter der «grossen Religionen»[26]. Nach einem Eingangsspiel der Orgel – es erklingt das *Präludium in c-moll* von Johann Sebastian Bach – eröffnet die Münsterpfarrerin Maja Zimmermann-Güpfert die Feier im schlichten schwarzen Talar, indem sie ohne weitere Umschweife und ganz ohne formelle Begrüssung, welche ansonsten zum Zeremoniell jedes politischen Anlasses vergleichbarer Grösse gehört, den Schrecken der Tsunami Katastrophe und das damit verbundene Leid in wenige Sätzen verdichtet zum Ausdruck bringt: «Die Erde ist aus den Angeln gehoben worden. Gewaltige Wellen haben entsetzliches Leid über Millionen von Menschen gebracht. [...] Erschüttert stehen wir dem Tod und der Verwüstung, der Verzweiflung und der Trauer vieler Menschen gegenüber. Wir sind hier zusammengekommen, weil wir die Gemeinschaft mit anderen Menschen brauchen im Blick auf so viel Leid. Weil wir trösten möchten und des Trostes bedürfen. Weil wir uns klagend und hoffend nahe kommen wollen.»[27] – Bemerkenswert knapp werden die einladenden Kirchen und die Repräsentanten des Bundesrates und der Religionsgemeinschaften genannt.

Die Bischöfe Amédée Grab (Römisch-Katholische Kirche) und Fritz-René Müller (Christkatholische Kirche) beten im Wechsel einen Klagepsalm mit Paraphrase auf Französisch und Deutsch:

> «Wir bleiben sitzen zum Gebet, zu Worten aus den alten Psalmen und zu unseren eigenen Worten:
> Des profondeurs je t'appelle, SEIGNEUR: Seigneur, entends ma voix; que tes oreilles soient attentives à ma voix suppliante!
> Gott, wir sind vor Dir, die Not ist unvorstellbar gross. Wie sollen wir auch nur das Ausmass verstehen und begreifen? Wir fragen: Warum? Du versprichst Leben, hier kam

25 Der Bundesrat hat die Kirchen um einen Gottesdienst gebeten. Bei der Durchführung waren allerdings die Reformierten Kirchen federführend. Diesen sowie weitere wichtige Hinweise zur Feier verdanke ich Martin Peier, der damals als Radio- und Fernsehbeauftragter der Reformierten Medien massgeblich an der Durchführung beteiligt war.

26 Ich zitiere hier und im Folgenden aus dem unveröffentlichten Skript der Liturgie (Martin Peier, «Miteinander klagen – miteinander hoffen». Nationale Tsunami-Trauerfeier SF DRS [unveröffentlichtes Skript], Zürich 2005, 2) sowie aus dem Skript der Rede des Bundespräsidenten.

27 Peier, Trauerfeier (Anm. 26), 2. Die Texte der Liturgie wurden von einem Autorenteam unter der Leitung von Pfr. Georg Schubert verfasst.

tausendfacher Tod. Warum, Gott, sind die Fluten eingebrochen und haben die Welt des Grauens hervorgebracht?
Si tu retiens les fautes, SEIGNEUR! Seigneur, qui subsistera?
Warum, Gott, trifft es die einen und andere nicht? Warum sterben die einen, und warum werden andere gerettet? Warum werden Familien auseinandergerissen und andere wie durch ein Wunder wieder zusammengeführt?
J'attends le SEIGNEUR, j'attends de toute mon âme et j'espère en sa parole. Mon âme désire le Seigneur, plus que la garde ne désire le matin, plus que la garde le matin.
Gott wir warten auf Dich, wir warten auf Zeichen deines Erbarmens. Wir hoffen auf Deinen Beistand.
Wir sind so ohnmächtig. Was hilft unser Trauern?
Hommes et femmes mettez votre espoir dans le SEIGNEUR, car le SEIGNEUR dispose de la grâce et, avec largesse, du rachat.
Unsere Hoffnung flackert auf, weil Menschen zusammenstehen, weil über Grenzen von Konflikten und Religionen Hilfe geleistet wird. Wir hoffen und trauern gemeinsam mit Menschen der betroffenen Länder.»

Während die am stärksten betroffenen Länder im Klagegebet genannt werden, entzünden Jugendliche Kerzen an der Osterkerze für jedes der genannten Länder. Auf ein Zwischenspiel der Orgel (*Elévation* von Marcel Dupré) folgen kurze Ansprachen des Bundespräsidenten sowie des Präsidenten des Schweizerischen Evangelischen Kirchenbundes, welche die Liturgin knapp einleitet, indem sie deren Funktion benennt: «Klage und Schweigen – in Anteilnahme und Zuspruch, die uns Menschen miteinander verbinden» (6). Zwischen den Ansprachen gestaltet ein Perkussionist «Momente des Schweigens». Die Rede des Bundespräsidenten ist auf den Predigtton gestimmt und durch Phasen des Schweigens unterbrochen.[28] Der Kirchenbundspräsident Pfr. Thomas Wipf gestaltet seine Ansprache wie eine Trauerpredigt, indem er zunächst das erfahrene Leid in Worte fasst, um diesem dann Zeichen des Trostes entgegen zu stellen. Er schliesst, indem er den christlichen

28 Der Bundespräsident eröffnet seine Ansprache mit folgenden Worten: «Liebe Mitmenschen, [...] ‹und sie sassen bei ihm auf der Erde, sieben Tage und sieben Nächte lang. Und keiner redete ein Wort zu ihm, denn sie sahen, dass der Schmerz sehr gross war.› Dies lesen wir im Buch Hiob über den Besuch seiner drei Freunde, zum Zeitpunkt, da Hiob alles verloren hatte. Es gibt Momente, da sind Worte leer und wirken unbeholfen. Passender wäre es, sich die Hand zu reichen und zu schweigen. (15 Sekunden Stille) Dennoch bin ich auf das Wort verwiesen, um damit Verbundenheit zu bezeugen mit den Betroffenen, Hinterbliebenen, Trauernden, Freunden, mit Menschen in aller Welt. Um gleichzeitig in Stille zu verharren, uns in Demut zu beugen vor der Erkenntnis der Endlichkeit unseres Seins und der Unendlichkeit des Schöpfers, der Kraft der Natur und der Grenzen unserer Ziele und Pläne. (15 Sekunden Stille) Wir trauern mit vielen Mitmenschen um den Verlust ihrer Nächsten, ihrer Partner, Eltern, Kinder, Grosskinder, Freunde, Bekannten, sei es in unserem Land oder in den betroffenen Gebieten selber ...».

Trost benennt und diesen in einem Gebet, das er mit Amen beschliesst, zum Ausdruck bringt.[29] Es folgen Beiträge von hinduistischer, buddhistischer, muslimischer und jüdischer Seite: kurze Ansprachen, Rezitationen aus den jeweiligen Heiligen Schriften und Gebete – auf Deutsch und/oder in der Sakralsprache der jeweiligen Religionsgemeinschaft. Alle Religionsvertreter verbinden ihren Beitrag mit einem Symbol, das sie mitgebracht haben. Zwischen den Beiträgen gestaltet der Perkussionist weitere «Momente des Schweigens».

Es folgt ein von der afroamerikanischen Gospelsängerin Bernita Bush gesungenes *Gospellied*: «Precious Lord, take my hand, lead me on, let me stand». Die anschliessenden *Fürbitten* werden von den drei Kirchenvertretern Grab, Müller und Wipf gesprochen. Sie werden mit einem Klagepsalm eröffnet und mit dem gemeinsamen *Unser Vater* abgeschlossen.[30] Bei der Einladung zum Unser Vater räumt Müller ein: «Dieses Gebet verbindet uns nicht alle miteinander. Aber in der Bitte um das Leben schlechthin vermag es Brücken zu bauen» (17). Die Feier schliesst mit der Ankündigung der Kollekte durch die Liturgin, dem von der Solistin zusammen mit der Gemeinde gesungenen Lied «We shall overcome» sowie Sendung und Segen.

Zunächst ist zu fragen, ob und inwiefern es sich hier tatsächlich um eine *politische Liturgie* handle. Dann soll das Verhältnis von *Diskursivität* und *Ritualität* erörtert werden.

1. Die vorgestellte Trauerfeier unterscheidet sich von der Pfingstnacht im Emmental vor allem darin, dass hier nicht durch politisches Handeln verursachte Probleme dargestellt, verhandelt und einer Lösung zugeführt werden. Es handelt sich vielmehr um eine Trauerfeier, mit der auf eine Naturkatastrophe reagiert wird. Es handelt sich zudem um einen ‹Trauerfall› von globalem Ausmass, der sich mit

29 Dem Vernehmen nach soll die Ansprache des Bundespräsidenten tatsächlich wie eine Predigt und die des Kirchenbundspräsidenten eher wie eine politische Rede gewirkt haben. Offenbar haben sich beide im wenig definierten Feld zwischen Kirche und Politik in Bezug auf die Redegattung auf die je andere Seite zubewegt.

30 Die Fürbitte wird folgendermassen eröffnet: «Dans un psaume, l'auteur crie de tout son cœur: Réveille-toi, pourquoi dors-tu, Seigneur? Sors de ton sommeil, ne nous rejette pas sans fin! Pourquoi caches-tu ta face et oublies-tu notre malheur et notre oppression? Car notre gorge traîne dans la poussière, notre ventre est cloué au sol. Lève-toi! À l'aide! Rachète-nous au nom de ta fidélité! – Deshalb beten wir: Gott, Vater aller Menschen, wir stehen vor Dir, hilflos, verzweifelt. Wir bitten Dich: erhelle das Dunkel. Wir bitten Dich für die Menschen, die Angehörige verloren haben. Schenk ihnen einen Blick nach vorn, gib Hoffnung, dass sie ihr Leben neu ausrichten können. – Dieu, nous te prions pour les hommes, les femmes et les enfants qui cherchent encore des proches qui errent encore dans les lieux ou on a mis les morts. Ils hésitent entre espérance et désespoir. Accorde-leur rapidement une certitude. Donne-leur la force de supporter les réponses. Nous te prions pour les blessés qu'ils guérissent et retrouvent leur santé. Nous te prions pour les hommes, les femmes et les enfants traumatisés par les événements. Donne-leur la force de vivre ...».

einer nationalen Betroffenheit verbindet, wohingegen die in Langnau thematisierten Probleme durch die liturgische und homiletische Darstellung erst eigentlich ins Bewusstsein gebracht werden sollen. In diesem und weiteren Punkten lassen sich die beiden Feiern nicht vergleichen. Was sie dennoch verbindet und ihre politische Kontur bestimmt, ist der Umstand, dass sowohl in Bern als auch in Langnau nicht Problemlagen, die nur das Individuum, die kirchliche Gemeinschaft oder Glaubensfragen im engeren Sinn betreffen, bearbeitet werden, sondern solche, die deutlich darüber hinausgehen und die *gesellschaftliche Öffentlichkeit* in ihrem Kern berühren. Gesellschaftliche Krisen, Tod und Trauer, Fragen des Zusammenlebens und der Solidarität über die Kultur- und Konfessionsdifferenzen hinaus werden liturgisch symbolisiert und ritualisert.[31] Trauerfeiern als *zivilreligiöse Liturgien* anlässlich von Katastrophen, Unglücksfällen und Anschlägen sind politische Gottesdienste in einem qualifizierten Sinn, weil sie gesellschaftliche Krisenlagen liturgisch-rituell bearbeiten. Sie tun dies nicht stellvertretend in der Halböffentlichkeit einzelner Gemeinden, sondern *repräsentativ und öffentlich*, sowohl was die Akteure, die Formen der Symbolisierung, die Räume und die Kommunikationsmedien anbelangt. Sie erreichen dadurch eine deutlich grössere Öffentlichkeitswirkung als politische Nachtgebete wie dasjenige im Emmental.[32]

2. Gegen eine solche Qualifizierung der vorgestellten Feier liesse sich einwenden, dass liturgische Formen öffentlicher Trauer auf natürliche Katastrophen oder gesellschaftliche Vorfälle bloss *reagierten*, statt vom politischem Veränderungspotenzial des Evangeliums her zu *agieren*. Sie spenden Trost und vertrösten, statt zur gottgewollten Veränderung der Verhältnisse aufzurufen. – Dieser Einwand ist durch den Hinweis zu entkräften, dass öffentliche Trauerfeiern zwar nicht unmittelbar auf die Veränderung misslicher gesellschaftliche Verhältnisse zielen, aber eine eminente gesellschaftliche und politische Bedeutung haben, indem der kollektiven Trauer und der Wut, dem Unverständnis oder der Verzweiflung öffentlich Ausdruck und Raum gegeben wird. Diese werden in Worte gefasst, aber auch durch Musik, Symbole und Handlungen dargestellt und bearbeitet. Die Medien liturgischer Darstellung ermöglichen, sowohl der emotionalen Betroffenheit Raum zu geben als auch der Verbundenheit und der Reflexion. Es scheint mir denn auch

31 Vgl. in Bezug auf Trauerfeiern Walter Neidhart, Die Rolle des Pfarrers beim Begräbnis (1968), in: Christoph Barben (Hg.): Aporien aushalten – dennoch handeln, Stuttgart/Berlin/Köln 1997, 210–219; in Bezug auf vergleichbare Beispiele Kristian Fechtner/Thomas Klie, Riskante Liturgien. Zum Charakter und zur Bedeutung von Gottesdiensten in der gesellschaftlichen Öffentlichkeit, in: dies. (Hg.): Riskante Liturgien. Gottesdienste in der gesellschaftlichen Öffentlichkeit, Stuttgart 2011, 7–19.

32 Ich spreche hier von zivilreligiösen Liturgien mit politischem Charakter. Statt von politischen könnte allerdings auch von öffentlichen Gottesdiensten gesprochen werden. Der Begriff des Öffentlichen ist aber mindestens so vieldeutig und klärungsbedürftig wie der des Politischen. Vgl. zum Konzept der Public Theology die Beiträge von Katrin Kusmierz und Torsten Meireis in diesem Band.

kein Zufall zu sein, dass die Berner Trauerfeier nicht von den Kirchen, sondern von der Landesregierung initiiert wurde. Offenbar besteht ein virulentes politisches Interesse daran, katastrophale Ereignisse und gesellschaftliche Krisenlagen in einem religiös-rituellen Rahmen zum Ausdruck zu bringen und symbolisch zu bearbeiten.

3. Es handelt sich im geschilderten Beispiel um eine Form *zivilreligiöser Trauerarbeit*, die allerdings die Differenzen zwischen den beteiligten Kulturen und Konfessionen nicht gänzlich schleift.[33] Diese bleiben vielmehr deutlich erkennbar. Die Feier erscheint als *interreligiöse* und zugleich als *christliche Trauerfeier*. Die kirchlich-christliche Identität wird dabei zunächst und vor allem durch die *Liturgin* markiert, die in ihrem liturgischen Gewand als solche in Erscheinung tritt und durch die Liturgie führt. Aber auch der *Raum*, die *Musik* und die *Liturgie* sind mehrheitlich als christlich geprägte erkennbar. Es handelt sich insgesamt um einen *christlichen Gottesdienst mit interreligiöser Beteiligung und zivilreligiöser Ausrichtung*.

4. Die Liturgie entspricht der Eigenart und dem Ablauf des reformierten Predigtgottesdienstes. Oder präziser: einer *protestantischen Trauerfeier*. *Eröffnung* und *Sammlungsteil* mit Klagepsalm sind deutlich erkennbar. Der *Verkündigungsteil* ist gegliedert in die Beiträge des Bundespräsidenten, des Kirchenbundspräsidenten und der unterschiedlichen Religionsvertreter, wobei die Ansprache des Bundespräsidenten erkennbar auf den protestantischen Predigtton gestimmt ist. Die Beiträge sind unterschiedlich gestaltet: Während auch die Rede von Kirchenbundpräsident Wipf weitgehend der Gattung der Predigt entspricht, indem sie Bibelzitate und deren Auslegungen umfasst, steuern die Gäste Rezitationen heiliger Schriften und Gebete sowie Gesänge bei, wobei auf eine Auslegung derselben weitgehend verzichtet wird. Als eindeutig christlich identifizierbare *Fürbitten*, das gemeinsam und stehend gesprochene *Unser Vater*, *Mitteilungen*, *Sendung* und *Segen* beschliessen die Feier. Es wurde also nicht versucht, die religiöse und konfessionelle Identität der Feier zu verwischen. Ganz im Gegenteil: Die grosse Selbstverständlichkeit,

33 Zum Konzept der Zivilreligion vgl. die grundlegenden Arbeiten von Robert N. Bellah (Robert N. Bellah, Civil Religion in America, in: Daedalus. Journal of the American Academy of Arts and Sciences 96, 1967, 1–21.) und Rolf Schieder (Rolf Schieder, Civil Religion. Die religiöse Dimension politischer Kultur, Gütersloh 1987.). Im Unterschied zu den USA besteht in der Schweiz – wie auch in Deutschland – in den meisten Kantonen keine konsequente, sondern bloss eine ‹hinkende Trennung› von Kirche und Staat (vgl. Reinhold Bernhard, Die Evangelisch-reformierten Kirchen in der Schweiz: Volkskirche im Übergang, in: Martin Baumann/Jörg Stolz (Hg.): Eine Schweiz – viele Religionen. Risiken und Chancen des Zusammenlebens, Bielefeld 2007, 115–127.). Zivilreligiöse Phänomene nisten sich somit nicht in einem durch die Trennung von Kirche und Staat erzeugten Freiraum ein, sondern entste- hen in dem durch gelegentliche oder institutionalisierte Kooperationen bedingten Überlappungsbereich. Die vorfindlichen Formen weisen aber nichtsdestotrotz eine erstaunliche Familienähnlichkeit auf, wenn etwa die Berner Trauerfeier mit der Gedenkfeier «Prayer for America» anlässlich des Anschlags auf die Twin Towers im Yankee Stadion von New York im Jahr 2001 verglichen wird.

mit der das gemeinsame Beten des Unser Vaters der ganzen Gemeinde mitsamt den Gästen zugemutet wird, ist bemerkenswert. Davon ausgehend lässt sich vermuten, dass eine *zivilreligiöse Liturgie* wie die Trauerfeier anlässlich der Tsunami-Katastrophe in Bern eine *religiöse*, mehr noch: *eine konfessionelle liturgische Identität benötigt*, um innert kurzer Frist vorbereitet und durchgeführt werden zu können, aber auch um lesbar und wirksam zu sein. Auch zivil- und interreligiös ausgerichtete Liturgien bedienen sich offenbar bestimmter, konfessionell geprägter und durch Traditionen verbürgter Sprachspiele und ritueller Repertoires. Der Eindruck, Religion könne nur solcherweise öffentlich und politisch wirksam werden, verfestigt sich.

5. Wenn diesen Analysen zugestimmt wird, dann ist in *zivilreligiösen Gottesdiensten* wie dem hier verhandelten die *Ritualität* mindestens so wichtig wie die *Diskursivität*. Der Anlass der Feier – die Tsunami-Katastrophe und die dadurch bewirkte Trauer – wird nicht primär homiletisch traktiert und sekundär liturgisch garniert, sondern führt unmittelbar zu – sorgfältig reflektierten – liturgischen Formen. Die verwendete Sprache, die symbolisch und rituell dargestellten Inhalte, die Elemente und die Dramaturgie gehorchen weitgehend einer (konfessionell) identifizierbaren Liturgie. Zwar werden in einzelnen Wortbeiträgen reflexive Deutungen vorgenommen, doch beziehen sich diese nicht auf die liturgischen Vollzüge, sondern auf den Anlass oder die verlesenen Texte. Die Feier wird an keiner Stelle selbstreflexiv, sondern bleibt konsequent im Modus der symbolisierenden Darstellung. Die *zivilreligiöse Liturgie* der Berner Tsunami-Trauerfeier absorbiert gewissermassen die politische Predigt und erhält selbst *Funktionen der Verkündigung*, indem sie tröstet, Hoffnung zuspricht und zum solidarischen Handeln befähigt. Die Kommunikation und Darstellung des Evangeliums, welche aus theologischer Sicht das Wesen des Gottesdienstes ausmachen, erfolgen in allen Teilen des Gottesdienstes, rituell und diskursiv zugleich. Eine einseitige Fokussierung dieser Kommunikation auf die Diskursivität etwa in der Gestalt der Predigt wäre ihr durchaus abträglich.

3. Die gesellschaftliche Prägekraft der traditionellen (reformierten) Liturgie: James K. A. Smith

Darüber, dass auch und gerade dem traditionellen Gottesdienst eine öffentliche und damit eine politische Bedeutung zukomme, besteht breiter Konsens. «Christlicher Gottesdienst ist öffentlich. Dies gilt nicht nur im äusserlich-formalen Sinn, sondern wesenhaft. Das Evangelium geht alle an!»[34] schreibt der Hamburger Praktologe Peter Cornehl, und damit einer, der sich seit über 40 Jahren immer wieder zur Öffentlichkeitsdimension der christlichen Liturgie zu Wort gemeldet hat.

34 Peter Cornehl, Gottesdienst und Öffentlichkeit, in: Hans-Joachim Eckstein/Ulrich Heckel/Birgit Weyel (Hg.): Kompendium Gottesdienst, Tübingen 2011, 185–203, hier 185.

Im Folgenden soll es nun aber nicht um Cornehls weitgehend bekannte und vielfach rezipierte Gottesdiensttheorie gehen, sondern um diejenige des reformierten Theologen *James K. A. Smith*. Der gebürtige Kanadier lehrt am Calvin College in Grand Rapids (Michigan) *Philosophie*, *Angewandte Reformierte Theologie und Weltanschauung* und *Kulturkritik*.[35] James entwickelt in seinen Publikationen und Vorträgen eine Theorie des Gottesdienstes, die diesen in einen denkbar weiten Rahmen stellt. Der erste Band seiner liturgietheoretischen Trilogie ist überschrieben mit «Desiring the Kingdom. Worship, Worldview, and Cultural Formation»[36]. Und die Reihe trägt den Titel: «Cultural Liturgies». Damit erhebt Smith den Anspruch, Theologie, Liturgie und Kulturtheorie systematisch aufeinander zu beziehen. Dies gelingt ihm insbesondere dadurch, dass er den Gottesdienst als kulturellen Sachverhalt beschreibt, der in einem bestimmen Kontext steht und auf diesen reagiert. Mehr noch: *Liturgie* wird als kulturelle Ausprägung schlechthin verstanden, die Smith anthropologisch begründet: Menschen seien *liturgical animals*, ob sie es wollen oder nicht (40). Und zwar seien sie es insofern, als sie ihrem zumeist unbewussten Verlangen (*desiring*) nach dem guten und erfüllten (*flourishing*) Leben liturgische Formen geben, die dieses Verlangen zum Ausdruck bringen, es bearbeiten und teilweise stillen. Diese Liturgien können gänzlich säkular verfasst sein. So eröffnet Smith den ersten Band seiner Gottesdiensttheorie mit der ausführlichen Beschreibung der *Mall*, des amerikanischen Einkaufszentrums, als quasi-religiöse Liturgie. Es folgen Analysen weiterer säkularer Liturgien: des Militärs, der Universität, des Patriotismus. Smith glaubt, mit diesen Beispielen seine These belegen zu können, wonach Menschen zuerst und vor allem durch eine *Sehnsucht* nach Erfüllung und Glück bestimmt seien, eine Sehnsucht, die er als Motor kultureller Produktion schlechthin interpretiert. Diese Sehnsucht und Intentionalität, die Smith philosophisch mit Bezug auf Augustinus, Martin Heidegger und Alasdair MacIntyre begründet, bilde kollektive Vorstellungsräume, *collective imagineries*[37] aus (28), die liturgisch in Szene gesetzt werden, säkular oder religiös. Die Pointe dieser Konzeption besteht nun allerdings darin, dass die Erfindung und Ausprägung kultureller Liturgien nicht nur durch das intentionale Verlangen des Menschen nach dem guten Leben begründet werden, sondern den Menschen ihrerseits zu formen imstande sind, und zwar in einer weitgehend unbewussten Weise. Denn Liturgien haben nach Smith *Emotionen*, *Narrative*, *Weltsichten* und *Menschenbilder* eingelagert. Sie sind gleichsam performative Verdichtungen derselben und prägen den

35 Neben einem Lehrauftrag in Philosophie hat er einen «Chair in Applied Reformed Theology & Worldview» inne.

36 James K.A. Smith, Desiring the Kingdom. Worship, Worldview, and Cultural Formation, Grand Rapids 2009. Seitenangaben im Text.

37 Hierbei handelt es sich um ein Konzept von Charles Taylor (Charles Taylor, Modern Social Imaginеries, Durham/NC, 2004.).

Menschen auf bestimmte, damit verbundene Ziele hin. Liturgien sind somit *formative Prozesse* und bedürfen der kritischen Analyse der ihnen inhärenten Werte.

Der christliche Gottesdienst wird nun von Smith als diejenige Liturgie herausgestellt, welche das biblisch-christliche Menschen- und Weltbild in einen kulturellen Handlungs- und Verhaltenskomplex transformiert hat, der imstande ist, mit der Zeit einen bestimmten Lebensstil, einen *christlichen Habitus* auszuprägen. Smith konkretisiert diese Prägekräfte, indem er die in die Elemente der Liturgie inkarnierte Theologie herausarbeitet und sie als Gegenkräfte gegen die säkularen Liturgien etwa der *Mall* bestimmt. Damit erhalten seine Gottesdiensttheorie und der dadurch bestimmte liturgische Vollzug eine eminent kulturkritische und politische Pointe.

Smiths Gottesdiensttheorie vermag die kulturellen Prägekräfte, die Pädagogik der Liturgie in den Fokus der Diskussion zu rücken und sie mit anderen sozialen ‹Liturgien› vergleichbar zu machen.[38] Damit tritt er das Erbe der dezidiert pädagogischen Ausrichtung reformatorischer Gottesdienste an.[39] Diese wird von Smith aber nicht als einseitig kognitives Bildungsprogramm konzipiert, nicht als Vermittlung eines christlichen Weltbildes, sondern als emotionale und habituelle Bildung, welche sich nicht auf Konzepte beschränke, sondern das *Herz* des Menschen berühre und verändere, indem er in das Ebenbild Gottes ‹eingebildet› werde. Smith tritt aber auch das Erbe der katholischen liturgischen Bewegung an, welche im Anschluss an Romano Guardini, Odo Casel und die Liturgiekonstitution *Sacrosanctum Concilium* von der Zentralstellung der Liturgie für Theologie und Kirche ausgeht. Dem auf Prosper von Aquitanien zurückgeführten Grundsatz *lex orandi, lex credendi* entspricht Smiths Modell insoweit, als er – im Anschluss an Stanley Hauerwas – die traditionelle Liturgie mit *liturgischen Gruss, Gesang, Sündenbekenntnis und Vergebungszuspruch, Taufe, Glaubensbekenntnis, Gebet, Schriftlesung und Predigt, Eucharistie, Kollekte und Sendung* als primäre Lebensform und Narrativ der Kirche und der Christenheit bestimmt, aus welcher sowohl das Verhalten im Alltag als auch die Theologie hervorgehen. Smiths Liturgik folgt darüber hinaus dem *performative* oder *ritual turn* in der Gottesdiensttheorie der letzten zwanzig Jahre, ohne dabei die theologische Bestimmung der liturgischen Performanz ausser Acht zu lassen.[40]

38 Smith ist ein prominenter Vertreter der *formative liturgy*, zu denen – inspiriert u. a. vom Systematiker Stanley Hauerwas – auch Marva J. Dawn, Alison Milbank und Bernd Wannenwetsch gehören. Vgl. dazu Luca Baschera, Die reformierte Liturgik August Ebrards (1818-1888), Zürich 2013, 101–112.

39 Cornehl, Art. Gottesdienst (Anm. 8), 55 ff.

40 Zu deren Vertretern in der deutschsprachigen Theologie gehören insbesondere Werner Jetter, Symbol und Ritual. Anthropologische Elemente im Gottesdienst, Göttingen 1978; Manfred Josuttis, Der Weg in das Leben. Eine Einführung in den Gottesdienst auf verhaltenswissenschaftlicher Grundlage, Gütersloh 1991; Ursula Roth, Die Theatralität des Gottesdienstes, Gütersloh 2006; David Plüss,

Zugleich ist Smiths Modell mit gewissen Einseitigkeiten behaftet. Für europäische Leser am auffälligsten ist die scharfe Unterscheidung von christlicher Liturgie und säkularen ‹Liturgien›, wobei der traditionelle Gottesdienst *(im Singular!)* die Menschlichkeit und das Glück des Menschen zu befördern vermag, andere ‹Liturgien› wie die *Mall* dagegen die sündhaften Haltungen der Genusssucht, des Narzissmus und der vermeintlich ungebundenen Autonomie einprägen. Dieses dualistische Schema von Sünde und Heil verkennt oder unterschlägt sowohl abträgliche, hemmende und ängstigende Wirkungen der christlichen Liturgie als auch das humanisierende und befreiende Potenzial säkularer ‹Liturgien›. In der von Smith vertretenen Einseitigkeit erhält das Konzept einen ideologischen Grundzug.

Einseitig scheint mir zudem die unhinterfragte Präferenz für *die* traditionelle Liturgie. Smith ist sich zwar der vielfältigen liturgischen Landschaft der Gegenwart bewusst. Dennoch plädiert er unverhohlen für die Wiedereinführung der Messe mit Leseordnung und traditionellen liturgischen Elementen. Für ein solches Plädoyer gibt es gute Gründe. Aber verbunden mit der theologischen Deutung erhält sein Modell einen monistischen Grundzug, der die Stärke liturgischer Vielsprachigkeit nicht zu würdigen und die Unhintergehbarkeit derselben nicht zu sehen vermag. Es gab zu keinem Zeitpunkt die *eine* Liturgie und wird sie auch nie geben. Die Christenheit hat sich schon immer in sehr unterschiedlichen Formen gottesdienstlichen Feierns dargestellt und orientiert, die es kritisch zu würdigen, aber nicht auf eine vermeintliche Urform zu reduzieren gilt.

Smiths Anthropologie und Kulturtheorie des Gottesdienstes sind in Bezug auf die Frage der politischen Bedeutung liturgischen Handelns gleichwohl durchaus anregend, und zwar in den folgenden Hinsichten:

- Smith vollzieht einen bemerkenswerten Fokuswechsel von der *Predigt* zur *Liturgie*, vom *Glaubenskonzept* zum *Glaubensvollzug*, vom *Diskurs* zum *Ritual*. Dabei wird das Erstere nicht negiert, sondern – zumindest dem Anspruch nach – im Hegel'schen Sinne aufgehoben und integriert. Allerdings ist zu sagen, dass Smith die Reflexivität fast gänzlich in die theologische Analyse auslagert und ihr innerhalb des liturgischen Vollzuges kaum noch Raum gibt. Selbst die Predigt wird als Aufführung der biblischen Story und nicht als reflexive Auslegung derselben interpretiert.[41] Und in den anderen Teilen der Liturgie fehlt das diskursive Moment fast gänzlich.

Gottesdienst als Textinszenierung. Perspektiven einer performativen Ästhetik des Gottesdienstes, Zürich 2007.

41 Vgl. Smith, Kingdom (Anm. 36), 194ff.

- Der ‹normale› Gottesdienst wird von Smith als durchaus politische Handlung verstanden. Denn «the church is a new *polis*».[42] Der Glaube wird bestimmt als Sehnsucht nach dem Gottesreich («desiring the kingdom»), welches im Gottesdienst dargestellt wird und die beteiligten Menschen verändert, sie erneuert – entsprechend der *Verfassung* der *new polis*. Diese Verfassung, wie sie etwa in den Zehn Geboten oder in der Bergpredigt zum Ausdruck kommt, stellt einen durchaus politischen Gegenentwurf zu säkularen Verfassungen dar, indem der Gottesdienst nicht zu einer Weltflucht, sondern zur Weltveränderung in einem eschatologischen Horizont durch einen erneuerten Habitus anleitet.
- Zum politischen Profil des Gottesdienstes passt auch Smiths Anthropologie, welche im Anschluss an Stanley Hauerwas bei der Handlung oder genauer: beim liturgischen Vollzug ansetzt. Liturgie und Ethik werden anthropologisch aufeinander bezogen. Der Mensch sei ein *liturgical animal*. Seine vorwiegend körperlich, emotional und intentional verfasste Identität bilde und verändere sich in liturgischen Vollzügen und verschränke das liturgische Handeln im Gottesdienst mit dem Verhalten und den Haltungen (Habitus) im Alltag aufs Engste.
- Die politische Relevanz und Plausibilität von Smiths Gottesdiensttheorie wird allerdings dadurch geschmälert, dass er mit allzu schroffen Gegensätzen operiert und die christlichen Liturgien mit ihrem erlösenden Potenzial in dualistischer Weise mit säkularen Liturgien kontrastiert. Dadurch gewinnt er zwar ein deutliches Profil, welches sich aber bei Lichte besehen als unterkomplex erweist und um den Preis der Verteufelung der ‹Welt› erkauft wird. Wenn die tatsächliche politische Relevanz des Gottesdienstes herausgestellt werden soll, ist ein differenzierteres Vorgehen, sind gute Argumente und nicht apodiktische Postulate nötig.

4. Von der Ausweitung und performativen Transformation eines Diskurses

Was folgt aus diesen Analysen für den politischen Gottesdienst, theologisch wie praktisch? Prägnante Ausblicke sollen die Essenz der Analysen summieren und auf eine zukunftsfähige Praxis des ‹politischen Gottesdienstes› hin beziehen.

1. Von der Homiletik zur Gottesdiensttheorie

Die Analysen der Fallbeispiele haben deutlich gemacht, dass in der Praxis politischer oder zivilreligiöser Gottesdienste von einer Priorisierung der Predigt und ei-

42 Smith, Kingdom (Anm. 36), 196.

ner Vernachlässigung der Liturgie nicht gesprochen werden kann. Die Diskursivität dominiert die Ritualität der beiden Feiern in keiner Weise. Auch wenn etwa in der Langnauer Pfingstnacht der zweite Teil etwas textlastig ausfällt und sich eine Diskussion möglicher Massnahmen anschliesst, dominiert im ersten Teil eine schnörkellose Liturgie mit Agape-Feier. Im Berner Münster fehlt sogar eine eigentliche Predigt. Diese wird substituiert durch predigtaffine Ansprachen und Rezitationen, die sich aber ganz und gar ins Ritual einfügen. Dasselbe gilt für das reformierte Gottesdienstmodell von Smith, wobei bemerkt werden muss, dass Smith trotz calvinistischer Prägung in der Gefahr steht, den Bogen zu überspannen, wenn er die Diskursivität allzu vehement aus dem liturgischen Handeln verbannt.

Die festgestellte ‹Homiletisierung› des Diskurses um den ‹politischen Gottesdienstes› hat jedenfalls keinen Anhalt an der liturgischen Praxis, sondern steht durchaus in Spannung zu dieser. Es lässt sich sogar ein Gefälle hin zur Ritualisierung des Politischen im Gottesdienst feststellen. Darauf weist nicht zuletzt die im Predigt-Ton gehaltene Ansprache mit Schweigephasen des Bundespräsidenten in der Berner Tsunami-Trauerfeier, aber auch die im anglophonen Raum intensiv geführte Diskussion der *formative liturgy* hin, die bekanntlich von Ethikern wie Stanley Hauerwas und Bernd Wannenwetsch systematisch-theologisch orchestriert wird.

2. Zwischen politischem Milieugottesdienst und öffentlicher Liturgie

Aus den drei Analysen wird aber auch deutlich, dass das Politische im Geiste der Befreiungstheologie oder der Feministischen Theologie einerseits eine *spezifische liturgische Gattung* ausprägte, die in Deutschland und der Schweiz in den 1970er- und 80er-Jahren ihre Blütezeit hatte und an Deutschen Kirchentagen und andernorts weiter kultiviert wird. *Politische Gottesdienste* wie das Kölner Nachtgebet oder die Langnauer Pfingstnacht sind von ihrem Anspruch her zwar durchaus öffentliche Feiern, sie sprechen *de facto* aber bestimmte Milieus an und pflegen deren Sprachspiele und ästhetische Präferenzen. Andererseits haben zivilreligiöse Liturgien im Zusammenhang von Katastrophen, Unfällen, Amokläufen oder Jubiläen einen eminent öffentlichen Charakter, insofern sie gesellschaftliche Krisenlagen und kollektive Emotionen symbolisch und rituell verdichtet zur Darstellung bringen und bearbeiten helfen. Darauf weist nicht zuletzt der Umstand hin, dass die Tsunami-Trauerfeier im Berner Münster von der Bundesregierung – wohl eher aus Intuition denn aus Kalkül – initiiert und mitgetragen wurde.

Dass darüber hinaus jedem Gottesdienst eine auf die Gesellschaft bezogene und diese in ihren Voraussetzungen betreffende Funktion zukommt, verdeutlicht nicht nur das vorgestellte Konzept der *formative liturgy*, sondern etwa auch repräsentative Befragungen von distanzierten Kirchenmitgliedern und Nichtmitgliedern bezüglich der gewünschten Häufigkeit der Gottesdienste in ihrem Quartier oder ihrer Stadt. Bezeichnenderweise wünschen die meisten der Befragten, dass wöchentlich in ‹ihrer› Kirche Gottesdienst gefeiert wird, auch wenn sie sich in aller Regel nicht beteiligen.[43] Die politische Bedeutung des ‹ganz normalen Sonntagsgottesdienstes› ist offenbar auch eine der *Stellvertretung*.

3. Politische Liturgien als Inkarnationen des wandernden Gottesvolkes

Martis referierte Reserve gegenüber einer Konzeption politischer Gottesdienste als liturgisches Gestaltungsproblem verbindet sich mit einem bemerkenswerten Plädoyer für eine Verflüssigung und Dynamisierung theologischer bzw. politischer Gehalte, wenn er schreibt: «Ein Gott der sozialen Utopie? Zu leicht wäre dieser freilich als utopischer Gott missdeutbar. Richtiger sollte man vielleicht sagen: ein Gott der sozialen Transzendenz. Der Begriff ‹Utopie› ist zu substantivisch, lässt sich schwer in ein Tätigkeitswort verwandeln, wird von unserer Sprache aus Statik fixiert. […] Da ist nicht mehr nur ein starres Zielbild im ‹Nirgendwo› […], vielmehr wird ein Weg sichtbar, ein Schreiten vorwärts, in konkreten Schritten über das je Gegebene hinaus. Dieses Transzendieren des Status quo durch Gott bezeugt eine Gemeinde, die sich nicht als Sakraldepartement der momentanen Herrschaft, sondern als ‹wanderndes Gottesvolk› versteht.»[44] – Gott wird von Marti in Bezug auf sein Tun bestimmt, in Bezug auf sein das Vorgegebene transzendierendes Handeln, dem nun allerdings eine bestimmte Praxis aufseiten der Gemeinde korrespondiert: das *Wandern des Gottesvolkes*. Das «Schreiten vorwärts, in konkreten Schritten über das je Gegebene hinaus» wird zunächst zwar vom «Gott der sozialen Transzendenz» ausgesagt, im Handumdrehen aber auch von der Gemeinde, welche durch ihr Wandern Gottes Transzendieren «bezeugt», diesem entspricht und es inkarnatorisch verwirklicht.

Ausgehend von Marti und über diesen hinausgehend, ausgehend von dieser Bestimmung der Utopie des Evangeliums als *Bewegung und Praxis des Transzendierens* – sowohl Gottes als auch seiner Gemeinde – wäre zu fragen, ob es nicht einer Verkürzung und einem Missverständnis des Gottesdienstes entspricht, die Bewegung des Transzendierens aufseiten der Menschen, das Wandern des Gottesvolkes allein auf das *Tun des Guten im Alltag* und nicht auch auf das *Handeln in der Liturgie* zu beziehen. Denn im Gottesdienst geht es nicht nur und nicht in erster Linie darum, der Gemeinde christliche Gedanken mitzuteilen und sie für ihren Lebensvollzug im Alltag am Evangelium orientieren. Vielmehr geht es in jedem Gottesdienst zunächst und vor allem darum, *dass Menschen Gott begegnen* und aus

43 Vgl. dazu Manfred Bruhn (Hg.), Ökumenische Basler Kirchenstudie. Ergebnisse einer Bevölkerungs- und Mitarbeitendenbefragung, Basel 1999; David Plüss, Wider die Rhetorik vom sinkenden Schiff. Erwägungen zum kommunizierten Selbstbild der Kirche, in: Albrecht Grözinger/Manfred Bruhn (Hg.): Kirche und Marktorientierung. Impulse aus der Ökumenischen Basler Kirchenstudie, Freiburg i. Ü. 2000, 231–250.

44 Marti, Gottesdienste (Anm. 10), 8.

dieser Begegnung als veränderte hervorgehen, «dass unser lieber Herr selbst mit uns rede durch sein heiliges Wort und wir umgekehrt mit ihm reden durch unser Gebet und Lobgesang»[45]. Eine solche Gottesbegegnung, ein solcher Dialog kann sich in der Predigt einstellen, aber nicht nur, sondern auch in den Liedern und in den Gebeten, im Abendmahl und im Segen. Die sich mit der angesprochenen ‹Homiletisierung› des politischen Gottesdienstes verbindende Gefahr ist die der Fixierung der utopischen Gehalte des Evangeliums auf Ideen und theologische Konzepte – und damit die Ausblendung der ‹Inkarnation› derselben in Handlungen, Körpern, Räumen und Klängen im Rahmen der Liturgie. Wenn auch im politischen Gottesdienst im Wesentlichen das Evangelium kommuniziert und dargestellt wird, so erfolgt diese Kommunikation und Darstellung nicht anders als mit den Kunstformen[46] der Liturgie. Diese Kunstformen sind dem Wesen religiöser Kommunikation nicht abträglich, sondern in besonderer Weise zuträglich, wie Schleiermacher nicht müde wird zu betonen. Das Evangelium – auch das dezidiert ins Politische gewendete Evangelium! – inkarniert sich zuerst in der Liturgie, bevor es sich im Alltag: in Familie, Beruf, Politik oder Freizeit – inkarniert und realisiert.

4. Das Politische im Gottesdienst zwischen Ritualität und Diskursivität

Der protestantische Gottesdienst zeichnet sich in besonderer Weise aus durch die Spannung von *Ritualität* und *Diskursivität*, wie wir im Anschluss an Michael Meyer-Blanck festgestellt haben. Dabei ist die Ritualität nicht auf die Liturgie und die Diskursivität nicht auf die Predigt beschränkt, sondern Ritualität wie Diskursivität stellen zwei Dimensionen des Liturgischen dar, die alle Teile desselben bestimmen, wenn auch in unterschiedlicher Gewichtung. Mein Plädoyer für eine Ausweitung des Diskurses über den politischen Gottesdienst auf die Liturgie als solche bedeutet nun nicht eine Beschränkung auf die rituellen Aspekte desselben. Oder anders gesagt: Eine protestantische und zumal eine aufgeklärte Ritualität ist dadurch bestimmt, dass sie sich mit einer mitlaufenden Reflexivität verbindet. Es geht nicht um eine Regression in den Status naiver Unmittelbarkeit, sondern um eine gebrochene, sich selbst durchsichtig gewordene Ritualität, die humane Freiheitsräume nicht einschränkt, sondern als evangelisch qualifizierte eröffnet.

45 Luther, Luther Deutsch (Anm. 23) 440; zit. nach Meyer-Blanck, Liturgie (Anm. 23), 29.

46 Für Friedrich Schleiermacher sind die Medien der Liturgie im Wesentlichen kunstförmig und gehorchen den Regeln der Kunst. Vgl. dazu Friedrich Daniel Ernst Schleiermacher, Die Praktische Theologie nach den Grundsäzen der evangelischen Kirche im Zusammenhange dargestellt von Dr. Friedrich Schleiermacher, Berlin 1850, 71; Ralf Stroh, Schleiermachers Gottesdiensttheorie. Studien zur Rekonstruktion ihres enzyklopädischen Rahmens im Ausgang von «Kurzer Darstellung» und «Philosophischer Ethik», Berlin/New York 1998.

Politischer Gottesdienst – öffentlicher Gottesdienst. Ein Diskussionsbeitrag vor dem Hintergrund südafrikanischer Theologie und Geschichte

Katrin Kusmierz

1. Einleitung

«Um Gottes willen, lasst uns von dem Abgrund zurücktreten. ... Ach Gott, hilf uns! Wir weinen um unser geliebtes Land, das so unerhört verschwenderisch mit seinen kostbaren menschlichen Schätzen umgegangen ist. Wir weinen und beten für Ntsiki und die ganze Familie von Steve. Aber das kann nicht das Ende dieser Geschichte sein – denn trotz allem, was auf das Gegenteil hindeutet: Gott ist barmherzig: Ihm liegt es am Herzen, ob etwas richtig oder falsch ist. Unterdrückung und Ungerechtigkeit sind ihm ein Ärgernis. Planierraupen und Inhaftierungen ohne Gerichtsverhandlung kümmern ihn. [...] Die Mächte der Ungerechtigkeit, der Unterdrückung, der Ausbeutung haben ihr Schlimmstes getan, und sie haben verloren. Sie haben verloren, weil sie unmoralisch und im Irrtum befangen sind und weil unser Gott, der Gott des Exodus, der Befreiergott, ein Gott der Gerechtigkeit und der Befreiung und der Güte ist. Unsere Sache, die Sache der Gerechtigkeit und der Befreiung, muss triumphieren, weil sie moralisch und gerecht und richtig ist. [...]»[1]

Als Desmond Tutu, widerständiger anglikanischer Geistlicher und damaliger Bischof von Lesotho, im September 1977 an der Beerdigung Steve Bikos predigte, war die Situation äusserst angespannt. Biko war der führende Kopf des *Black Consciousness Movements*[2] und intellektueller Vordenker eines demokratischen

1 Desmond Tutu, «Aufrecht gehen – Schwarz und Weiss gemeinsam...». Gottesdienst für Steve Biko, in: Freimut Duve (Hg.), Desmond Tutu, «Gott segne Afrika». Texte und Predigten des Friedensnobelpreisträgers, Reinbek bei Hamburg 1985, 84–88, 87–88.

2 Das *Black Consciousness Movement* (BCM) ist eine schwarze Emanzipationsbewegung, die ursprünglich aus dem Umfeld des South African Students Movement hervorgegangen war. Beeinflusst von der amerikanischen Black Power Bewegung, von Kwame Nkrumahs Panafrikanismus wie auch von Frantz Fanons Kolonialismus- und Rassismuskritik sah das BCM in dem von der herrschenden Klasse der Weissen konstruierten und von Schwarzen internalisierten Minderwertigkeitsgefühl ein wesentliches Grundproblem der Unterdrückung. Anliegen des BCM war die Stärkung des Selbstbewusstseins, der Stolz auf die eigene Geschichte, Kultur und Hautfarbe und damit die Stärkung des Widerstands gegen das System der Apartheid; siehe bspw. Christoph Marx, Südafrika. Geschichte und Gegenwart, Stuttgart 2012, 259–

Südafrika. Er starb an den Folgen einer Kopfverletzung, die ihm in Polizeigewahrsam beigebracht worden war; schwer verletzt wurde er auf dem Boden eines Lieferwagens in ein mehrere hundert Kilometer entferntes Militärhospital transportiert. Zwischen 10 000 und 20 000 Menschen waren nach King William's Town gereist, um ihm die letzte Ehre zu erweisen; Hunderte wurden von der Polizei daran gehindert, zum Versammlungsort zu gelangen. Der Tod von Steve Biko hatte die Menschen in Südafrika (und nicht nur dort) schockiert und aufgerüttelt. Ein Jahr nach der blutigen Niederschlagung der Schüler- und Studentenunruhen in Soweto am 16. Juni 1976 stand er mit am Anfang einer Periode des sich intensivierenden Widerstandes gegen das System der Apartheid[3]. Innen- wie auch aussenpolitisch geriet die Apartheidregierung zunehmend unter Druck.

«Es gibt keine Zweifel daran, dass die Freiheit kommt. Die dunkelste Stunde, heisst es, ist die vor der Morgendämmerung. Wir erleben die Geburtswehen eines neuen Südafrikas, eines freien Südafrikas, wo wir alle, Schwarz und Weiss gemeinsam, aufrecht gehen werden, wo wir alle, Schwarz und Weiss zusammen, uns bei den Händen halten werden, während wir auf unserem Freiheitsmarsch vorwärtsschreiten, um ein neues Südafrika herbeizuführen, in dem Menschen etwas bedeuten, weil sie menschliche Wesen sind, geschaffen nach dem Ebenbild Gottes.»[4]

Ausgehend von der Predigt Desmond Tutus und der politischen Theologie, von der sie geprägt ist, und Bezug nehmend auf jüngere theologische Überlegungen südafrikanischer Theologen und Theologinnen soll im vorliegenden Beitrag über politisches Predigen bzw. den politischen Gottesdienst nachgedacht werden. Gewiss, Tutus Predigt entstammt einer anderen Zeit, einer Zeit geprägt durch das System der institutionalisierten Rassentrennung, einer Zeit der zunehmenden Repression seitens der Apartheidregierung und einer Zeit der zunehmenden Opposition. 36 Jahre sind seit diesem Kairos vergangen; der politische Wandel hat in Südafrika tatsächlich stattgefunden und Südafrika ist eine Demokratie, wenn auch eine, die weiterhin mit tiefgreifenden ökonomischen und sozialen Problemen zu kämpfen hat.

Auch in Post-Apartheid-Südafrika sehen Theologen und Theologinnen die Notwendigkeit gegeben, «politisch», «prophetisch» oder «öffentlich» zu predigen, d. h. das Evangelium weiterhin – wenn nötig auch kritisch – in Bezug auf und im Bewusstsein für die politischen, sozialen und ökonomischen Gegebenheiten Südafrikas auszulegen. Dass Theologie und Kirche – und damit auch der Gottesdienst –

263, oder ausführlicher, die Zusammenhänge zwischen *black theology* und *black consciousness* bedenkend: Daniel R. Magaziner, The law and the prophets. Black consciousness in South Africa, 1968–1977, Athens (Ohio) 2010. Zu Steve Biko: Lindy Wilson, Steve Biko, Athens (Ohio) 2012.

3 Marx, Südafrika, 264 (Anm. 2).

4 Tutu, Aufrecht gehen, 88 (Anm. 1).

öffentlich sind bzw. einen Öffentlichkeitsauftrag haben, bleibt unbestritten. Dennoch handelt es sich um zwei völlig unterschiedliche historische Situationen und damit auch um unterschiedliche Arten des politischen Predigens. Damit ist im Grunde schon eine These des vorliegenden Beitrages vorweggenommen: Was politisch Predigen heisst, ist stark abhängig vom jeweiligen Kontext. Der Vergleich von politischem Predigen zur Zeit der Apartheid und nach der Apartheid soll helfen, die Konturen dessen zu schärfen, was politischer oder öffentlicher Gottesdienst sein könnte.

2. Politisch predigen im Kontext von Apartheid

Es ist kein Zufall, dass das ausgewählte Beispiel einer politischen Predigt von einer Beerdigungsfeier stammt. Insbesondere Beerdigungen, aber auch normale Gottesdienste, wurden angesichts der Repression politischer Meinungsäusserung und des Verbots von Widerstandsbewegungen zu Orten, an denen relativ unzensiert und frei «politische» Themen aufgegriffen und bearbeitet werden konnten. Dem Gottesdienst, wie auch der kirchlichen Praxis im Allgemeinen wurde eine öffentliche, politische Dimension zugeschrieben.[5] Dazu gehörten auch Nationale Gebetstage (beispielsweise veranlasst durch den Südafrikanischen Kirchenrat) und 1986 der *Call to prayer for the end to unjust rule*, in dem nicht mehr *für* die Regierung gebetet wurde, dass sie weise und gerecht die Geschicke des Landes lenken möge, sondern konkret für das Ende des Apartheid-Regimes.[6]

2.1 Kirchlicher und theologischer Widerstand gegen Apartheid

Kirchlicher Widerstand[7] gegen Apartheid hatte sich erst allmählich formiert; dazu bedurfte es auch der theologischen Auseinandersetzung mit und der Klärung der

5 Nico Koopman, After Ten Years. Public Theology in Postapartheid South Africa – Lessons from a Debate in the USA, Ned Geref Teologiese Tydskrif, 46/1+2, 2005, 149–164, 155.

6 «Now, in solidarity with those who suffer most, in this hour of crisis we pray that God in his grace may remove from his people the tyrannical structures of oppression and the present rulers in our country who persistently refuse to heed the cry for justice, as reflected in the Word of God as proclaimed through his church both within this land and beyond». Der Gebetsaufruf «A theological rationale and a call to prayer for the end to unjust rule» wurde auf Initiative von Allan Boesak und einigen Personen aus dem Umfeld des South African Council of Churches entworfen und später vom SACC offiziell angenommen. Das Dokument rief kontroverse Reaktionen hervor, insbesondere seitens der Regierung, aber auch innerhalb der Kirchen Südafrikas. Intendiert war es nicht als ein Dokument der Kirchen, sondern als eine Herausforderung an die Kirchen; siehe: Allan A. Boesak/Charles Villa-Vicencio (Hg.), When Prayer Makes News, Philadelphia 1986, insbesondere 15–24 und 25–29; für das Zitat 29.

7 Südafrikas kirchliche Landschaft ist äusserst vielfältig. Vertreten sind die meisten grossen und kleinen Denominationen, wie die Anglikanische Kirche, die Römisch-Katholische Kirche, Presbyterianische Kirchen, Methodisten, Baptisten und verschiedene Pfingstkirchen. Hinzu kommt eine Vielzahl von so ge-

Rolle der Kirche in diesem spezifischen Konflikt, bzw. der gesellschaftspolitischen Rolle der Kirche überhaupt wie auch des Verhältnisses von Kirche und Staat.[8] Auch als 1948 mit der Machtübernahme der Nationalen Partei die systematische Rassentrennung immer konsequenter durchgesetzt wurde, waren die Kirchen zunächst relativ zurückhaltend mit Kritik. Erst mit der Zeit und in Reaktion auf zunehmende Repressionen wuchs die Bereitschaft, sich offener gegen Apartheid auszusprechen. Neben kleineren Institutionen und Organisationen wie beispielsweise dem von Beyers Naudé gegründeten *Christian Institute* oder dem *Institute for Contextual Theology* waren der *South African Council of Churches (SACC)* und die *South African Catholic Bishops Conference (SACBC)*[9] wichtige Protagonisten des kirchlichen Widerstands. Beeinflusst von und im Austausch mit lateinamerikanischer Befreiungstheologie, mit nordamerikanischer Schwarzer Theologie wie auch mit der im Ökumenischen Rat der Kirchen im Rahmen des Theologischen Ausbildungsfonds diskutierten Kontextuellen Theologie bildete sich in Südafrika eine eigene Form apartheid-kritischer politischer Theologie heraus. Sie fand ihren Ausdruck in zahlreichen Monografien einzelner südafrikanischer Theologen, aber auch in richtungsweisenden Dokumenten wie beispielsweise dem KAIROS-Dokument und dem reformierten Bekenntnis von Belhar. Kritische politische Theologie differenzierte sich weiter aus in *contextual theology, black theology* und *prophetic theology*. Es würde im Rahmen dieses Beitrags zu weit führen, die einzelnen The-

nannten Afrikanischen Unabhängigen Kirchen oder *African Initiated Churches*, d.h. Kirchen, die unabhängig von den klassischen Missionskirchen entstanden sind. Eine besondere Rolle spielen in Südafrikas Geschichte die reformierten Kirchen, speziell die *Dutch Reformed Church* (DRC), die aus historischen und theologischen Gründen in einem engen Verhältnis zu den Afrikaanern und damit auch der Nationalen Partei und dem Apartheidstaat stand. Kirchlicher Widerstand gegen Apartheid formierte sich vor allem innerhalb der sogenannten «englischsprachigen», vornehmlich protestantischen Kirchen und in der römisch-katholischen Kirche, wenngleich auch in diesen Kirchen die Haltung gegenüber dem Apartheidstaat bzw. die Rolle der Kirchen umstritten war. Auch aus Kreisen der reformierten «Tochterkirchen» der DRC, der *Dutch Reformed Mission Church in South Africa* (der reformierten Kirche für «farbige Südafrikaner und Südafrikanerinnen) und der *Dutch Reformed Church in Africa* (der reformierten Kirche für Schwarze) kamen wichtige Exponenten der kirchlichen Oppositionsbewegung. Siehe Christoff Pauw, Anti-Apartheid Theology in the Dutch Reformed Family of Churches. A Depth-Hermeneutical Analysis, Doktorarbeit an der Freien Universität Amsterdam, 2007 (http://dare.ubvu.vu.nl/handle/1871/10880, Zugang: 15.6.2013).

8 Zur Geschichte des kirchlichen Widerstandes gegen Apartheid siehe John W. de Gruchy/Steve de Gruchy, The Church Struggle in South Africa. 25th Anniversary Edition, London ²2004; Peter Walshe, Prophetic Christianity and the Liberation Movement in South Africa, Pietermaritzburg 1995, oder ders., Christianity and the Anti-Apartheid Struggle: The Prophetic Voice within Divided Churches, in: Richard Elphick/Rodney Davenport (Hg.), Christianity in South Africa: A Political, Social and Cultural History, Cape Town/Oxford 1997, 383–399.

9 Zu SACC und SACBC und deren zunehmenden politischen Engagement siehe Tristan Anne Borer, Challenging the State: Churches as Political Actors in South Africa, 1980–1994, Notre Dame 1998.

ologien präziser zu beschreiben, darum werde ich im Folgenden allgemein von kritischen politischen Theologien sprechen, dies auch, um sie von einer politischen Theologie zu unterscheiden, wie sie durch die Niederländisch-Reformierte Kirche (*Dutch Reformed Church*, DRC) repräsentiert wurde. Die DRC, der weitestgehend weisse afrikaanssprachige Südafrikaner und Südafrikanerinnen angehörten, zeichnete sich durch eine unmittelbare Nähe zur regierenden Nationalen Partei aus und hat (weisse) Afrikaanerpolitik und -identität wesentlich mit geprägt.[10]

Apartheid-kritische Theologie verstand sich denn zuerst auch als Kritik an einer Theologie, die die Rassentrennung in Südafrika biblisch zu legitimieren versucht hatte. Die Sorge, dass das eigene christliche Zeugnis durch die von den weissen reformierten Kirchen vertretene Theologie unglaubwürdig würde, bewegte Theologen (und wenige Theologinnen) dazu, sich kritisch zu ihr zu äussern. Dieser Linie folgte 1982 auch der damalige Reformierte Weltbund und erklärte den *status confessionis* gegenüber jeglicher Apartheid-legitimierender Theologie.[11] Selbstverständlich waren aber auch die politischen Umstände und die Folgen, die sie für das Leben von schwarzen und farbigen Südafrikanern und Südafrikanerinnen zeitigten, ein Auslöser für den kirchlichen Protest. Im Wesentlichen ging es jedoch um das Verständnis zentraler biblischer Begriffe und Werte wie Versöhnung, Gerechtigkeit und Befreiung sowie um die Gottebenbildlichkeit und Würde aller Menschen, die für Apartheid-kritische Theologen und Theologinnen mit der Rassentrennung unvereinbar waren. Dies gilt sowohl für das Kairos-Dokument[12] wie auch für das Bekenntnis von Belhar. Das Kairos-Dokument hat nicht nur in Südafrika, sondern auch weltweit Diskussionen ausgelöst. 1985 verfasst von einer Gruppe von Theologen und Theologinnen und in der ersten Version unterzeichnet von 111 weiteren, stellt das Dokument einen Meilenstein kritischer politischer Theologie in Südafrika dar. Es übt zwar auch radikale Kritik am Apartheidstaat und spricht ihm jegliche Legitimität ab (und dies in einer vorher nicht dagewesenen Direktheit), aber es versteht sich ebenfalls vor allem als Kritik an der die Apartheid legitimisierenden Theologie, wie auch an der sogenannten *church theology*, aufgrund derer

10 Zu Theologie und Geschichte der Reformierten Kirche siehe bspw. Johann Kinghorn, Modernization and Apartheid. The Afrikaner Churches, in: Elphick/Davenport, Christianity in South Africa (Anm. 8), 135–154.

11 World Alliance of Reformed Churches, Racism and South Africa. Statement adopted by the General Council in Ottawa on 25 August 1982, in: John W. de Gruchy/Charles Villa-Vicencio, Apartheid is a Heresy, Cape Town/Guildford 1983, 168–175. «We declare with black Reformed Christians of South Africa that apartheid (‹seperate development›) is a sin, and that the moral and theological justification of it is a travesty of the Gospel and, in its persistent disobedience to the Word of God, a theological heresy.»

12 Das Kairos-Dokument ist auf Deutsch beispielsweise abgedruckt in: Rudolf Hinz/Franz Kürschner-Pelkmann (Hg.), Christen im Widerstand. Die Diskussion um das südafrikanische KAIROS Dokument, Stuttgart 1997, 9–43.

die meisten Kirchen immer noch eine viel zu konziliante Haltung gegenüber dem Apartheid-Staat einnähmen. Im Gegensatz dazu entwirft es eine kritische *prophetic theology*, die angesichts der Ungerechtigkeit in Südafrika und in der Nachfolge der alttestamentlichen Propheten klar und pointiert Stellung bezieht.

Das Bekenntnis von Belhar[13] wurde 1986, nach einem vierjährigen Konsultationsprozess, von der Synode der Dutch Reformed Mission Church (DRMC) verabschiedet. Die drei Hauptteile des Bekenntnisses behandeln die Frage der (Kirchen-)Einheit, der Versöhnung und der Gerechtigkeit; diese drei theologischen Begriffe stehen im Zentrum einer Kritik an der die Apartheid legitimierenden Theologie: Erstens verhindere diese die Einheit der Kirche, zweitens widerspreche sie zentral der biblischen Botschaft der Versöhnung und drittens: «in opposition to the biblical message of divine justice, it opens the door to the exploitation of the powerless by the powerful».[14]

Theologie kann gar nicht anders als politisch sein. Darin waren sich südafrikanische Theologen einig: Das Evangelium selbst verlangt von den Kirchen (bzw. von den Gläubigen), dass sie sich für Gerechtigkeit einsetzen, dass sie für Kranke und Hungrige sorgen, Gefangene besuchen (Lukas 4,18ff; Matthäus 25). Für Desmond Tutu ist die Hinwendung der Kirche zu den Menschen und zur «Welt» theologisch in der Hinwendung Gottes zu den Menschen begründet.[15] Christus ist Herr über

13 Eine deutsche Übersetzung ist abgedruckt in Matthias Krieg (Hg.), Reformierte Bekenntnisse. Ein Werkbuch, Zürich 2011, 137–140. Im Folgenden zitiere ich aus der offiziellen englischen Version des Dokumentes: http://www.ngkerk.org.za/VGKSA/documents/The Belhar Confession.pdf (Zugriff: 15.6.2013). Das Bekenntnis von Belhar bleibt eines der bindenden Bekenntnisse für die *Uniting Dutch Reformed Church (UDRC)*, dem Zusammenschluss zwischen der *Dutch Reformed Mission Church* und der *Dutch Reformed Church in Africa*. Seit April diesen Jahres besteht zudem eine Übereinkunft zwischen der UDRC und der «weissen» *Dutch Reformed Church*, in der festgehalten wird, dass die beiden Kirchen den Zusammenschluss anstreben und dass – als Basis dieses Zusammenschlusses – die DRC die notwendigen Schritte einleitet, um das Bekenntnis von Belhar als Bekenntnisschrift anzunehmen (http://www.ngkerkas.co.za/wp-content/uploads/2013/04/URCSA-DRC.pdf, Zugriff: 25.6.2013).

14 Jaap Durand, A Confession – Was it Really Necessary? In: G. D. Cloete/Dirkie Smit, A Moment of Truth. The Confession of the Dutch Reformed Mission Church 1982, 33-41, hier: 36.

15 So Desmond Tutu als er in seiner Funktion als Generalsekretär des Südafrikanischen Kirchenrates zusammen mit dem lutherischen Theologen Wolfram Kistner (dem Leiter der Abteilung Gerechtigkeit und Versöhnung) vor der staatlichen *Eloff Commission of Inquiry* über die apartheid-kritische Haltung des SACC Rechenschaft ablegen musste. Die entsprechenden Dokumente und Aussagen sind zugänglich in: Evangelisches Missionswerk im Bereich der Bundesrepublik Deutschland und Berlin West e.V. (EMW), Bekenntnis und Widerstand. Kirchen Südafrikas im Konflikt mit dem Staat. Dokumente zur Untersuchung des Südafrikanischen Kirchenrats durch die Eloff-Kommission, Hamburg 1983, hier: 19. Die *Eloff Commission* führte ab 1982 eine breit angelegte Untersuchung gegen den Südafrikanischen Kirchenrat durch. Unter dem Vorwand, dass der SACC Gelder veruntreut habe, mussten Mitarbeiter ausführlich zu ihren theologischen und politischen Ansichten bzw. zu Positionen des SACC Stellung nehmen. Offensichtlich ging es der Apartheidregierung darum, den SACC, der damals eine wichtige Schaltstelle der kirchlichen Anti-Apartheid Bewegung war, stärker zu kontrollieren und ihn zu diskreditieren. Der der

das ganze Leben, er besuchte die Kranken, gab den Hungrigen zu essen – Aufgaben der Kirche, die nicht nur zutiefst religiös sind, sondern ebenso profane und säkulare, ja zuweilen politische Tätigkeiten darstellen.[16] Dementsprechend wird Erlösung nicht nur als individuelle Erlösung verstanden, sondern als ein umfassender Akt, der die Menschen und die Schöpfung von jeglicher Art individueller und struktureller Gefangenschaft befreit.[17] Befreit zu sein, erlöst zu sein, befähigt den Menschen dazu, die Welt im Licht des Evangeliums zu transformieren.[18] Weil Christus Gott mit der Welt versöhnt hat, ermöglichte er Versöhnung zwischen den Menschen. Unterschiede in Ethnie, Hautfarbe und Kultur gelten nicht mehr, sondern sind in Christus aufgehoben.[19] Auch das Bekenntnis von Belhar verwirft «any doctrine which [...] sanctions in the name of the Gospel or of the will of God the forces of separation of people on the grounds of race an colour and thereby in advance obstructs and weakens the ministry and experience of reconciliation in Christ». Die Kirche ist beauftragt, die Botschaft der Versöhnung in die Welt hinauszutragen, und ist deshalb berufen, Salz der Erde zu sein und ein Licht in der Welt, eine Friedensstifterin und Zeugin «in Wort und Tat eines neuen Himmels und einer neuen Erde». Gott hat sich als derjenige gezeigt, der für Gerechtigkeit und Frieden unter den Menschen sorgen will. Dabei wendet Gott sich in besonderer Weise den Elenden, den Armen und Benachteiligten zu, so das Bekenntnis von Belhar. «... in a world full of unjustice and enmity He is in a special way the God of the destitute, the poor and the wronged and [...] calls his Church to follow Him in this. He brings justice to the oppressed and gives bread to the hungry; [...] he frees the prisoner and restores sight to the blind; ... he supports the downtrodden [...].» Gott ist der Gott des Exodus, der sein Volk aus politischer, sozialer und ökonomischer Gefangenschaft in ein neues Land führt.[20]

Gerechtigkeit, Gottes Eingreifen für die Armen, wie auch Versöhnung und das Bemühen um Einheit waren Kernthemen kritischer politischer Theologie in Südafrika zur Zeit der Apartheid. Kirchen waren nicht um der Macht willen politisch aktiv, sondern weil sie zentrale Werte des Evangeliums verletzt sahen. Aufgrund dieser theologischen Überzeugungen sahen sie sich genötigt, sich zu politischen Fragen zu äussern, politische Fragen, die für sie im Kern theologische Fragen darstellten. «Was wir sind, sind wir im Gehorsam gegen Gott und in Erwiderung auf

Kommission vorliegende Bericht der Südafrikanischen Polizei charakterisierte den SACC als eine politische Organisation unter dem Deckmantel einer religiösen Organisation. Siehe auch Christine Lienemann-Perrin, Die politische Verantwortung der Kirchen in Südkorea und Südafrika. Studien zur ökumenischen politischen Ethik, München 1992, 310–335.

16 EMW, Bekenntnis und Widerstand, 29f (Anm. 15).

17 Ebd. 281.

18 Ebd. 292

19 Ebd. 27.

20 Ebd. 20.

das barmherzige Evangelium seines Sohnes, unseres Herrn und Erlösers, Jesu Christi.»[21]

Die Verletzung dieser grundlegenden evangelischen Werte, und als wichtiger Referenzpunkt die Verletzung grundlegender Menschenrechte, legitimierte Kirchen aus ihrer Sicht dazu, Kritik am Staat und seiner Politik zu üben. Die Kirche ist Gott gegenüber «verpflichtet, seine befreiende Botschaft, die jedem Bereich menschlichen Lebens gilt, zu verkünden. Wenn die jeweils herrschende Regierung derart handelt, dass sie entweder diese Botschaft der Befreiung nicht fördert oder ihre Verkündigung verbietet, oder – schlimmer noch – wenn sie die Ursache verschiedener Formen der Unterdrückung ist, von denen das Evangelium Befreiung bietet, dann wird ein Konflikt zwischen Kirche und Staat unausweichlich.»[22] Das wichtigste Kriterium zur Beurteilung gesellschaftlicher Strukturen ist jedoch «die Liebe zum Nächsten, die des Feindes eingeschlossen. Dienen die Strukturen dem Zusammenleben der Menschen, oder zerstören sie es?»[23]

2.2 Politische Predigt

Diese zentralen theologischen Kernthemen scheinen auch in der Predigt von Desmond Tutu auf, die hier im Folgenden noch etwas ausführlicher zitiert und analysiert werden soll:

Zu Beginn der Predigt fasst Desmond Tutu in Worte, was die meisten Anwesenden wohl in diesem Moment bewegt: Trauer, Fassungslosigkeit und die Klage angesichts des Todes von Steve Biko *«... wir sind vom Schmerz noch wie betäubt und stöhnen in unserer Qual: ‹Ach Gott, wo bist du?›»;* er signalisiert damit, dass er sich als ein Teil der Trauergemeinde versteht, dass er als Betroffener aus ihrer Mitte heraus spricht. Die Klage über «die sinnlose Verschwendung wunderbar begabten Lebens» mündet in die Klage über die Zustände unter Apartheid und die Klage über die Erfolglosigkeit des eigenen Bemühens um eine gerechtere Gesellschaft. *«Wie lange können wir fortfahren, für eine gerechtere Ordnung unserer Gesellschaft zu plädieren [...] in der wir alle, Schwarz und Weiss zählen, weil wir menschliche Wesen sind, Menschen, geschaffen nach deinem Bilde?»*

Dieser Klage folgt die Erinnerung an einen «anderen jungen Mann», der *«vor beinahe zweitausend Jahren [...] zu Tode gebracht wurde»*. Aus der Christusanamnese schöpft Tutu die Hoffnung, dass die Situation nicht aussichtslos ist, ja gar, dass der Sieg über die Apartheid sicher ist. *«Die Mächte der Finsternis, des Bösen und der Zerstörung hatten ihr Schlimmstes getan – sie hatten den Herrn des Lebens selbst getötet, aber dieser Tod war nicht das Ende. Dieser Tod war der Anfang*

21 Ebd. 18.
22 Ebd. 281.
23 Ebd. 297.

eines herrlichen Lebens, der Auferstehung des Lebens. Dieser Tod war der Tod des Todes selbst. [...] Das Leben hat über den Tod triumphiert.»

Christus ist der, der gekommen ist, um «die frohe Botschaft von der Liebe Gottes für alle seine Kinder» und die Befreiung der Gefangenen zu verkünden. «*Gott, der sich auf die Seiten der elenden, unterdrückten und desorganisierten Schar der Sklaven geschlagen hatte. Und dieser Gott hatte ihre Partei ergriffen gegen die Unterdrücker – dieser Gott des Exodus [...] hatte mit ausgestrecktem Arm diese Schar von Sklaven siegreich aus der Sklaverei in Ägypten herausgeführt in die Freiheit des verheissenen Landes. Ja, der Gott, den Jesus verkünden kam, war alles andere als neutral. Er ergriff die Partei der Unterdrückten, der Armen, der Ausgebeuteten.»*

Gott ist nicht neutral, sondern auf der Seite der Unterdrückten: Im Kontext einer politischen Situation, in der die Mehrheit der Bevölkerung nahezu rechtlos ist, kann diese Ansage nicht anders als politisch sein. So wurde sie von den Regierenden auch zweifellos verstanden, wie die Befragungen von Tutu und Kistner vor der Eloff-Kommission gezeigt haben. Seitens Desmond Tutu ist dies jedoch keine Kampfansage, Christus ist nicht der Feldherr, der in die Schlacht führt. Tutu hat sich immer vehement gegen jeglichen Gebrauch von Gewalt ausgesprochen. Sein Anliegen ist dasselbe wie dasjenige von Steve Biko: die Unrechtmässigkeit von Apartheid mit Worten und Argumenten zu bekämpfen und vor allem: den Menschen Hoffnung zu geben, ihren Selbstwert und ihr Selbstvertrauen als schwarze Menschen zu stärken. Dass Menschen die Rede von der eigenen Minderwertigkeit internalisieren und glauben, ist für beide wohl das Grundübel der Apartheid und mit ein Grund, weshalb sich Apartheid als System dauerhaft halten konnte. So wurde für Tutu Steve Biko zum «Diener Gottes» und die *Black Consciousness Bewegung* zu einer Bewegung, «*durch die Gott mit Hilfe von Steve in dem schwarzen Menschen ein Gefühl für seine Eigenart und seinen Eigenwert als Kind Gottes zu erwecken suchte; als eines Gotteskindes, das es nicht nötig hat, sich für seine Existenz als Schwarzer zu entschuldigen; er tat das, indem der die Schwarzen dazu aufrief, Gott dafür zu lobpreisen, dass er sie schwarz geschaffen hatte.»* So bedeutet für Tutu (in dieser Ansprache) Befreiung zunächst eine Befreiung zu vollem Menschsein: «*Ja, das war die frohe Botschaft, die Jesus zu verkündigen kam, dass Gott der Befreier war, der, der die Unterdrückten und die Armen und die Ausgebeuteten befreite. Er befreite sie von allem, was sie weniger machen würde, als er sie zu sein wünschte, nämlich voll und ganz menschliche Wesen, so frei, wie Jesus Christus sich selbst erwies.»*

Die Besonderheit der Situation, die drückende Lage der 1980er Jahre drängen Desmond Tutu in seiner Predigt jedoch auch dazu, deutliche Worte zu wählen für die «*weissen Mitbürger und Mitchristen*». «*Ich möchte mit aller Umsicht und dem grössten Verantwortungsgefühl, das mir zu Gebote steht, sagen, dass es bestimmte Grenzen des Erträglichen gibt. [...] Wenn Menschen zur Verzweiflung getrieben werden, greifen sie zu verzweifelten Mitteln. Bitte, bitte um Gottes willen, hört auf uns, solange noch die Möglichkeit eines einigermassen friedlichen Wandels besteht. Nichts, nicht einmal die modernste Waffe, nicht einmal die auf brutalste Weise schlagkräftige Polizei, nein, überhaupt gar nichts wird die Menschen aufhalten können, wenn sie erst einmal entschlossen sind, ihre Freiheit und ihr Menschenrecht zu erringen.»* Daran schliessen sich die zu Anfang zitierten Worte an: *«um Gottes willen, lasst uns von dem Abgrund zurücktreten ...»*.

Diese deutlichen, wenn auch diplomatisch geschickten Worte sind – wie gesagt – der Dringlichkeit der Situation geschuldet. Tutu klagt die weissen Südafrikaner und Südafrikanerinnen nicht an, sondern formuliert eine Bitte und eine Befürchtung, nämlich die Befürchtung, dass die Situation zu Gewalt eskalieren könnte. Im weiteren wie auch im engeren Sinn könnte man die Predigt als prophetisches Wort bezeichnen; Südafrika ist – es sollte noch einige Jahre dauern – von dem Abgrund zurückgetreten. Die «Sache der Gerechtigkeit und der Befreiung» hat triumphiert. Für Tutu kann jedoch ein Sieg nur dann ein Sieg sein, wenn es ein Sieg für Schwarz und Weiss ist. Tutu hat diese Kluft immer zu überwinden versucht, indem er zeigte, dass Apartheid letztlich auch den «Unterdrückern» schadet, dass auch sie der Befreiung bedürfen. Dadurch ist die Predigt nicht geprägt von Gesetzlichkeit, sondern bleibt letztlich Evangelium für alle.

Ausgehend von diesem exemplarischen Beispiel können nun einige Merkmale politischer Predigt formuliert werden: Politisch Predigen hiess in diesem Zusammenhang seelsorgerlich predigen, sich der Nöte der Menschen anzunehmen, diese in der biblischen Botschaft gespiegelt zu sehen und ihnen aus der biblischen Botschaft heraus Hoffnung zuzusprechen. Tutu spricht aus eigener, unmittelbarer Betroffenheit heraus. Andererseits hiess es konfrontativ zu predigen, kritisch, direkt, kurz – prophetisch; klare Worte zu wählen an die Adresse jener, die (Mit-) Verantwortung trugen für das System der Rassentrennung. Dies jedoch immer in einer grundsätzlich versöhnlichen Haltung, hinter der die Vision eines neuen Südafrika steht, in dem Menschen aller Hautfarben Platz haben.

3. Öffentlicher Gottesdienst in Post-Apartheid-Südafrika

3.1 Public Theology

Nach der politischen Wende stellte sich die Frage nach der öffentlichen Rolle der Kirche in Südafrika neu.[24] Mit der Demokratisierung, der neuen Verfassung und

24 Siehe Katrin Kusmierz, Theology in Transition. Public Theologies in Post-Apartheid South Africa, Dissertation Universität Basel, 2010, und Katrin Kusmierz/James R. Cochrane, Öffentliche Kirche und öffentliche Theologie in Südafrikas politischer Transformation, in: Christine Lienemann-Perrin/ Wolfgang Lienemann (Hg.), Kirche und Öffentlichkeit in Transformationsgesellschaften, Stuttgart 2006, 196–226.

ihrer umfassenden *Bill of Rights* änderten sich der Kontext sowie die Rahmenbedingungen politischer Theologie und damit des politischen Gottesdienstes grundlegend. Da sich kritische politische Theologie immer auch als *kontextuelle Theologie* verstand, d. h. als eine Theologie, die dem aktuellen gesellschaftspolitischen Kontext grosse hermeneutische Bedeutung beimisst und sich im Wechsel zwischen Text und Kontext, zwischen Lokalität und Katholizität ausbildet,[25] hatten die politischen Umwälzungen Folgen für die Konzeptionen einer (kritischen) politischen Theologie. «Cartographers of changing contexts», so bezeichnet die Anglikanische Theologin Denise Ackermann denn auch die Aufgabe der Theologen und Theologinnen, die die Landschaft der Gegenwart im Lichte des Evangeliums interpretieren.[26] Oder wie John W. de Gruchy es formuliert hat: «Insofar as the legacy of Apartheid remains, much of what was learnt in doing theology in the struggle years remains pertinent. So it would be incorrect to assume that the task of doing theology has fundamentally altered to suit a changing context. But the transition from apartheid to a non-racial democracy has obviously reshaped public life, and this inevitably requires a different theological response than that which was appropriate within a totalitarian apartheid context.»[27] Charles Villa-Vicencios *A Theology of Reconstruction: Nation-building and Human Rights* (Cambridge 1992) oder John de Gruchys *Christianity and Democracy. A Theology for a just world order (Cambridge 1995)* sind nur zwei Beispiele für die theologische Reflexion der gesellschaftlichen und politischen Umwälzungen in Südafrika.

Schon in den frühen neunziger Jahren wandten sich einige südafrikanische Theologen, vornehmlich aus der reformierten bzw. presbyterianisch-kongregationalistischen Tradition[28], der Diskussion um eine *public theology* zu, die seither nicht nur in Südafrika, sondern auch weltweit neuen Auftrieb erhalten hat. Der Begriff *public theology* hat seine Wurzeln unter anderem in den USA, wo ihn der Theologe und Religionshistoriker Martin E. Marty[29] geprägt hatte. Theologen wie Max Stackhouse, David Tracy, Ronald Thiemann sowie Duncan Forrester und William

25 Vgl. Rudolf von Sinner, Reden vom dreieinigen Gott in Brasilien und Indien. Grundzüge einer ökumenischen Hermeneutik im Dialog mit Leonardo Boff und Raimon Panikkar, Tübingen 2003, 34f.

26 Denise Ackermann, Engaging Freedom: a Contextual Feminist Theology of Praxis, Journal of Theology for Southern Africa 94, 32–49, hier: 41.

27 John W. de Gruchy, From Political to Public Theologies: the Role of Theology in Public Life in South Africa, in: William F. Storrar/Andrew R. Morton, Public Theology for the 21st Century: Essays in Honour of Duncan B. Forrester, London/New York 2004, 45–62, 47.

28 Die Mehrheit der Theologen, die zur Diskussion um die *public theology* beitragen, gehörten einer apartheid-kritischen Fraktion innerhalb der reformierten Kirchen an, die sich vornehmlich in Kreisen der *Dutch Reformed Mission Church* (der reformierten Kirche für die «farbigen» Südafrikaner und Südafrikanerinnen) formiert hatte.

29 Bswp. Martin E. Marty, Reinhold Niebuhr. Public Theology and the American Experience, in: Journal of Religion 54/4, 332-359.

Storrar in Edinburgh haben ihn später aufgegriffen und weiterentwickelt.[30] Nicht unter demselben Begriff, aber in der Sache nahe liegend, hat Wolfgang Huber 1973 sich in seinem wegweisenden Werk «Kirche und Öffentlichkeit»[31] im deutschsprachigen Kontext zu grundlegenden Fragen zum Verhältnis von Kirche und Öffentlichkeit, wie auch zu den politischen, rechtlichen und theologischen Voraussetzungen eines kirchlichen Engagements in Fragen öffentlichen Interesses geäussert.

Unter Aufnahme und Weiterentwicklung dieser Vorläufer hat sich seit den frühen 1990er Jahren die Diskussion intensiviert und internationalisiert. Dies ist meines Erachtens unter anderem durch die sogenannte dritte Demokratisierungswelle um das Jahr 1989 bedingt. In vielen Ländern, unter ihnen die ehemalige DDR, Brasilien, Südkorea und Südafrika, kamen Demokratisierungsprozesse in Gang, die auch Veränderungen für die Kirchen und die theologische Reflexion mit sich brachten.[32] In allen genannten Ländern spielten die Kirchen eine nicht unwesentliche Rolle im Demokratisierungsprozess, entsprechend hatten sich kritische politische Theologien unterschiedlichster Ausprägung entwickelt: neben kritischen politischen Theologien in Südafrika bspw. die Befreiungstheologie in Lateinamerika und die koreanische Minjung-Theologie. Die Plausibilität und Popularität des Begriffs *öffentliche Theologie* nach 1989 hängt direkt mit der Notwendigkeit zusammen, die Rolle der Kirche in der Öffentlichkeit bzw. in der Mitgestaltung des Gemeinwohls neu zu reflektieren und zu bestimmen. Manche Vertreter der *public theology*, so beispielsweise Heinrich Bedford-Strohm, betrachten diese denn auch als die Fortführung der Befreiungstheologie im demokratischen Kontext.[33]

Die jüngere Diskussion um eine öffentliche Theologie, die in den letzten Jahren eine beachtliche Eigendynamik entwickelt hat, nährt sich also aus unterschiedlichen Quellen und wird in unterschiedlichen Schattierungen weitergeführt. Zusammengefasst werden diese Stränge im *Global Network of Public Theology* (GNPT), das 2007 gegründet wurde. Regelmässige Tagungen und vor allem das *International Journal of Public Theology* tragen seither zur Diskussion und Profilierung der öffentlichen Theologie bei. Am Netzwerk beteiligt sind Institutionen aus Brasilien,

30 Bspw. Ronald F. Thiemann, Constructing a Public Theology. The Church in a Pluralistic Culture, Louisville 1991, Max Stackhouse, Public Theology and Political Economy. Christian Stewardship in Modern Society, Lanham 1991; William F. Storrar/Andrew R. Morton, Public Theology (Anm. 27).

31 Wolfgang Huber, Kirche und Öffentlichkeit, München ²1991.

32 Vgl. dazu Christine Lienemann-Perrin/Wolfgang Lienemann (Hg.), Kirche und Öffentlichkeit in Transformationsgesellschaften, Stuttgart 2006, darin auch Kusmierz/Cochrane, Öffentliche Kirche, 195–226 (Anm. 24); des weitern auch: Klaus Koschorke (Hg.), Falling Walls. The Year 1989/90 as a Turning Point in the History of World Christianity / Einstürzende Mauern. Das Jahr 1989/90 als Epochenjahr in der Geschichte des Weltchristentums, Wiesbaden 2009.

33 Heinrich Bedford-Strohm, Poverty and Public Theology: Advocacy of the Church in Pluralistic Society, International Journal of Public Theology 2, 144–162, 151.

USA, Deutschland, Australien wie auch aus Südafrika. An der reformierten theologischen Fakultät in Stellenbosch wurde 2002 das *Beyers Naudé Center for Public Theology* gegründet, das seither zu einem wichtigen Ort der Reflexion über öffentliche Theologie in Südafrika geworden ist.

Dass die Kirche und die Theologie als akademische Disziplin auch im demokratischen Kontext eine Verantwortung haben, zur Ausgestaltung einer demokratischen Gesellschaft beizutragen, und dass sie dazu einen substanziellen Beitrag leisten können, bleibt unter südafrikanischen Theologen weitgehend unbestritten. Auch seitens der Regierung wurden – zumindest in den ersten Jahren der südafrikanischen Demokratie – Kirchen und andere Religionsgemeinschaften dazu ermutigt, aktiv den Prozess des *nation building* zu unterstützen. Auch wenn (oder gerade weil) die Kirchen als Akteurinnen in der Öffentlichkeit zunächst Mühe bekundeten, eine dem neuen Kontext angepasste und angemessene öffentliche Rolle zu finden,[34] wurde seitens der Theologie die öffentliche Relevanz von Theologie und Kirche weiterhin betont und der Rückzug auf ein wie auch immer geartetes kirchliches Kerngeschäft kritisiert. Der Öffentlichkeitsauftrag der Kirche gehört für viele südafrikanische Theologen nach wie vor wesentlich zur kirchlichen Identität dazu.

Die Begründung dieses Öffentlichkeitsauftrages der Kirche ist vielfältig und knüpft an die grundlegenden Überlegungen Apartheid-kritischer Theologen an. Für Nico Koopman beispielsweise ist das öffentliche Wirken der Kirche wie auch von Christen und Christinnen Ausdruck der Zuwendung des dreieinigen Gottes zu den Menschen. Im Anschluss an Sally McFague begründet er diesen Öffentlichkeitsauftrag trinitarisch: Die Trinität ist dabei der Versuch «to express God's profound involvement in, with, and for the world».[35] «[...] in the midst of our crises and challenges, African people can believe in a God who has created us for lives of dignity and flourishing, we are liberated by this God from all enslavements so that we never have to live as slaves again; we are nurtured by this God everyday of our lives; in Jesus Christ this God shows solidarity with the oppressed and wronged and champions their cause; Jesus Christ includes all people and all of creation in the work of redemption; salvation is not only spiritual but includes earthly, material, economic, political and cultural salvation; Christ's open grave is the basis of our hope and the assurance of our eventual victory and flourishing, and this is true despite the seemingly persistent presence of ‹evil› in the world; while the Spirit

34 Vgl. Kusmierz/Cochrane, Öffentliche Kirche (Anm. 24), 207-209; Koopman, After ten years (Anm. 5), 151.

35 Niko Koopman, Public Theology in (South) Africa: A Trinitarian Approach, International Journal of Public Theology 1, 188–209, 206.

transforms individuals, churches, human and natural societies to live with the vision of flourishing societies that flows from the self-giving, sacrifical love of God and God's people.»[36]

Aus dieser Begründung ergibt sich nun für Kirchen, für Christen und Christinnen die Verpflichtung, sich für das Wohlergehen der Menschen, für das *common good* einzusetzen. *Public theology* steht sodann für das Bemühen, die theologischen Grundlagen für ein solches öffentliches Engagement zu legen und gleichzeitig die Rahmenbedingungen dieses Engagements der Kirchen im demokratischen, multireligiösen Kontext zu bestimmen und zu reflektieren. *Public theology* bedeutet für Theologen und Theologinnen jedoch auch, aktiv zu gesellschaftspolitisch relevanten Fragestellungen Stellung zu beziehen.

War zur Zeit der Apartheid vornehmlich das Verhältnis von Kirche und *Staat* Gegenstand theologischer Diskussion, so rückt nun die Öffentlichkeit als Forum diskursiver Meinungsbildung in den Fokus und damit die Rolle der Kirche als Partizipatorin an der Diskussion über Angelegenheiten allgemeinen und öffentlichen Interesses. Kirchen und so genannte *faith based NGOs* werden sodann auch als Teil der Zivilgesellschaft verstanden.

Zu den Voraussetzungen der Partizipation in öffentlichen Meinungsbildungsprozessen gehört, sich auf die Rahmenbedingungen einer solch öffentlichen Gesprächskultur einzulassen. Dabei können kirchliche Stellungnahmen nicht mehr (und nicht weniger) sein, als Gesprächsbeiträge, die unter Akzeptanz der Legitimation anderer Gesprächsteilnehmer in die allgemeine Diskussion einfliessen, dort erwogen, bearbeitet und gegebenenfalls modifiziert werden. Kirchliche Akteure müssen bereit sein ihre Position argumentativ zu vertreten und dies in einer Weise tun, die für andere nachvollziehbar und verständlich ist.

So ist auch öffentliche Theologie prinzipiell dialogisch angelegt. Sie beteiligt sich auf eine kooperative und konstruktive Art und Weise an öffentlichen Diskursen,[37] stets bereit differenziert zu argumentieren, verschiedene Standpunkte in Betracht zu ziehen und zu erwägen und bisweilen die Notwendigkeit von Kompromissen einzugestehen. «Without denying the importance of resistance and protest, public discourse [...] needs to be *constructive* in the sense of a willingness to reach out, to build, to take responsibility, and to jointly map out a possible course of action.»[38]

36 Ebd. 209.

37 Vgl. bspw. Nico Koopman, Some Comments on Public Theology Today, Journal of Theology for Southern Africa 117, 3-19, 7.

38 Bernhard Lategan, Taking the Third Public Seriously, in: John W. de Gruchy/Stephen Martin, Religion and the Reconstruction of Civil society. Papers form the Founding Congress of the South African Academy of Religion, January 1994, 217–230, 227.

In diesem Punkt unterscheidet sich eine öffentliche Theologie post Apartheid von einer kritischen politischen Theologie im Widerstand gegen das System der Apartheid. Hier wurde es angesichts der spezifischen politischen und gesellschaftlichen Situation notwendig, prophetisch-kritisch zu sein, klare Standpunkte zu beziehen und in gewisser Weise kompromisslos zu sein. So hiess es im KAIROS-Dokument: «Das prophetische Wort konfrontiert also stets. Es konfrontiert das Böse der Zeit und erhebt unmissverständlich seine Stimme dagegen. Die prophetische Theologie fürchtet sich nicht, einen klaren und eindeutigen Standpunkt zu beziehen. Prophetische Aussagen sind sachlich und einfach, ohne sich um Nuancierungen oder der Berücksichtigung möglicher Ausnahmen verfangen.»[39] Desmond Tutu's Predigt ist ein Beispiel für solch eine direkte, deutliche, auch konfrontative und prophetische Rede. Auch wenn öffentliche Theologie post Apartheid mitunter prophetisch reden muss, so müsse sie vornehmlich konstruktiv-dialogisch sein, um in einer demokratischen Gesellschaft gesprächsfähig zu bleiben.[40]

Wenn auch Unterschiede im «wie» öffentlicher Kommunikation bestehen, so bleiben die inhaltlichen theologischen Leitkategorien für ein öffentliches Engagement dieselben. Es sind im Wesentlichen jene, die auch im Bekenntnis von Belhar schon benannt sind: Im Zentrum kirchlichen Handelns stehen Gerechtigkeit, Versöhnung und Freiheit/Befreiung oder anders ausgedrückt, das Anliegen eine Kultur der Menschenrechte zu befördern. Dabei bleibt für viele südafrikanische Theologen und Theologinnen zentral, was im Bekenntnis von Belhar festgehalten ist. «[...] in a world full of unjustice and enmity He is in a special way the God of the destitute, the poor and the wronged and that He calls his Church to follow Him in this.»

3.2 Der Gottesdienst als eine kritische und kreative Unterbrechung/Störung der Gesellschaft

Steht das Verhältnis von Kirche und Öffentlichkeit zur Diskussion, so stellt sich unweigerlich die Frage, in welcher Art und Weise Kirche ihren Öffentlichkeitsauftrag wahrnimmt. Dabei sind nicht nur öffentliche Stellungnahmen kirchenleitender Gremien zuhanden einer politischen Öffentlichkeit zu bedenken, sondern ebenso

39 Hinz/Kürschner-Pelkmann, Christen im Widerstand (Anm.12), 28.

40 Hier sei erwähnt, dass es in Südafrika Theologen und Theologinnen gibt, die die Meinung vertreten, dass eine prophetisch-kritische Haltung weiterhin angemessen sei und die sich deshalb eher an klassisch befreiungstheologischen Modellen orientieren; dies vor allem angesichts der weiterhin bestehenden grossen sozialen und ökonomischen Unterschiede zwischen südafrikanischen Bürgern und Bürgerinnen, die zuweilen auch die Möglichkeiten politischer Partizipation einschränken (so bspw. Tinyiko S. Maluleke).

die Arbeit kirchlicher Nichtregierungsorganisationen (*advocacy*) wie auch alltägliche kirchliche, besonders liturgische Vollzüge.[41] Dementsprechend ist auch öffentliche Theologie nicht nur als eine exklusive Angelegenheit von theologischen Fakultäten oder Kirchenleitungen zu verstehen, Theologie wird hier also in einem sehr breiten Sinn verwendet. De Gruchy formuliert es im Anschluss an den Schottischen Theologen Duncan Forrester so: *Public theology* «is a form of Christian witness in the secular world that arises out of theological reflection and the life and worship of the church, and such theology could be as much the activity of members of Parliament, NGO workers and congregations, as it might be of academics».[42]

Damit wird auch dem Gottesdienst als eine Manifestation der öffentlichen Kirche und als Ort öffentlicher Theologie vermehrt Beachtung geschenkt und insbesondere der Zusammenhang von *worship and ethics* ausführlicher bedacht.[43] Nicht nur die Verkündigung oder liturgische Elemente wie das Gebet, in dem gesellschaftspolitisch relevante Fragen und Anliegen konkrete Aufnahme finden und bearbeitet werden können, werden dabei in den Blick genommen, sondern ebenso die einzelnen Menschen, die im Gottesdienst beauftragt und vor allem befähigt werden als Teil der Gemeinschaft der Glaubenden ihren «Dienst» in der Öffentlichkeit wahrzunehmen. Jeder und jede Einzelne wird damit zum tätigen Botschafter, zur tätigen Botschafterin ihres Glaubens und damit zur personifizierten Schnittstelle von Kirche und Öffentlichkeit.

Im Gottesdienst, so Dirkie Smit im Anschluss an Heinz-Eduard Tödt, Johannes Fischer und vor allem Stanley Hauerwas, lernt der Mensch zunächst einmal zu *sehen*, konkret: die Welt *anders* zu sehen, nämlich sub specie Christi (Bonhoeffer).[44] «Christian liturgy has ethical implications for public life because the worshippers learn to see *the world* in a certain way».[45] Der Gottesdienst ist also grundlegende Wahrnehmungsschulung in mehrfachem Sinn: «we need social contexts where we learn to see and learn to care»[46]. «[E]thics is first a way of seeing before it is a matter of doing. The ethical task is not to tell you what is right or wrong but rather to train you to see. That explains why, in the church, a great deal of time

41 Nico Koopman, After Ten Years (Anm. 5), 154f.

42 John W. de Gruchy, Public Theology as Christian Witness: Exploring the Genre, International Journal of Public Theology 1, 26–41, 28f.

43 Siehe insbesondere Dirkie Smit, Liturgy and Life? On the Importance of Worship for Christian Ethics, Scriptura 62, 259–280 und ders., «Seeing things differently» – On Prayer and Politics, in: Lynn Holness/Ralph K. Wüstenberg (Hg.), Theology in Dialogue. The Impact of the Arts, Humanities, and Science on Contemporary Religious Thought, Grand Rapids 2002, 271–284.

44 «Seeing the world sub specie Christi is the paramount theological activity for Christians», Dietrich Bonhoeffer, Creation and Fall, London 1959, 7-8.

45 Smit, Liturgy and Life (Anm. 43), 267.

46 Ebd. 262.

and energy are spent in the act of worhip: In worship, we are busy looking in the right direction.»[47]

Sehen ist wiederum die Voraussetzung ethischer Urteilsbildung und ethischen Handelns. Dass eine solche Problemwahrnehmung nicht notwendigerweise Basis für einheitliches kirchliches Handeln sein muss, darauf weist Dirkie Smit hin: zur Zeit der Apartheid hätten die Differenzen schon in dem bestanden, was man gesehen habe und was man nicht habe sehen wollen, was als ethisches Dilemma erkannt worden sei und was nicht.[48] Umso unterschiedlicher waren auch die entsprechenden Handlungsstrategien. Dennoch beschreibt auch er die Befähigung zum Sehen als zentrales Kennzeichen des öffentlichen Gottesdienstes. Was Menschen sehen, was sie als moralische Dilemmas wahrnehmen, wie sie handeln, hängt davon ab, *wer* sie sind.[49] Im Fokus steht somit nicht nur die Veränderung politischer und gesellschaftlicher Strukturen, sondern ebenso die Veränderung und Erneuerung von Individuen, von Christen und Christinnen.[50]

Der Gottesdienst wird somit als formatives Geschehen verstanden, das den Menschen verändert und transformiert: «We have a new South Africa. We now need new South Africans ... We need a new citizenry, transformed people in a civil society. Agere sequitur esse.»[51] Menschen, die verändert sind, können selber für die Verbesserung der sozioökonomischen Verhältnisse wirken.[52] Das Potenzial zur Veränderung wohnt Gottesdiensten u. a. deshalb inne, weil in ihnen die Realitäten der Gegenwart in eine kreative Spannung zur Vergangenheit und Zukunft gesetzt werden.[53] Es geht im Gottesdienst um eine besondere Erfahrung der Zeit, so Smit im Anschluss an Wolfgang Huber. Im Gottesdienst erinnern sich Christen und Christinnen, darum hoffen sie und deshalb werden sie andere, werden verändert in der Gegenwart[54], dies indem die schöpferische Ungleichzeitigkeit des Glaubens im Blick auf die Gegenwart (im liturgischen Handeln) zum Ausdruck gebracht wird.

Gottesdienste werden also zu Orten, an denen Veränderung möglich wird: «[...] we might develop ministries where worship services, for instance, indeed become spaces of transformation and subversion, spaces where hopelessness is transformed into hope and where the strange *values of God's reign find a path for embodiment*

47 Stanley Hauerwas, zitiert in: Smit, Liturgy and Life?, 262.
48 Ebd. 260.
49 Ebd. 259.
50 Ebd. 260; Russel Botman, Discipleship as transformation? Towards a theology of transformation, Dissertation University of the Western Cape, 1993.
51 Smit, Liturgy and Life (Anm. 43), 261.
52 Koopman, Public Theology (Anm. 35), 202.
53 Smit, Liturgy and Life (Anm. 43), 267.
54 Ebd. 265.

in the world.»[55] Der Gottesdienst, das Hören des Wortes Gottes, Abendmahl und Taufe bereitet die Gläubigen auf den Dienst aneinander und an der Welt vor. Dabei bildet der Begriff Gerechtigkeit für Dirkie Smit weiterhin eine wichtige Leitkategorie; Gottesdienst, Heiligung und Gerechtigkeit gehören unweigerlich zusammen. Wie der Dienst an der Welt aussieht, illustriert er anhand der Kirchenordnung der *Uniting Reformed Church in Southern Africa:*[56] Die Aufgabe der Kirche sei Gottes versöhnendes und befreiendes Handeln in der und für die Welt zu verkünden, Christi Liebe in der Welt auszuleben, die Menschheit zur Versöhnung und Frieden mit Gott und miteinander aufzurufen; Gott nachzufolgen, indem Menschen in Not, Menschen, die leiden unterstützt werden und im Zeugnis gegen jegliche Art von Ungerechtigkeit; «by calling upon the government and the authorities to serve all the inhabitants of the country by allowing justice to prevail and by fighting against injustice; by witnessing against all rulers and those who are priviledged who may selfishly seek their own interests and thus control and harm others».

Im Rahmen einer *public theology* wird nun also ein neuer Akzent gesetzt: Während der Öffentlichkeitscharakter des Gottesdienstes weiterhin betont wird und die zentrale Bedeutung theologischer Leitkategorien aus der Apartheid wie Gerechtigkeit, Nächstenliebe, Versöhnung und die Würde des Menschen erhalten bleibt, richtet sich der Fokus stärker auf das einzelne Individuum, das durch das Evangelium transformiert wird, einen eigenen Charakter, eine eigene Identität als Christ, als Christin in der Welt ausbildet und durch sein Handeln Gottes Handeln an der Welt verkörpert. Das Nachdenken über das Verhältnis von Gottesdienst und Politik wird zunächst primär über das Verhältnis von Gottesdienst und Ethik abgehandelt. (Dass dies jedoch nicht unpolitisch wird, zeigt der oben zitierte Verweis Dirkie Smits auf die Kirchenordnung der *Uniting Reformed Church in Southern Africa.*) Der Gottesdienst sollte eine kritische und kreative Unterbrechung (Störung, *interruption* im Original) der Gesellschaft bleiben, prophetisch-kritisch ja, aber hauptsächlich konstruktiv, dialogbereit, die Gläubigen zur eigenen Urteilsbildung befähigend.

4. Fazit

Was trägt nun dieser punktuelle Durchgang durch die Geschichte politischer Theologie und politischen Predigens in Südafrika aus für das Konzept des politischen, bzw. öffentlichen Gottesdienstes bei? Zum Schluss dieses Beitrags möchte ich nochmals einige Punkte aufgreifen, die für eine Grundlegung politischen, bzw. öffentlichen Gottesdienstes hilfreich sind.

55 Koopman, After Ten Years (Anm. 5), 159.
56 Smit, Liturgy and Life (Anm. 43), 270–271.

So ist *erstens* der Gedanke überzeugend, den Gottesdienst als Ort der Wahrnehmungsschulung zu verstehen. Das Evangelium, die biblischen Texte rücken die «Welt» in ein anderes Licht, das Licht der Gnade, das Licht der Versöhnung, das Licht der Gerechtigkeit. Im Gottesdienst beginnen Menschen die Welt anders zu sehen als sie ist, nämlich so, wie sie sein könnte. Welterfahrung, -deutung und -gestaltung stehen damit in der eschatologischen Grundspannung von «schon hier» und «noch nicht». Im Gottesdienst werden Menschen zudem dazu angeregt, dorthin zu schauen, wo wegschauen einfacher ist. Der Gedanke, dass ein Perspektivenwechsel von der Mitte zum Rand konstitutiv ist für politische bzw. öffentliche Theologie, prägt auch das theologische Denken in Post-Aapartheid- Südafrika.

Südafrikanische Theologen setzen *zweitens* auf die formative Kraft des Gottesdienstes. Wenn Menschen die Welt im Lichte Gottes wahrnehmen, dann werden sie andere. Sie bleiben nicht gleichgültig, werden zu Handelnden, übernehmen Verantwortung. Zu Recht erinnern sie daran, dass das Handeln wesentlich zur Christusnachfolge dazugehört.

Formative Kraft, meine ich, hat im Gottesdienst nicht nur das gepredigte Wort. Auch andere liturgisch Elemente und Handlungen werden für das Evangelium zu solchen *Paths of embodiment in the world,* wie sie Nico Koopman nennt. Dies ist unter liturgietheoretischen Gesichtspunkten ein sehr anregender Gedanke. Das Evangelium nimmt also *drittens* Gestalt an (im wörtlichen Sinne) in Handlungen, Gesten, Ritualen, in den Handlungen, Verhaltensweisen, Gesten der feiernden Gemeinde aber ebenso in jenen der Liturgen und Liturginnen. Es nimmt Gestalt an in der Art und Weise, wie die Liturgin die Anwesenden begrüsst, in der Art und Weise wie das Abendmahl gefeiert wird, die Fürbitte gestaltet oder die Kollekte gesammelt wird.

Grundlegend ist *viertens* die Feststellung, dass der Kontext der gottesdienstlichen Gemeinde entscheidend ist für die Art und Weise, wie ein Gottesdienst politisch ist. Dass er dies grundsätzlich ist, weil das Evangelium im Leben stets Gestalt annehmen will, ist nicht zu bestreiten. Apartheid erforderte klare prophetische und kritische Worte (wenn immer auch verbunden mit dem Angebot der Versöhnung). Apartheid forderte die Kirchen heraus, immer deutlicher Stellung zu beziehen bis hin zur Feststellung, dass der Apartheidstaat illegitim sei. Ein «Dazwischen» war kaum möglich.

Die Situation in Post-Apartheid-Südafrika stellt sich grundlegend anders dar. Die Verfassung, das demokratische politische System stellen andere Mittel der Politikgestaltung und der Konfliktlösung bereit. Die Kirchen sind als Institutionen der Zivilgesellschaft Teil dieses Systems der diskursiven Erarbeitung politischer Entscheide und können ihre Positionen in eine öffentlich geführte Debatte einbringen. Die Notwendigkeit, sich dialogfähig zu zeigen, sich verständlich und konstruktiv in Sachdebatten einzubringen, differenziert zu denken und zu argumentieren, ist gegeben. Dasselbe könnte für die Predigt im Gottesdienst gesagt werden, insofern sie sich auf gesellschaftspolitische Fragen bezieht. Seitens der Predigenden bedingt dies die Fähigkeit, sorgfältig auf den biblischen Text zu hören und ebenso sorgfältig die politischen und gesellschaftlichen Gegebenheiten und Problemstellungen wahrzunehmen, d. h. eine informierte Zeitgenossenschaft zu leben. Es verlangt von der Predigenden auch, die mit ihr feiernden Gemeindeglieder als mündige Mitglieder der Gesellschaft wahrzunehmen, ihnen einerseits eine eigene Urteilsbildung zuzutrauen wie auch andererseits den Positionsbezug und die Meinungsäusserung der Predigerin.

Aber – und dieses Aber bleibt aus der Erfahrung der Apartheid – es kann weiterhin Situationen geben, die ein prophetisch-kompromissloses Wort erfordern. Das gilt für Südafrika, wo zwar demokratische Strukturen gegeben sind, wo aber die Ausübung der damit verbundenen Rechte (und Pflichten) nicht allen in gleicher Weise möglich ist, sei es aufgrund ökonomischer oder technischer Voraussetzungen (Zugang zu Informationen etc.), sei es aufgrund unterschiedlicher Bildungsgrade. Das gilt jedoch auch für den europäischen Kontext. Immer wieder in die jeweilige historische und politische Situation hinein zu konkretisierende biblische Leitkategorien bleiben dabei die Verheissung und der Anspruch von Frieden, Gerechtigkeit und Versöhnung. Dass Gott sich in besonderer Weise als ein Gott der Notleidenden, der Armen und der Entrechteten erweist (so das Bekennntnis von Belhar), ist dabei ein unbequemer Stachel im Fleisch von Selbstreferenzialität und Selbstgenügsamkeit.

Genau dies stellt die Herausforderung für einen politischen, bzw. öffentlichen Gottesdienst dar: Wann braucht es ein prophetisches Wort und wann Konziliarität, Dialog, Differenzierung? Wenn Hauerwas schreibt, im Gottesdienst gehe es nicht darum, den Menschen zu sagen, was richtig oder falsch ist, sondern ihnen beizubringen, wie sie sehen können, so hat er damit sicherlich recht – trotzdem: manchmal gibt es Situationen, in denen es angebracht sein kann, zu sagen, was «richtig oder falsch» ist. Der Gottesdienst ist – so könnte zusammenfassend gesagt werden – immer öffentlich, d. h. er ist auf Fragen des Gemeinwohls, des öffentlichen Interesses bezogen und bearbeitet diese im Licht des Evangeliums; und zuweilen, in besonderen historischen Situationen, wird der Gottesdienst prophetisch und politisch (im engeren Sinne), indem er klar Position bezieht bzw. vom jeweiligen Kairos dazu gedrängt wird, dies zu tun. Diese Situationen mögen selten sein, sie wollen mit Bedacht und Vorsicht ausgerufen sein. Prophetische Rede darf auch nicht überstrapaziert werden, wenn sie nicht ihre Wirkung verlieren soll. Die Herausforderung für politisches Predigen besteht darin zu erkennen, wann genau dieser Moment, dieser Kairos gekommen ist, welche Fragestellungen des gesellschaftlichen Zusammenlebens danach verlangen. Dies wiederum kann nur diskursiv erörtert werden, zunächst innerhalb der Gemeinschaft der Kirche. In Südafrikas Kirchen wurde lange um die «richtige» Haltung gegenüber Apartheid gerungen, eine Auseinandersetzung, die innerhalb von Gemeinden, von Kirchen, aber ebenso in ökumenischen Netzwerken geführt wurde. Im Nachhinein mag der kirchliche Widerspruch gegen Apartheid als die logische, ethisch konsequente Entscheidung erscheinen; in Wahrheit ist sie eine hart errungene und keineswegs leichtfertig gefällte Entscheidung. Es braucht Aufmerksamkeit, Wachsamkeit, eine gesunde Portion einer Hermeneutik des Verdachts. Und es braucht ebenso eine Dialogfähigkeit und -bereitschaft unter all jenen, die sich um eine zeitgemässe und kontextrelevante Interpretation der biblischen Texte bemühen, wie auch unter all jenen, die das Anliegen der Gestaltung von gemeinsamem Leben teilen.

Der Gottesdienst als kritische und kreative Unterbrechung der Gesellschaft: Dies mag als Leitmotiv für den politischen und öffentlichen Gottesdienst gelten – in dem Sinne, dass der Gottesdienst ein Ort ist, der einen Kontrast bildet zur «Gesellschaft», ein Ort, der den Mitgliedern dieser Gesellschaft kritische Distanz ermöglicht. Dies aber nur, indem er grundlegend bezogen ist auf den Gottesdienst in der «Welt». In dieser dialektischen Spannung ereignet sich das Wort Gottes. Gottesdienst ist eine Unterbrechung im Alltag, eine Pause, er bietet Gelegenheit zur Reflexion, zum Innehalten; Gelegenheit, Kraft zu schöpfen. Er bietet eine Unterbrechung gewohnter und eingespielter Gedankengänge, irritiert (im besten Sinne des Wortes), veranlasst dazu, die Perspektive zu wechseln, von den Rändern her zu schauen. Und im Ernstfall muss er nicht nur eine Unterbrechung sein, sondern eine Störung (das Englische Original *interruption* kann beide Bedeutungen haben). Kritisch und kreativ ist die Unterbrechung und dabei wird Letzteres eine besondere liturgische Herausforderung sein. Inwiefern kreativ über Angelegenheit der Weltgestaltung gepredigt und gebetet werden kann, wie die «seltsamen Werte des Reiches Gottes» (Niko Koopman) liturgisch Gestalt gewinnen können – weder banal, noch abschreckend, noch gesetzlich – müsste Gegenstand eines weiteren Beitrages sein.

Systematik und Ethik des politischen Gottesdienstes

Ist Gott politisch? – Bemerkungen zur politischen Dimension des christlichen Gottesdienstes*

Frank Mathwig

«Als ob Gott, indem er sterblichen Menschen die Führung des Menschengeschlechts übertrug, zu ihren Gunsten auf sein Recht verzichtet hätte!»
Jean Calvin[1]

1. Einleitung

«Kritik am Staate steht Dir zu; doch denk daran: der Staat bist Du!» Helmut Gollwitzer zitiert diesen Reim von dem Poststempel eines 1957 erhaltenen Briefes aus der Schweiz.[2] Die von der Post frei Haus gelieferte Nachhilfe in Staatsbürgerkunde enthält bereits einen Hinweis auf den politischen Status institutionell verfasster Kirchen: Unabhängig davon, wie viel oder wenig politische Beteiligung bzw. Verantwortung die «Christengemeinde» wahrnimmt, sich zugesteht oder verordnet, sie *ist* zugleich Teil der «Bürgergemeinde» und damit eine politische Grösse.

Diese Einsicht gehört für die christlichen Kirchen in rechtsstaatlichen Demokratien – und erst recht für ortskundige Reformierte – zu den kaum bestreitbaren Selbstverständlichkeiten. Selbst unter gänzlich anderen staatlichen und gesellschaftspolitischen Voraussetzungen steht für Paulus – wie er etwa in Röm 13 zeigt – fest: Kirche in der Welt kann sich nicht nicht zu der Welt verhalten, deren Teil sie ist. Sie *ist* politisch oder gar nicht. Es ist eine «naive» (Hans Joachim Iwand) und eminent politische Haltung zu meinen, Kirche könne ‹apolitisch› Kirche sein.

Warum gibt dann aber das Thema ‹politische Predigt überhaupt Anlass für Kontroversen? Erstens weil politische Predigt häufig mit kirchlichen Beeinflussungsversuchen eines politisierten Pfarrpersonals verwechselt wird, zweitens weil wenig Klarheit über das Verhältnis von Kirche und politischer Öffentlichkeit besteht, genauer: den «Öffentlichkeitsanspruch von Kirche»,[3] und ihrem daraus fol-

* Thesenpapier anlässlich des Studientages der Theologischen Fakultät der Uni Basel ‹Wie politisch darf/soll ein Gottesdienst sein?›, Forum für Zeitfragen, Basel 29.10.2009.

1 Jean Calvin, Unterricht in der christlichen Religion. Institutio christianae religionis, Neukirchen-Vluyn 2008 (Original 1559), IV, 20,32.

2 Helmut Gollwitzer, Bürger und Untertan (erstmals 1957), in: Hans G. Ulrich (Hg.), Evangelische Ethik. Diskussionsbeiträge zu ihrer Grundlegung und ihren Aufgaben, München 1990, 177–204 (hier: 177).

3 Den Begriff verwendet Alfred de Quervain erstmals 1939 (vgl. ders., Der Öffentlichkeitsanspruch des Evangeliums, Zürich, 2. Auflage 1946).

genden «Öffentlichkeitsauftrag» und drittens weil diese Unklarheit zuweilen positiv gewendet wird als (vermeintlicher) Ausdruck politischer Zurückhaltung oder Indifferenz sowohl innerhalb der Kirchen wie gegenüber der Gesellschaft. Bereits an dieser Stelle wird eine doppelte Differenz sichtbar, die es im Blick zu behalten gilt: die Unterscheidung zwischen dem Verständnis von *Kirche in ihrer politischen Gestalt* und der daraus abzuleitenden *Verantwortung* in dem und für den öffentlichen Raum einerseits, sowie zwischen den politischen *Anliegen* oder *Absichten* kirchlicher Äusserungen und ihren *politischen* Wirkungen – angesichts des grundsätzlich öffentlichen Charakters ihrer Rede – andererseits. Im Kern kreist das Thema ‹Politische Predigt› um die Frage: Was folgt aus der politischen Existenz von Kirche für Form und Inhalt ihrer – *ipso facto* politischen – Kommunikation nach innen und aussen? Im Folgenden möchte ich die Frage nach den Möglichkeiten und Grenzen politischer Predigt mit einer – in groben Strichen skizzierten – Doppelthese beantworten: 1. Predigt ist politisch im Blick auf den *Ort* kirchlicher Verkündigung. 2. Predigt ist politisch hinsichtlich des *Gegenstandes* kirchlicher Verkündigung.

Bezeichnend für das politische Selbstverständnis der protestantischen Kirchen der Schweiz ist das Fehlen eines expliziten und gemeinsamen Verständnisses vom Öffentlichkeitsauftrag von Kirche, wie es etwa in Form der sogenannten Denkschriften-Denkschriften der Evangelischen Kirche in Deutschland von 1970 und 2008 vorliegt.[4] Ob und inwiefern dies ein Nachteil bzw. Defizit ist oder Ausdruck des spezifischen Selbstverständnisses reformierter Kirchen, kann hier nicht geklärt werden. Unabhängig davon sind die Kirchen und ihre Anliegen in der Öffentlichkeit sehr präsent. Einige Stichwörter aus der jüngsten Vergangenheit: Viele Kirchen und Kirchenverbände in der Schweiz haben sich kürzlich gegen die Anti-Minarett-Initiative ausgesprochen, einige Kirchen haben geschwiegen. Die Zürcher CVP-Nationalrätin Barbara Schmid-Federer wurde in diesem Zusammenhang «in zahlreichen Mails und Telefonaten darauf aufmerksam gemacht ‹dass sie als Christin dieser Initiative [Anti-Minarett-Initiative; FM] zustimmen› müsse, sonst sei sie eben keine Christin».[5] Die Jungsozialisten nahmen die Minarett-Diskussion zum Anlass, um – mit dem Argument der Gleichbehandlung und unter der bezeichnenden Überschrift «Die Menschen machen ihre Geschichte selber» – eine «absolute Trennung von Kirche und Staat» zu fordern.[6] Der Kanton Luzern überlegt dagegen, der dort

4 Vgl. Rat der EKD, Aufgaben und Grenzen kirchlicher Äusserungen zu gesellschaftlichen Fragen. Eine Denkschrift der Kammer für soziale Ordnung der Evangelischen Kirche in Deutschland, Gütersloh 1970; ders., Das rechte Wort zur rechten Zeit. Eine Denkschrift des Rates der Evangelischen Kirchen in Deutschland zum Öffentlichkeitsauftrag der Kirche, Gütersloh 2008.

5 Christian Burg, Fundamental christlicher Kampf gegen Minarette, in: Tagesanzeiger, 15.10.2009.

6 Vgl. http://www.juso.ch/files/Religionspapier.pdf (Zugang: 21.10.2009).

ansässigen islamischen Gemeinde den Status einer Landeskirche zu geben.[7] Für die Freidenker ist die ganze Diskussion völlig überflüssig, denn «Da ist wahrscheinlich kein Gott, also sorg dich nicht, geniess das Leben», worauf schliesslich eine Luzerner Freikirche plakativ konterte: «Da ist bestimmt ein Gott – also sorg dich nicht, er sorgt für dich».[8]

Unabhängig von Inhalt und Gehalt solcher Parolen muss konstatiert werden: Mit dem jüdisch-christlichen Gott lässt sich nicht nur ein internationaler Kampf der Kulturen vom Zaun brechen oder ein Krieg gegen den Terrorismus schüren, sondern auch in der Schweiz kräftig Politik machen. Die Strategie funktioniert in beide Richtungen, bei denjenigen, die eine religiöse Entkontaminierung der Gesellschaft anstreben, ebenso wie bei denjenigen, die zum Feldzug für die Verteidigung des ‹christlichen Abendlandes› bzw. der ‹christlichen Traditionen und Werte› aufrufen. Auf dieser Ebene lässt sich die Titelfrage, ob Gott politisch ist, dahingehend beantworten: ja, insofern er keinem Urheberrechtsschutz unterliegt und – gut demokratisch – von jeder politischen Stimme für die jeweils eigene Sache benutzt werden kann.

2. Missverständnisse

Angesichts der Beliebtheit der Bezugnahme auf Bibel und Kirche in öffentlichen Diskussionen verwundert es, dass eine vernehmbare, kritische Analyse und Reflexion solcher Referenzen, Adaptionen und Vereinnahmungen bisher ausgeblieben ist.[9] Über die Gründe für die Zurückhaltung kann spekuliert werden. Zweifellos kommt darin *auch* jene enge Beziehung zwischen «Christengemeinde und Bürgergemeinde» zum Ausdruck, die Karl Barth unter dem gleichnamigen Titel 1946 grundlegend theologisch reflektiert hat.[10] Dahinter steht die häufig als ‹paradigmatisch› angesehene Unterscheidung zwischen Lutherischer Zwei-Reiche-Lehre und Reformierter Lehre von der Königsherrschaft Christi.[11]

7 Vgl. Ralph Pöhner, Gott ist politisch, in: Die Zeit 43, 15.10.2009.

8 Zum Hintergrund der Freidenker-Kampagne vgl. Thomas Brunnschweiler, ‹Da ist wahrscheinlich kein Gott›, in: Reformatio 58/2009, 298.

9 Dies gilt grundsätzlich und unabhängig davon, wie das Verhältnis von Kirche und Gesellschaft theologisch bestimmt wird, ob dialektisch oder liberal, von Basel, Berlin, Heidelberg oder München aus. Vgl. im Rahmen der Minarett-Diskussion Frank Mathwig, Das Kreuz mit den Minaretten. Theologische Bemerkungen zur Rolle der Kirchen in der Minarett-Diskussion, in: Mathias Tanner/Felix Müller/Frank Mathwig/Wolfgang Lienemann (Hg.), Streit um das Minarett. Zusammenleben in der religiös pluralistischen Gesellschaft, Zürich 2009, 141–187 (bes. 160ff.).

10 Vgl. Karl Barth, Christengemeinde und Bürgergemeinde (erstmals 1946), in: ders., Rechtfertigung und Recht. Christengemeinde und Bürgergemeinde, Zürich, 4. Auflage 1989.

11 Die Literatur dazu ist kaum zu übersehen. Vgl. etwa GEKE, Evangelische Texte zur ethischen Urteilsfindung, hg. v. Wilhelm Hüffmeier, Leuenberger Texte 3, Frankfurt am Main 1997, 11–24; Wolfgang Huber, Kirche und Öffentlichkeit, Stuttgart 1973, cp. VIII; Albrecht Peters, Gesetz und

Hier liegt der theologische Ausgangspunkt der Suche nach den Möglichkeiten und Grenzen politischer Predigt. Die Frage nach der *politischen Predigt* weist zurück auf die Frage des *politischen Gottesdienstes* und diese wirft wiederum die Frage nach dem *ekklesiologischen Selbstverständnis von Kirche* auf. Dass der Argumentationsweg keine Abkürzungen zulässt, zeigen jene typischen Konfusionen, die aus manchen theologisch-ekklesiologischen Kurzschlüssen resultieren. Ich nenne exemplarisch drei Missverständnisse:

Ein Kurzschluss besteht darin, aus der komplementären (nicht: dualistischen!) Existenz als Christ und Bürgerin die eine Rolle mit der anderen zu verwechseln oder zu vermischen. Die persönliche Meinung zu einer gesellschaftspolitischen Frage kann nicht beliebig und willkürlich zum Gegenstand oder Massstab kirchlicher Verkündigung gemacht werden. Ein zweiter Kurzschluss liegt in dem umgekehrten Versuch vor, aus den biblischen Überlieferungen unmittelbar politische Positionen herauslesen zu wollen. Gegen eine solche Ebenenvermischung muss betont werden: Die Bibel enthält weder ein (partei-)politisches Programm noch eine staatliche Gesetzbuchsammlung. Ein dritter Kurzschluss schliesslich betrifft ein Staatsverständnis, das entweder Staat und Kirche in ein christokratisches *Einheitsverhältnis* rückt[12] oder umgekehrt einer «Entkonfessionalisierung des öffentlichen Lebens» (Ernst Wolf), im Sinne eines *Dualismus* von Staat und Kirche, das Wort redet. Einerseits muss festgehalten werden: «Es gibt also keinen der christlichen Kirche entsprechenden christlichen Staat, kein Duplikat der Kirche im politischen Raum.»[13] Und andererseits gilt zugleich: «So wenig Christus eine ‹*persona privata*› ist, sondern *Kyrios*, der Herr der Welt, so wenig gibt es in der Welt für den Christen eine ‹private› Existenz.»[14]

Evangelium, Gütersloh, 2. Auflage 1994; Ernst Wolf, Königsherrschaft Christi und lutherische Zwei-Reiche-Lehre, in: ders., Peregrinatio II. Studien zur reformatorischen Theologie, zum Kirchenrecht und zur Sozialethik, München 1965, 207–229.

12 So lautete die – freilich ungerechtfertigte – Kritik von Walter Künneth, Die Atomfrage aus christlicher Sicht. Die politischen Aspekte der Berliner Synode, in: Die politische Meinung 25/1958, 31–40 (hier 37), an Barths Ablehnung der Zwei-Reiche-Lehre in seiner politischen Ethik. Der pauschalen Behauptung von Friedrich Wilhelm Graf, Der Protestantismus. Geschichte und Gegenwart, München 2006, 44, nach der «die reformierte Ethik des Politischen immer zur theokratischen bzw. christokratischen Sakralgestaltung des Gemeinwesens» tendiere, tritt bereits Jean Calvin, Gestalt und Ordnung der Kirche, in: ders., Calvin Studienausgabe, Bd. 2, hg. v. Eberhard Busch et al., Neukirchen-Vluyn 1997, 227–275 (hier 275), entschieden entgegen: «Zwar sind Regierungsgewalt und Obrigkeit, die Gott uns gegeben hat, und die geistliche Herrschaft, die er in seiner Kirche auszuüben befohlen hat, untrennbar miteinander verbunden. Dennoch sind sie nicht miteinander vermischt, und der, der alle Herrschaftsgewalt besitzt, und dem wir uns wie es sich gehört unterordnen wollen, hat beides voneinander unterschieden.»

13 Barth, Christengemeinde (Anm. 10), 58.

14 Wolf, Königsherrschaft Christi (Anm. 11), 212.

Für politische Predigt sind alle drei Unterscheidungen konstitutiv: im Hinblick auf die Rolle von Senderin und Adressat zwischen Bürger und Christin, in der Sache zwischen Evangelium und Gesetz und hinsichtlich der Funktion bzw. institutionellen Verankerung zwischen Kirche und Staat.

3. Zum Ort kirchlicher Verkündigung

Eine kurze und präzise Antwort auf die Frage nach dem *Ort kirchlicher Verkündigung* liefert die theologische Erklärung der Ersten Bekenntnissynode der Deutschen Evangelischen Kirche, die vom 29. bis 31 Mai 1934 in Wuppertal-Barmen stattfand. Die zweite These der sogenannten Barmer theologischen Erklärung lautet:

> «‹Jesus Christus ist uns gemacht von Gott zur Weisheit und zur Gerechtigkeit und zur Heiligung und zur Erlösung› (1. Kor. 1,30).
>
> Wie Jesus Christus Gottes Zuspruch der Vergebung aller unserer Sünden ist, so und mit gleichem Ernst ist er auch Gottes kräftiger Anspruch auf unser ganzes Leben; durch ihn widerfährt uns frohe Befreiung aus den gottlosen Bindungen dieser Welt zu freiem, dankbarem Dienst an seinen Geschöpfen.
>
> Wir verwerfen die falsche Lehre, als gäbe es Bereiche unseres Lebens, in denen wir nicht Jesus Christus, sondern anderen Herren zu eigen wären, in denen wir nicht der Rechtfertigung und Heiligung durch ihn bedürften.»[15]

Der Zuspruch der Rechtfertigung und der Anspruch der Heiligung bilden die untrennbare Einheit von Glauben und Handeln, die für autonome Handlungsräume mit einer eigengesetzlichen Funktionslogik – wie sie bestimmte, sich auf Luther berufende Deutungen von den zwei Räumen nahelegten[16] – ebenso wenig Platz lässt, wie für eine – sich auf Max Weber berufende – Unterscheidung zwischen Gesinnungs- und Verantwortungsethik.[17] Barmen II enthält eine doppelte Absage:

15 Zit. n. Carsten Nicolaisen, Der Weg nach Barmen. Die Entstehungsgeschichte der Theologischen Erklärung von 1934, Neukirchen-Vluyn 1985, 176.

16 Vgl. kritisch dazu Reiner Anselm, Von der theologischen Legitimation des Staates zur kritischen Solidarität mit der Sphäre des Politischen. Die Zwei-Reiche-Lehre als Argumentationsmodell in der politischen Ethik des 20. Jahrhunderts und ihre Bedeutung für die theologisch-ethische Theoriebildung in der Gegenwart, in: Tim Unger (Hg.), Was tun? Lutherische Ethik heute, Hannover 2006, 82–102, bes. 84–90.

17 Vgl. Max Weber, Politik als Beruf, MWS I/17, Tübingen 1994, 35–88, mit der berüchtigten Formulierung: «Aber es ist ein abgrundtiefer Gegensatz, ob man unter der gesinnungsethischen Maxime handelt – religiös geredet – ‹der Christ tut recht und stellt den Erfolg Gott anheim›, *oder* unter der verantwortungsethischen: dass man für die (voraussehbaren) *Folgen* seines Handelns aufzukommen hat.» (Ebd. 79). Freilich bemerkt schon Weber am Ende seines Vortrags von 1919: «Insofern sind Gesinnungsethik und Verantwortungsethik nicht absolute Gegensätze, sondern Ergänzungen, die zusammen erst den echten Menschen ausmachen, den, der den ‹Beruf zur Politik› haben *kann*.» (Ebd.

einerseits an einen Staat-Kirche-Dualismus, der unterstellt, dass die eine Institution gänzlich unabhängig von der anderen besteht, und andererseits an eine politische Beliebigkeit, die die Motive und Zwecke menschlichen Handelns von dem Anspruch Gottes auf den Menschen ablöst.[18] Die zweite These der Barmer theologischen Erklärung schärft ein, «dass der Dienst in solchen [staatlichen; FM] Ordnungen und an ihnen von Gott *befohlen* ist. Der *Öffentlichkeitsauftrag* der Kirche und des Christenmenschen, das Handeln als Mitarbeiter Gottes in seinem Werk der Versöhnung der Welt mit sich selbst in der Sorge um die Menschlichkeit des Menschen und um eine relative Ordnung in der Unordnung der Welt, vor allem aber, dass der Christ gerade in der Welt ganz seinem Herrn gehört, *das* soll hier ausgesprochen werden.»[19]

Diese Verhältnisbestimmung von staatlichem und kirchlichem Handeln betrifft drei Ebenen, die als die *drei Dimensionen politischen Gottesdienstes* zu bestimmen sind: Politischer Gottesdienst meint *erstens* das persönliche Leben von Christinnen und Christen in der Nachfolge, näherhin *zweitens* bestimmte Formen kirchlicher Praxis und *drittens* das politische und staatliche Handeln selbst. Die dritte, häufig übersehene Perspektive hat Karl Barth in seinen Gifford-Lectures von 1937/1938 anhand der *Confessio Scotica* von 1560 in der 19. Vorlesung «Der politische Gottesdienst» ausgeführt.[20] Zwar unterscheidet reformierte Lehre deutlich zwischen den beiden Reichen, aber sie sind «insofern doch Eines, als Jesus Christus nicht nur der Herr der Kirche, sondern in jener ganz anderen Weise, nämlich in Form des Anspruchs auf die politische Ordnung der Herr auch der Welt ist». Und mit Verweis auf Art. 24 des Schottischen Bekenntnisses führt Barth aus: «es dient die politische Ordnung nicht nur ‹dem Nutzen und der Wohlfahrt der Menschheit›, sondern auch ‹zur Offenbarung der Herrlichkeit Gottes›, und gerade insofern ist sie eine echte heilsame Ordnung auch des menschlichen Lebens. Noch nicht die Ord-

86f.). Aus theologisch-ethischer Perspektive vgl. dazu den programmatischen Aufsatz von Wolfgang Huber, Sozialethik als Verantwortungsethik, in: Alberto Bondolfi/ Werner Heierle/Dietmar Mieth (Hg.), Ethos des Alltags. FS f. Stephan H. Pfürtner, Zürich u. a. 1983, 55–76.

18 Vgl. dazu Wolfgang Huber, Folgen christlicher Freiheit. Ethik und Theorie der Kirche im Horizont der Barmer Theologischen Erklärung, Neukirchen-Vluyn, 2. Auflage 1985, 53–70.

19 Wolf, Königsherrschaft Christi (Anm. 11), 213.

20 Karl Barth, Gotteserkenntnis und Gottesdienst nach reformatorischer Lehre. 20 Vorlesungen (Gifford-Lectures) über das Schottische Bekenntnis von 1560 gehalten an der Universität Aberdeen im Frühjahr 1937 und 1938, Zollikon 1938, 203–216; vgl. dazu die instruktiven Überlegungen von Hans Joachim Iwand, Kirche und Gesellschaft, in: ders., Nachgelassene Werke, Bd. 1, Gütersloh 1998, 108–126, und im weiteren Zusammenhang Eberhard Jüngel, Zum Verhältnis von Kirche und Staat nach Karl Barth, in: ZThK, Beiheft 6: Zur Theologie Karl Barths. Beiträge aus Anlass seines 100. Geburtstags, Tübingen 1986, 76–135.

nung des Glaubens und der Liebe, aber, gleichsam als deren vorauslaufender Schatten, eine Ordnung des äusserlichen Rechtes, des äusserlichen Friedens, der äusserlichen Freiheit.»[21]

Dabei muss im Auge behalten werden, dass der Staat, wie auch die real existierende Kirche (Sozialgestalt) unter den Bedingungen der noch nicht erlösten Welt stets *provisorischen Charakter* haben. Politik – auch Kirchenpolitik – ist Arbeit am «Vorletzten» – nicht weniger und nicht mehr, aber aus dem glaubenden Wissen um das «Letzte». Dietrich Bonhoeffer begegnet mit dem in seinen Ethikmanuskripten entfalteten Bedingungsverhältnis von *Letztem* und *Vorletztem* der Gefahr einseitiger Verabsolutierungen im christlichen Leben: Die radikale Lösung der *Weltvergessenheit*, «denkt vom Ende aller Dinge, von Gott dem Richter und Erlöser her». Die Kompromisslösung der *Parusie-* und *Gottvergessenheit* «denkt von dem Schöpfer und Erhalter her; die einen setzen das Ende absolut, die anderen das Bestehende. So gerät Schöpfung und Erlösung, Zeit und Ewigkeit in einen unlösbaren Widerstreit, und so wird die Einheit Gottes selbst aufgelöst, der Glaube an Gott zerbricht.» Zugespitzt: «Es gibt kein Christentum an sich, es müsste die Welt zerstören; es gibt keinen Menschen an sich, er müsste Gott ausschliessen.»[22]

4. Zum Gegenstand kirchlicher Verkündigung

Die Bonhoeffer'sche Kritik an der Weltvergessenheit verortet – positiv gewendet – die Kirche im politischen Raum. Kirche steht nicht neben oder über der Welt, sie ist Teil von ihr, Menschenwerk und der Erlösung bedürftig, wie die gesamte Kreatur. Die komplementäre Kritik an der Gottvergessenheit *in der Welt* verweist auf die *politische Dimension kirchlicher Verkündigung*. Die Frage, ob und wie sich Kirche politisch äussern soll, kann nur im Horizont des Verkündigungsauftrags von Kirche entfaltet und beantwortet werden. D. h. jede soziologische, politologische oder staats(kirchen)rechtliche Bestimmung real existierender Kirchen ist in diesem Sinne sekundär gegenüber dem ekklesiologischen Selbstverständnis von Kirche im Anschluss an den Öffentlichkeitsauftrag Jesu an seine Jünger: «Geht und verkündigt: Nahe gekommen ist das Himmelreich.» (Mt 10,7) und dem Sendungsauftrag des auferstandenen Christus: «Geht hin in alle Welt und verkündigt das Evangelium aller Kreatur.» (Mk 16,15). Präzise darin besteht der Öffentlichkeitsauftrag von Kirche. Kirche verkündet das Evangelium von Jesus Christus. Politisch ist kirchliche Verkündigung nicht aufgrund eines bestimmten Inhalts, auch nicht, weil darin eine bestimmte Geschichte erinnert und weitergegeben wird. Politisch ist kirchliche Verkündigung, weil das Evangelium *im Akt der Verkündigung* selbst Geschichte

21 Barth, Gotteserkenntnis (Anm. 20), 206.
22 Dietrich Bonhoeffer, Ethik. DBW 6, München 1992, 146.

in dieser Welt schreibt, insofern in seiner jeweiligen Aktualisierung die Verkündigung Teil der verkündigten Geschichte wird.[23] Das Evangelium von Jesus Christus ist politisch, so wie es in der Vergangenheit und Gegenwart wirklich war und ist. Kirchliche Verkündigung hat keine kausalen, naturgesetzlichen Wirkungen, lässt sich nicht unter mentale oder psychologische Phänomene subsumieren, verbreitet keine Meinungen und transportiert keine politischen Utopien. Freilich ist es möglich, sie durch Isolation einzelner Aspekte ihrer Wirkungsgeschichte unter solche Beschreibungen zu bringen. Aber das Evangelium handelt von der Geschichte Gottes mit seiner Welt, die so konkret ist, wie die Biografien der Menschen, die ihre Lebensgeschichte in der Wirklichkeit der Geschichte Gottes mit den Menschen verorten.[24] Christlicher Glaube ist praktisch. Er stellt – wie Johannes Fischer im Blick auf 1Kor 12,12ff. ausführt – den Erkennenden in den Wirklichkeitsraum des Erkannten.[25] Die biblilsche Botschaft von der Praxis Gottes ist in dem Masse politisch, wie sie im Leben der Menschen praktisch ist.

Dieser Zusammenhang spiegelt sich in dem Bonhoeffer'schen Bedingungsverhältnis von Letztem und Vorletzem wider. Das Vorletzte ist nicht – chronologisch – «Bedingung des Letzten», sondern «das Letzte bedingt [– teleologisch –] das Vorletzte. Das Vorletzte ist also nicht ein Zustand an sich, sondern ein Urteil des Letzten über das ihm Vorangegangene.» Modern gesprochen steht das «Vorletzte» in

23 Vgl. in diesem Zusammenhang Hans Joachim Iwands Begriff des Tatwortes im Anschluss an Luthers Verständnis vom *verbum efficax* in: ders., Glaube und Wissen. Nachgelassene Werke Bd. 1, München 1962, 200f., sowie Ingolf U. Dalferth, Wirkendes Wort. Handeln durch Sprechen in der christlichen Verkündigung, in: Hans-Günter Heimbrock/Heinz Streib (Hg.), Magie. Katastrophenreligion und Kritik des Glaubens. Eine theologische und religionstheoretische Kontroverse um die Kraft des Wortes, Kampen 1994, 105–143.

24 Vgl. hierzu die systematisch-theologischen und ethischen Überlegungen im Rahmen von Narrativer Ethik in: Marco Hofheinz/Frank Mathwig/Matthias Zeindler (Hg.), Ethik und Erzählung. Theologische und philosophische Beiträge zur narrativen Ethik, Zürich 2009.

25 Vgl. Johannes Fischer, Glaube und Erkenntnis. Studien zum Erkenntnisproblem des christlichen Glaubens, München 1989, bes. 96–105. «‹Praktisch› soll [...] eine Erkenntnis heissen, welche den Erkennenden (hier: die Korinther) im Zusammenhang der Wirklichkeit des Erkannten (d.h. in der sakramental begründeten Wirklichkeit der Gemeinschaft des Leibes Christi) lokalisiert. Konstitutiv für die praktische Erkenntnis ist eine spezifische Beziehung zum Wort, welche dem Wort den Primat vor der empirischen Wirklichkeit gibt. [...] Praktische Erkenntnis mit ihrem Primat des Wortes vor der empirischen Wirklichkeit hat ihren genuinen Ort in Religion und Mythos, d.h. überall da, wo die Erfahrung lebendig ist, dass die Phänomene mehr sind als nur das, was der Erkennende aus ihnen macht, indem er sie in seiner Wirklichkeit verortet, dass sie vielmehr ihre eigene Wirklichkeit mitbringen, an welcher der Erkennende nicht anders teilhaben kann als eben durch eine Weise der Erkenntnis, welche ihn in diese Wirklichkeit stellt. Nur von hierher ist auch die Rede vom Leib Christi zu verstehen: Die Teilhabe am Leib Christi bedeutet, wie überhaupt das Sein ἐν Χριστῷ, in einem anderen Wirklichkeitszusammenhang gestellt zu sein, als er theoretischer, ‹profaner› Erkenntnis erschlossen ist.» (Ebd. 98f.).

einem funktionalen Verhältnis zum «Letzten». Das Menschsein gehört für Bonhoeffer zum Vorletzten, weil es «dem Gerechtfertigtwerden vorangeht». «[D]urch die Freiheit des Letzten wird das Vorletzte in Kraft gesetzt.»[26]

Aus dieser christologisch-eschatologischen Perspektive – und Bonhoeffer wie auch Barth würden an dieser Stelle zuspitzen: nur daraus – folgt dann: «Das Vorletzte muss um des Letzten willen gewahrt werden. Eine willkürliche Zerstörung des Vorletzten tut dem Letzten ernstlich Eintrag. Wo also zum Beispiel ein menschliches Leben der Bedingungen, die zum Menschsein gehören, beraubt wird, dort wird die Rechtfertigung eines solchen Lebens durch Gnade und Glauben wenn nicht unmöglich gemacht, so doch ernstlich behindert. [...] Der Verkünder des Wortes, der nicht zugleich alles dafür tut, dass dieses Wort gehört werden kann, wird dem Anspruch des Wortes auf freien Lauf, auf ebene Bahn nicht gerecht.»[27]

5. Befreiung als Generalthema politischer Predigt

Der letzte Satz enthält im Kern das Programm und die Begründung politischer Predigt. Der kirchliche Verkündigungsauftrag wird verbunden mit der aus dem Anspruch des Evangeliums abgeleiteten Forderung «auf freien Lauf, auf ebene Bahn». Bonhoeffer bedient sich hier eines Gedankens aus Barths Schrift *Rechtfertigung und Recht*. Der Basler Theologe erörtert dort die Möglichkeit eines Staates, der um «sich selber treu, statt sich selber preisgebend!» zu sein, «Recht sprechen und das Recht schützen und damit dann sicher – gewollt oder ungewollt, sehr indirekt aber tatsächlich – der Botschaft von der Rechtfertigung freie, gesicherte Bahn geben» würde.[28] «Bereitet den Weg des Herrn, macht gerade seine Strassen» (Lk 3,4) zitiert Johannes der Täufer den Propheten Jesaja und Bonhoeffer präzisiert: «Diese Wegbereitung aber ist nicht nur ein innerliches Geschehen, sondern ein gestaltendes Handeln in sichtbar grösstem Ausmass.»[29] Die konkrete Praxis folgt also keinen selbstgenügsamen ethischen Prinzipien, moralischen Normen oder Werten, sondern gehört konstitutiv zum Verkündigungsauftrag selbst. Anders gesagt: Kirchliche Verkündigung ist konkrete Praxis. Praktisch ist die christliche Botschaft in dem Sinne, als sie nicht nur etwas zu sagen hat. Vielmehr ist das Gesagte von solcher Wichtigkeit, dass der Mitteilungsauftrag nicht getrennt werden darf von der Aufgabe, Bedingungen zu schaffen, die ein Hören-Können des Mitgeteilten möglich machen. Diese zunächst theologische Aufgabe der «Wegbereitung» der christlichen

26 Bonhoeffer, Ethik (Anm. 22), 151.
27 Bonhoeffer, Ethik (Anm. 22), 152.
28 Karl Barth, Rechtfertigung und Recht, in: ders., Rechtfertigung und Recht. Christengemeinde und Bürgergemeinde, Zürich, 4. Auflage 1989, 20.
29 Bonhoeffer, Ethik (Anm. 22), 153.

«Freiheit im Leben mit Gott» (Hans G. Ulrich) hat in der Folge ethische Implikationen. Sie zielt darin auf jene Bedingungen der Freiheit, die heute in den menschenrechtlich und rechtsstaatlich garantierten Persönlichkeits- und Freiheitsrechten begegnen. Mit den Worten Hannah Arendts: «die Freiheit, mit den Vielen redend zu verkehren und das Viele zu erfahren, das in seiner Totalität jeweils die Welt ist, war und ist [...] der eigentliche Inhalt und der Sinn des Politischen selbst. In diesem Sinne sind Politik und Freiheit identisch, und wo immer es diese Art der Freiheit nicht gibt, gibt es auch keine im eigentlichen Sinne politischen Raum.»[30] Das konstitutive Verhältnis von Politik und Freiheit – die Freiheit der einzelnen Person und nicht der jeweiligen politischen Mehrheit! – steht auch im Zentrum von Arendts Definition von Politik:

> «Sofern man unter Politik all das versteht, was für das Zusammenleben der Menschen schlechthin notwendig ist, um ihnen dann als Einzelnen oder in nochmaliger Gemeinschaft eine jenseits des Politischen und Notwendigen liegende Freiheit zu ermöglichen, ist es in der Tat berechtigt, das Mass an Freiheit eines jeden politischen Körpers an der von ihm tolerierten Religions- und akademischen Freiheit zu messen, das heisst gleichsam an dem Umfang des nicht-politischen Freiheitsraumes, der er enthält und aufrechterhält.»[31]

Innerhalb des eben theologisch-ekklesiologisch und politisch skizzierten Koordinatensystems hat politische Predigt ihren Ort und nur darin kann ihre Aufgabe bestimmt und begründet werden. Politische Predigt ist nicht das Steckenpferd eines politisierten Pfarrpersonals *neben* der Evangeliumsverkündigung, keine Fussnote dazu, was auch noch gesagt werden könnte, und auch keine aus der Not geborene Ausnahme von irgendwelchen homiletischen Standards. Politische Predigt ist als Verkündigung des Evangeliums (auch) politische Rede, aber als politische Rede nicht bereits Verkündigung des Evangeliums. Oder mit den Worten der sechsten Barmer These:

> «Der Auftrag der Kirche, in welchem ihre Freiheit gründet, besteht darin, an Christi Statt und also im Dienst seines eigenen Wortes und Werkes durch Predigt und Sakrament die Botschaft von der freien Gnade Gottes auszurichten an alles Volk.
>
> Wir verwerfen die falsche Lehre, als könne die Kirche in menschlicher Selbstherrlichkeit das Wort und Werk des Herrn in den Dienst irgendwelcher eigenmächtig gewählter Wünsche, Zwecke und Pläne stellen.»[32]

30 Hannah Arendt, Was ist Politik?, München, Zürich 2003, 52.
31 Ebd. 60f.
32 Zit. n. Nicolaisen, Barmen (Anm. 15), 192.

Der Verwerfungssatz enthält ein Negativkriterium christlicher Verkündigung in Form eines Instrumentalisierungsverbots des Evangeliums für politische Zwecke. Obwohl die biblische Botschaft politisch ist, findet sie darin nicht ihr Ziel. Gegen das Missverständnis von der politischen Selbstgenügsamkeit politischer Predigt muss daran erinnert werden: 1. Politisch ist kirchliche Verkündigung – ausschliesslich aber notwendig – aufgrund des universalen Anspruchs des Schöpfers und Erlösers, Herr über alle «Bereiche des Lebens» (Barmen II) zu sein. Und 2. Die politische Dimension des Auftrags von Kirche besteht – im Anschluss an eine bekannte Denkschriften-Formel[33] – nicht darin, selbst Politik zu machen, sondern darin, Politik möglich zu machen. «Politik möglich zu machen» zielt – im Sinne Arendts, Bonhoeffers und Barths – darauf, freiheitlich rechtsstaatliche Strukturen als Bedingungen der Möglichkeit für ein *redend-zu-Verkehren* – modern gesprochen: für eine kommunikative Praxis – herzustellen und zu schützen. Die kommunikative Freiheit darf dabei nicht auf die Freiheit, die eigene Meinung zu äussern reduziert werden. Sie muss jene komplementäre Freiheit mit einschliessen, die oben – im Anschluss an Bonhoeffer und Barth – als Freiheit des Hören-Könnens bezeichnet wurde. Beide Freiheiten sind von zwei Seiten her bedroht: Durch «ein *Zuwenig* an Ordnung und Recht als auch [durch] ein *Zuviel* an Ordnung und Recht». Beides «zwingt die Kirche zum Reden».[34] Ein «Zuwenig» besteht darin, «wo eine Gruppe von Menschen rechtlos wird» bzw. in ihren Rechten eingeschränkt und also durch das Recht diskriminiert wird. Ein «Zuviel» liegt dann vor, wenn «der Staat seine Gewalt so ausbaut, dass er der christlichen Verkündigung und dem christlichen Glauben [...] sein eigenes Recht raubt».[35]

Der politische Beitrag von Kirche besteht also nicht darin, sich selbst zum ‹besseren› Gesetzgeber zu erheben. «Nicht die Kirche, sondern der Staat schafft und wandelt das Recht.»[36] Vielmehr hat Kirche im demokratischen Rechtsstaat eine doppelte Aufgabe: 1. Sie muss «den Staat immer wieder danach fragen, ob sein Handeln von ihm als *legitimes staatliches* Handeln verantwortet werden könne, d. h. als Handeln, in dem Recht und Ordnung, nicht Rechtlosigkeit und Unordnung, geschaffen werden. Sie wird diese Frage mit allem Nachdruck dort zu stellen aufgerufen sein, wo der Staat gerade in seiner *Staatlichkeit*, d. h. in seiner mit Gewalt Recht und Ordnung schaffenden Funktion bedroht erscheint.»[37] Und 2. Sie

33 «Die Kirchen wollen nicht selbst Politik machen, sie wollen Politik möglich machen.» (Für eine Zukunft in Solidarität und Gerechtigkeit, hg. von der Kammer der Evangelischen Kirche in Deutschland und vom Sekretariat der Deutschen Bischofskonferenz, Gemeinsame Texte 9, Hannover, Bonn 1997, 7).

34 Dietrich Bonhoeffer, Die Kirche vor der ‹Judenfrage›, in: ders., Berlin 1932–1933. DBW 12, München 1997, 349–358 (352).

35 Ebd., 352f.

36 Bonhoeffer, ‹Judenfrage› (Anm. 34), 352f.

37 Ebd. 351f.

«ist den Opfern jeder Gesellschaftsordnung in unbedingter Weise verpflichtet, auch wenn sie nicht der christlichen Gemeinde zugehören. ‹Tut Gutes an jedermann› [Gal 6,10].»[38] Beide Funktionen, die kritische Anfrage an die Legalität und Legitimität staatlichen Handelns, wie die Solidarität mit den Opfern staatlicher Ungerecht-igkeit, nimmt die Kirche nicht um ihrer selbst willen, sondern *um der Staatlichkeit des Staates willen* wahr. Gerade in ihrer kritischen Begleitung staatlicher Politik zeigt sie ihre Loyalität gegenüber einem Staat, in dem sich das gnädige Erhaltungshandeln Gottes an seiner Schöpfung – um ihrer Erlösung willen – spiegelt.

6. Freiheit verantworten

Politische Predigt gründet in der reformatorischen Einsicht von der «Freiheit eines Christenmenschen». Aus der «frohen Befreiung», die ihm widerfährt, folgt der «freie, dankbare Dienst» (Barmen II). Die freie Gnade Gottes bildet Ursprung und Fundament der Kirche und den Inhalt ihrer Verkündigung (Barmen VI).[39] Die praktische Wahrnehmung dieser Freiheit findet ihren angemessenen Ausdruck in dem verantwortlichen Handeln vor Gott und seiner Schöpfung. Entsprechend formuliert § 11f. der «Leuenberger Konkordie»: «Diese Botschaft macht die Christen frei zu verantwortlichem Dienst in der Welt und bereit, in diesem Dienst auch zu leiden. Sie erkennen, dass Gottes fordernder und gebender Wille die ganze Welt umfasst. Sie treten ein für irdische Gerechtigkeit und Frieden zwischen den einzelnen Menschen und unter den Völkern. Dies macht es notwendig, dass sie mit anderen Menschen nach vernünftigen, sachgemässen Kriterien suchen und sich an ihrer Anwendung beteiligen.» In «diesem Verständnis des Evangeliums» drückt sich die gemeinsame reformatorische Überzeugung aus, «dass die ausschliessliche Heilsmittlerschaft Jesu Christi die Mitte der Schrift und die Rechtfertigungsbotschaft als die Botschaft von der freien Gnade Gottes Massstab aller Verkündigung der Kirche ist».[40]

Diese Bestimmung des Grundes – *sola scriptura* und *sola gratia* – kirchlicher Verantwortungsübernahme – nach «vernünftigen, sachgemässen Kriterien» – in der Welt rückt Staat und Kirche in ein für die politische Predigt konstitutives Verhältnis, das im Anschluss an die bekannte Formel der chalkedonensischen Christologie – «unvermischt, ungewandelt, ungetrennt, ungesondert»41 – als ‹paradoxe›

38 Ebd. 353.

39 Vgl. Huber, Folgen christlicher Freiheit (Anm. 18), 7.

40 GEKE, Konkordie reformatorischer Kirchen in Europa (Leuenberger Konkordie). Im Auftrag des Exekutivausschusses für die Leuenberger Lehrgespräche hg. v. Wilhelm Hüffmeier, Frankfurt/M. 1993, 28f.

41 Vgl. Heinrich Denziger/Peter Hünermann, Kompendium der Glaubensbekenntnisse und kirchlicher Lehrentscheidungen, Freiburg im Breisgau u. a., 40. Auflage 2005, 301f.

Relation des Unterschieden- und zugleich aufeinander Bezogenseins beschrieben werden kann.[42] Die eingangs erwähnten Missverständnisse kreisen um die theologische Deutung dieses Verhältnisses und seine ekklesiologisch-sozialethischen Konsequenzen. Weder getrennt noch identisch – was folgt aus dieser Zuordnung von Kirche und Staat für die politische Predigt? Dazu abschliessend einige thesenartige Bemerkungen:

1. Politische Predigt reagiert auf die theologische Einsicht von der *Einheit der Wirklichkeit* als der von Gott geliebten und versöhnten Welt. «Es gibt nicht zwei Wirklichkeiten, sondern *nur eine Wirklichkeit*, und das ist die in Christus offenbargewordene Gotteswirklichkeit der Weltwirklichkeit.» Deshalb gibt «es kein wirkliches Christsein ausserhalb der Wirklichkeit der Welt und keine wirkliche Weltlichkeit ausserhalb der Wirklichkeit Jesu Christi»[43].

2. Die Kritik an einem Denken in zwei Räumen gründet in dem christologischen Wissen um diese – nicht hergestellte oder herzustellende, sondern geschenkte – Einheit. Es wird sichtbar in der *kirchlichen Wahrnehmung politischer Verantwortung*, auch wenn Politik – genauer: gerade weil Politik aus sich heraus – davon nichts wissen kann und will.[44]

3. Der politische Selbstzweck der Erhaltung der staatlichen und gesellschaftlichen Ordnungen erscheint – erst und nur – in kirchlicher Perspektive als *Funktion des göttlichen Versöhnungshandelns*. Deshalb kann es nicht um eine *politische* Begründung oder Rechtfertigung des politischen Handelns von Kirche gehen. Nicht die Erhaltung der Welt, sondern die Versöhnung mit Gott bildet Voraussetzung, Grund und Ziel kirchlichen Handelns.[45]

4. Die Bedeutung von Kirche für den Staat besteht in der *Analogie* zwischen dem von ihr verkündeten *Gottesreich* und der von ihm herzustellenden und zu bewahrenden *Ordnung in der Welt*. «Jenseits von Fremdheit und Identität sind im Blick auf die Gemeinschaft und das versöhnte Zusammenleben von Menschen und Völkern Analogien zwischen Kirche und Staat erkennbar und beschreibbar.»[46]

42 Zur Struktur dieser Relation vgl. die Bemerkungen von Dietrich Bonhoeffer in seiner Christologievorlesung, in: ders., Berlin 1932–1933, DBW 12, Gütersloh 1997, 279–348, bes. 327–329.

43 Bonhoeffer, Ethik (Anm. 22), 43 u. 47; vgl. dazu Heinrich Bedford-Strohm, Dietrich Bonhoeffer als öffentlicher Theologe, in: EvTh 69/2009, 329–341, bes. 336ff.

44 Vgl. Barth, Christengemeinde (Anm. 10), 50f.: «Die Bürgergemeinde als solche ist geistlich blind und unwissend. Sie hat weder Glauben noch Liebe noch Hoffnung. Sie hat kein Bekenntnis und keine Botschaft. [...] Eben darum fehlt ihr, was der Christenheit wesentlich ist: die ökumenische Weite und Freiheit. Die polis hat Mauern.»

45 In diesem Sinne Bonhoeffer, Ethik (Anm. 22), 49: «Der Raum der Kirche ist nicht dazu da, um der Welt ein Stück ihres Bereiches streitig zu machen, sondern gerade um der Welt zu bezeugen, dass sie Welt bleibe, nämlich die von Gott geliebte und versöhnte Welt.»

46 Matthias Freudenberg, Grundlinien des Verhältnisses von Kirche und Staat in der reformierten Theologie, in: Michael Beintker/Sándor Fazakas (Hg.), Öffentliche Relevanz der reformierten Theologie. Studia Theologica Debrecinensis, Sonderheft 2008, 59–68 (hier: 65).

Karl Barth spricht in diesem Zusammenhang von der «*Gleichnis*fähigkeit und *Gleichnis*bedürftigkeit des politischen Wesens». Die «Gerechtigkeit des Staates» besteht aus christlicher Sicht in seiner «Existenz als ein *Gleichnis*, eine Entsprechung, ein Analogon zu dem in der Kirche geglaubten und von der Kirche verkündeten Reich Gottes».[47] Umgekehrt formuliert findet der «rechte Staat [...] in der rechten Kirche sein Urbild und Vorbild [...]. Die Kirche *existiere* also *exemplarisch*, d. h. so, dass sie durch ihr einfaches Dasein und Sosein auch die Quelle der Erneuerung und die Kraft der Erhaltung des Staates ist.»[48]

5. Vor diesem Hintergrund ist es *keine* – und erst recht keine *politische – Frage*, ob kirchliche Verkündigung politisch sein soll oder nicht. «Es ist kein gutes Zeichen, wenn die Gemeinde scheut und erschrickt, wenn die Predigt politisch wird: als ob sie auch apolitisch sein könnte, als ob sie als apolitische Predigt nicht bewiese, dass sie weder Salz noch Licht der Erde ist!» Vielmehr muss umgekehrt gesagt werden: «Die ihrer politischen Verantwortlichkeit bewusste Gemeinde wird es wollen und verlangen, dass die Predigt politisch werde; sie wird sie politisch verstehen, auch wenn sie mit keinem Wort ‹politisch› wird!»[49]

6. *Kirche*, die den Willen Gottes, Herr über die ganze Welt zu sein verkündigt, *ist politisch* oder gar nicht.[50] «Sie unterscheidet und wählt unter den sich jeweils bietenden politischen Möglichkeiten unter Zurückhaltung und Ablehnung der anderen immer diejenigen, in deren Realisierung ein Gleichnis, eine Entsprechung, eine Analogie, das Spiegelbild dessen sichtbar wird, was den Inhalt ihres Bekenntnisses und ihrer Botschaft bildet. Sie tritt in den Entscheidungen der Bürgergemeinde immer auf die Seite, wo die Herrschaft Jesu Christi über das Ganze und also auch über diesen ihr fremden Bereich nicht verundeutlicht, sondern verdeutlicht wird.»[51]

7. Kirche hat eine *kritische Funktion in der Gesellschaft*. «Aber wie die Kirche beständig gefragt ist, ob sie ist, was sie heisst, so nun auch und erst recht der Staat, die politische Ordnung in der konkreten Gestalt ihrer Verwaltung durch diese und diese politischen Machthaber. Dass sie von Gott eingesetzt ist, das schützt sie vor

47 Barth, Christengemeinde (Anm. 10), 65. Zum Analogiebegriff Barths im Rahmen seiner politischen Ethik vgl. Marco Hofheinz, Er ist unser Friede. Karl Barths christologische Grundlegung der Friedensethik, eingereichte Habilitationsschrift, Bern 2009, und Jüngel, Verhältnis (Anm. 20), bes. 126ff.

48 Barth, Christengemeinde (Anm. 10), 80.

49 Ebd., 79.

50 Auch deshalb schliesst Calvin seine ‹Institutio› – bemerkenswerterweise und für die damalige Leserschaft durchaus irritierend – nicht mit einem eschatologischen Teil zum Gottesreich, sondern mit einem Kapitel «vom bürgerlichen Regiment» (IV 20); vgl. dazu Michael Welker, Calvins Lehre vom ‹Bürgerlichen Regiment›. Ihre Orientierungskraft in Pluralismus und Globalisierung, in: Michael Weinrich/Ulrich Möller (Hg.), Calvin heute. Impulse der reformierten Theologie für die Zukunft der Kirche, Neukirchen-Vluyn 2009, 243–252, bes. 245.

51 Barth, Christengemeinde (Anm. 10), 67.

jener Frage ebensowenig wie die Kirche. Sie steht und sie fällt mit Gottes Gnade, und das schliesst auch hier nicht aus, sondern ein, dass sie von uns Menschen immer wieder gesucht und gefunden werden muss.»[52]

8. Massstab kirchlichen Reflektierens, Entscheidens und Handelns ist die «Konformität» (Freudenberg) der menschlichen mit der göttlichen Gerechtigkeit.[53] In konkreten ethischen Urteilsfindungsprozessen rückt die Frage der *Korrespondenz* in den Mittelpunkt: «Korrespondiert die von mir erwogene Handlung in bezug auf eine Einzelstory (ein Einzelschicksal) oder eine einzelne Frage dem, was unsere Väter bekannt, gelehrt und gehofft haben, was wir aus der Bibel erinnern, was Jesus gesagt, getan und gelebt hat (was Moses gesagt, was Jahwe gewollt hat)?»[54]

9. Grundlage politischer Predigt ist ein «*biblisch informierter Realismus*» (Bedford-Strohm), der einer pragmatischen Normativität des Faktischen ebenso kritisch gegenübersteht, wie – umgekehrt – einer weltverachtenden Totalopposition oder einem innerweltlichen Utopismus. Klare Orientierung an Jesus Christus und kritischer Sachverstand bilden keine Alternativen, zwischen denen kirchliche Verkündigung wählen könnte.[55]

10. Politische Predigt weiss um die Vorläufigkeit der irdischen Polis und die Relativität menschlicher Herrschaft. «Es wird regiert!»[56] Im Blick auf dieses Letzte gewinnt sie ihr kritisches Potenzial im Blick auf jene eschatologische Differenz. Konkret wird die Unterscheidung in dem beständigen, deutlichen Widerspruch von Kirche dort, wo staatliche Politik Gottes «ursprüngliches *Recht* auf den Menschen und eben damit das *Recht* des Menschen selbst»[57] aus den Augen verliert, missachtet oder verweigert.

52 Barth, Gotteserkenntnis (Anm. 20), 208.

53 Vgl. Huldrych Zwingli, Von der göttlichen und menschlichen Gerechtigkeit, in: ders., Schriften, Bd. 1, Zürich 1995, 155–213; Calvin, Institutio (Anm. 1), IV 20,16.

54 Dietrich Ritschl, Die Herausforderung von Kirche und Gesellschaft durch medizinisch-ethische Probleme. Ein Exposé zu einer Landkarte der medizinischen Ethik, in: ders., Konzepte. Ökumene, Medizin, Ethik. Gesammelte Aufsätze, München 1986, 213–244 (hier: 226).

55 Exemplarisch lässt sich das am Werk des vor einhundert Jahren geborenen Zürcher Theologen und Sozialethikers Arthur Rich studieren.

56 Karl Barth, Gespräch mit Eduard Thurneysen 1968, in: ders., Gespräche 1964–1968, Karl Barth-Gesamtausgabe, Bd. 28, Zürich 1997, 562.

57 Barth, Christengemeinde (Anm. 10), 68.

Wie kommt die Ethik in die politische Predigt? Theologisch-ethische Erwägungen zu einer homiletischen Grundfrage

Frank Mathwig zum 50. Geburtstag gewidmet

Marco Hofheinz

1. Die Anstössigkeit politischer Predigten

Auch in der Homiletik macht sich gelegentlich Nostalgie breit. Dies gilt nicht zuletzt im Blick auf das Phänomen der politischen Predigt. Namhafte Homiletiker verfassten bereits gegen Ende der 1990er Jahre Nachrufe. So bemerkte etwa Martin Nicol: «Politische Predigt, die diesen Namen verdient, scheint sich auf unbestimmte Zeit von den Kanzeln verabschiedet zu haben.»[1] Zeitgleich beobachtete Eberhard Hauschildt: «In der westlich-demokratischen Predigtlandschaft gibt es eine nostalgische Sehnsucht nach der politischen Predigt anderer Länder und Sitten.»[2]

Vieles spricht zweifellos für diese Beobachtung, die im darauffolgenden Jahrzehnt bestätigt wurde. Es sind Ereignisse einer fern anmutenden Vergangenheit, die man als Musterbeispiele für «gelingende politische Predigt» anführt:[3] Neben Martin Luther Kings[4] politischen Predigten aus den 1950er und 60er Jahren wird vor allem auf die politischen Predigten während der «Wende» im Herbst '89, etwa an jenem vielbeschriebenen 9. Oktober in Leipzig,[5] verwiesen. Die damalige Situation der mit Polizei und Armee vollgestopften Stadt, in der niemand wusste, wie der Tag ausgehen würde, war sicherlich eine exzeptionelle. In der wissenschaftlichen Aufarbeitung der damaligen politischen Predigten hat man dementsprechend

1 Martin Nicol, Homiletik. Positionsbestimmung in den neunziger Jahren, ThLZ 123 (1998), 1049–1066, 1061.

2 Eberhard Hauschildt, Der homiletische Kontrakt und die politische Predigt. Vollmacht und Gerechtigkeit zwischen Kanzel und Kirchenbank, in: Joachim Mehlhausen (Hg.), Recht – Macht – Gerechtigkeit, Veröffentlichungen der Wissenschaftlichen Gesellschaft für Theologie Bd. 14, Gütersloh 1998, 626–645, 644.

3 Ders., Gelingende Predigten im DDR-Herbst 1989 und BRD-Monographien zur politischen Predigt, PTh 81 (1992), 131–136.

4 Richard Lischer, The Preacher King. Martin Luther King, Jr. and the Word that Moved America, New York/Oxford 1995; ders., «Performing» the Scriptures. Die Schrift «darstellend», PTh 84 (1995), 136–149. Dazu: Martin Nicol, Preaching from Within. Homiletische Positionslichter aus Nordamerika, PTh 86 (1997), 295–309, 302–307.

5 Dokumentiert in: Günter Harnisch u. a. (Hg.), Dona nobis pacem. Fürbitten und Friedensgebete Herbst '89 in Leipzig, Berlin 1990, 39–59.

von einem Kairos gesprochen, «in dem die [gepredigten Bibel-]Texte von sich aus ‹sprachen›, in der sie nur präsentiert werden mußte[n], um situationserhellend, ermutigend, klärend und wegweisend zu wirken».[6]

Eine solche Situation[7] ist heute sicherlich unter veränderten politischen Konstellationen nicht mehr gegeben. Heute mag es bisweilen so erscheinen, als sei die Situation damals im Blick auf Recht und Unrecht leichter einzuschätzen gewesen. Abgesehen von dem ungeheuren Mut, der im Herbst '89 zweifellos erforderlich war, scheint Luthers vehemente Forderung insofern «leichter» umsetzbar gewesen zu sein: «Christus [hat] uns angezeigt, und uns eine Lehre gegeben, daß man den großen Hansen und Junkern gegenüber die Wahrheit nicht [ver]schweigen solle, sondern sie vermahnen und strafen ihres Unrechts halben.»[8]

Man sollte sich jedoch nicht täuschen: Nach wie vor werden Predigten als politisch anstössig empfunden; beileibe nicht alle, aber doch einige – heute wie zu Zeiten Luthers oder der DDR. Man denke nur an Margot Käßmanns umstrittene Dresdener Neujahrespredigt, in der sie den Afghanistan-Konflikt aufgriff: «Nichts ist gut in Afghanistan.»[9] Manche Predigten, die mehr oder weniger direkt auf aktuelle Ereignisse der Politik Bezug nehmen, man mag sie politische Predigten nennen oder nicht, sind indes nicht nur für Regierende anstössig, die sich in einen Gottesdienst verirren, sondern auch für die regulären Predigthörerinnen und -hörer. Warum? Weil sie leicht misslingen.

Ein Beispiel: Nicht selten verirren sich «Weisungen» wie diese in die Predigt: «Wir müssen endlich einen entschiedenen Beitrag für mehr Frieden auf dieser Welt leisten!»[10] Die Allgemeinheit eines solchen mit Pathos vorgetragenen Appells «von oben herab» verärgert. Es wird Druck erzeugt, der einen Autoritarismus- Verdacht nahelegt. Als Hörerin oder Hörer weiss ich beim besten Willen nicht, ob ich diese Weisung befolgen soll, da ich davon überzeugt werden möchte – und zwar am besten argumentativ –, diese Weisung tatsächlich zu befolgen. Sie soll schliesslich

6 Jürgen Ziemer, Die Bibel als Sprachhilfe. Zum Bibelgebrauch in den Kirchen während der «Wende» im Herbst 1989, PTh 81 (1992), 280–291, 290.

7 Nach Wolfgang Huber (Kirche in der Zeitenwende. Gesellschaftlicher Wandel und Erneuerung der Kirche, Gütersloh 1998, 272) haben die Kirchen damals subsidiäre Funktionen für die noch fehlende Zivilgesellschaft übernommen.

8 Martin Luther, Predigt zu Joh 19,10–11 vom 13.3.1529, in: Dr. Martin Luthers Sämtliche Schriften. Bd. 8: Auslegung des Neuen Testaments, hg. v. Johann Georg Walch, Groß Oesingen ^{2}1987, 935. Der Christ soll nach Luther zwar – entsprechend der Zweireiche-Lehre – im geistlichen Regiment Unrecht und Gewalt leiden, «aber still schweigen soll man nicht; [...] wer im [Predigt]Amt ist, ist ihnen [den Fürsten und Mächtigen] schuldig zu sagen, wo sie Unrecht tun und verkehrt handeln, ob sie schon vorgeben, wenn man große Hansen strafe, das gereiche zur Aufruhr».

9 http://www.ekd/predigten/kaessmann/100101_kaesmann_neujahrspredigt.html (Zugang: 1.6.2010).

10 Vgl. zu diesem Beispiel Peter Bukowski, Predigt wahrnehmen. Homiletische Perspektiven, Neukirchen-Vluyn ^{3}1995, 104ff.

sinnvoll sein. Ob eine solch allgemeine Weisung diesem Anspruch allerdings genügt, da sie die Komplexität etwa konkreter friedensethischer Probleme kaum erkennen lässt, sondern allein auf der Motivationsebene verbleibt, scheint mehr als fraglich zu sein.

Zudem weiss ich als Hörerin oder Hörer nicht nur nicht, *ob* ich diese Forderung erfüllen *soll*, sondern auch nicht, *wie* ich diese unkonkrete Forderung überhaupt realisieren *kann*: «Wenn der Prediger meint, ich solle mir selbst überlegen, wie mein Beitrag aussehen könnte, dann soll er mir dies wenigstens mitteilen. Dann ehrt mich sein Vertrauen; dennoch wäre ich für einige Anregungen, in welche Richtung er seine Weisung konkret verstanden haben will, dankbar.»[11] An prinzipiell Unerfüllbarem aber muss man zerbrechen. Manfred Josuttis und andere haben u. a. in diesem Zusammenhang von «Gesetzlichkeit» (nicht von Gesetz!)[12] gesprochen und sie als Hauptgefahr der politischen Predigt identifiziert.[13] Nach Josuttis ist eine Predigt dann gesetzlich, «wenn sie den Hörer allein läßt, allein mit den Worten des Textes, allein mit sich selbst. Wenn sie ihm zu nichts verhilft und ihm nichts schenkt, wenn sie über etwas redet und ihn nach etwas fragt oder zu etwas ruft, wenn sie vom Menschen redet und das Werk Gottes, vielleicht aus Hilflosigkeit, verschweigt.»[14] Ein solcher Umgang mit der Predigthörerin und dem Predigthörer potenziert sich gemäss Josuttis zum «Problem der politischen Predigt»[15]. Albrecht Grözinger sprach kürzlich noch drastischer von der «Katastrophe der politischen Predigt in der Zivilgesellschaft»[16].

Auf dem Weg der Gesetzlichkeit, der paränetischen Überforderung durch allgemeine Appelle, wird Ethik wohl kaum angemessen in die politische Predigt gelangen. Wer dies meint, der verwechselt Ethik mit dem erhobenen Zeigefinger, der nicht nur mahnt, sondern mehr noch bevormundet und erschlägt. Wer die politische Predigt als diesen erhobenen Zeigefinger-Gestus profiliert sehen möchte, der bedient zugleich alte Vorurteile: Die Pfarrerin/der Pfarrer ist sachlich inkompetent, mischt sich weltfremd und hausbacken in Dinge der Politik ein, von denen sie/er

11 A.a.O., 105.

12 Diese Differenz will bedacht sein. Es geht nicht etwa darum, die Gesetzespredigt durch die Predigt des Evangeliums zu ersetzen. Wer solches täte, würde einer weiteren Gefahr der politischen Predigt erliegen, nämlich der der enthusiastischen Predigt, die dort im Modus der Erfüllung spricht, wo im Modus der Verheissung zu reden wäre. So zu Recht Bukowski, Predigt wahrnehmen (Anm. 10), 140. Vgl. auch Manfred Josuttis, Gesetzlichkeit in der Predigt der Gegenwart, München 1966, 13.

13 Vgl. Jürgen Ziemer, Art. Politische Predigt, RGG^4 6 (2003), 1469–1470, 169: «Problematisch wird politische Predigt, wenn sie zu permanenter Überforderung der Gemeinde durch die undifferenzierte Verpflichtung auf ein ethisch-politisches Ideal führt, das für die meisten unerreichbar bleibt. Politischer Predigt eignet von daher eine latente Tendenz zur Gesetzlichkeit».

14 Josuttis, Gesetzlichkeit in der Predigt der Gegenwart (Anm. 12), 30.

15 Ders., Zum Problem der politischen Predigt, EvTh 29 (1969), 509–522.

16 Albrecht Grözinger, Politische Predigt, in: ders., Toleranz und Leidenschaft. Über das Predigen in einer pluralistischen Gesellschaft, Gütersloh 2004, 185–213, 198.

nichts versteht. Deshalb muss sie/er zu den dürftigen Allgemeinplätzen der grossen Appelle flüchten.

Welche Alternativen bestehen indes zu diesem Vorgehen? Wie kann die Ethik in theologisch verantwortbarer Weise in die politische Predigt kommen? Dieser Leitfrage möchte ich im Folgenden nachgehen. Zunächst jedoch bedarf es der Klärung der grundlegenden Frage:

2. Was ist politische Predigt?

Gewiss wird man aus dem bislang Ausgeführten nicht den Schluss ziehen dürfen, dass jede *anstössige* politische Predigt eine gesetzliche Predigt ist. Sie ist es ebenso wenig, wie grundsätzlich jede politische Predigt eine gesetzliche Predigt ist. Vielmehr hat die politische Predigt ein unbestreitbares Recht, wenn sie nicht gesetzlich wird, und zwar auch und gerade dann, wenn sie im Blick auf das Politische unbequeme Wahrheiten artikuliert, die als solche Anstoss erregen. Wer lässt sich schon gerne die Wahrheit sagen? Nochmals Josuttis: «Jede Predigt ist politisch, oder sie hat aufgehört, Predigt zu sein.»[17] Bei Karl Barth heisst es: «[A]ls ob sie [die Predigt] auch apolitisch sein könnte, als ob sie als apolitische Predigt nicht bewiese, daß sie weder Salz noch Licht der Erde ist.»[18]

Die Rede vom Irrealis der apolitischen Predigt ist von der Einsicht getragen: Die Predigt geschieht im Raum der Öffentlichkeit und ist von daher ein politisches Phänomen. Die politische Predigt partizipiert am Öffentlichkeitsauftrag der Kirche, der – wie die neue EKD-Denkschrift «Das rechte Wort zur rechten Zeit» hervorhebt – «mit dem Verkündigungsauftrag der Kirche selbst gegeben ist».[19] Für eine zureichende Ortbestimmung der politischen Predigt in der Öffentlichkeit ist es ausschlaggebend, diese nicht auf den Staat und seine Repräsentantinnen und Repräsentanten als Gegenüber zu verengen. Öffentlichkeit meint nicht nur die formelle staatliche Öffentlichkeit der Parlamente und Gerichte, sondern auch die informelle, gleichsam «wilde» politische Öffentlichkeit im Raum der Gesellschaft,

17 Manfred Josuttis, Über alle Engel. Politische Predigten zum Hebräerbrief, München 1990, 9.

18 Karl Barth, Christengemeinde und Bürgergemeinde, ThSt 104, Zürich ^{4}1989, 79. Eine der grundlegenden Einsichten auch Oliver O'Donovans (vgl. ders., The Ways of Judgement. The Bampton Lectures 2003, Grand Rapids 2005, 231ff.) besteht darin, dass eine vermeintlich a-politische Praxis des Glaubens nicht a-politisch ist. Dies gilt auch für die politische Predigt.

19 Kirchenamt der EKD (Hg.), «Das rechte Wort zur rechten Zeit». Eine Denkschrift des Rates der EKD zum Öffentlichkeitsauftrag der Kirche, Hannover 2008, 7. Dort heisst es fernerhin: «‹Die Legitimation der Kirche, sich zu politischen und gesellschaftlichen Fragen zu äußern, beruht nach ihrem Selbstverständnis auf dem umfassenden Verkündigungs- und Sendungsauftrag ihres Herrn.› Die Kirche ist daher nicht nur berechtigt, sondern sogar verpflichtet, die ihr aufgetragene Botschaft so umfassend und allgemein zugänglich, also öffentlich, zu Gehör zu bringen, dass deren Bedeutung für alle Menschen und Völker und für alle Bereiche unseres Lebens vernehmbar wird.»

deren Teil auch die die Predigt hörende Gemeinde ist. Gerade im Raum dieser informellen politischen Öffentlichkeit finden – wie Jürgen Habermas hervorhebt – die die postsäkulare Gesellschaft kennzeichnenden komplementären Lernprozesse statt, die vom institutionellen Übersetzungsvorbehalt ausgenommen sind und auch die politische Predigt betreffen.[20]

Auch im Blick auf die politische Predigt ist es darum bedeutsam, die «Dyade von Staat und Kirche» hinter sich zu lassen und das «triadische[...] Verhältnis von Staat, Kirche und Gesellschaft»[21] wahrzunehmen. Wenn die politische Predigt erst in dem Moment politisch würde, wo Politiker/-innen auch Hörer/-innen der Predigt sind, könnte man in der Tat fragen, ob die politische Predigt nicht längst den Tod der leeren Kirchenbänke von Berufspolitiker/-innen gestorben ist. Denn wann bekommen Pfarrerinnen und Pfarrer schon einmal – wie Käßmann – die Gelegenheit, vor hochrangigen Politikerinnen und Politikern sprechen zu dürfen und ggf. Afghanistan zu thematisieren?[22] Wer aber die anspricht, die gar nicht anwesend sind, verfehlt den Adressaten.[23]

Halten wir fest: Das Kompositum politische Predigt stellt eine Tautologie dar. Selbst eine Predigt, die sich bewusst als unpolitisch geriert und/oder politische Aussagen vermeiden will, wird sich gerade darin als eminent politisch erweisen, dass

20 Vgl. Jürgen Habermas, Zwischen Naturalismus und Religion. Philosophische Aufsätze, Frankfurt a. M. 2005, 136. Zum Öffentlichkeitsbegriff von Habermas vgl. auch Wolfgang Kersting, Gerechtigkeit und öffentliche Vernunft, Paderborn 2006, 118–135.

21 Wolfgang Huber, Kirche in der Zeitenwende, 269.

22 Folgt man Hannah Arendts Politikverständnis, so ist es keineswegs überraschend, sondern Ausdruck ihrer «Neuzeitlichkeit», dass in der politischen Predigt immer wieder die Gewaltfrage thematisiert wird. Arendt zufolge kennzeichnet nämlich die Neuzeit die Umbesetzung der öffentlich-politischen Sphäre durch Gewalt (statt Freiheit, wie dies in der antiken *polis* der Fall war). Bildeten Zwang und Gewalt in der *polis* «die zum Phänomen des Politischen gehörigen Randphänomene und [sind sie] darum gerade nicht es selbst» (Hannah Arendt, Was ist Politik? Fragmente aus dem Nachlaß, hg. v. Ursula Ludz, München 1993, 53), so charakterisiere die Neuzeit die «Abdrängung der Gewalt aus dem privaten Bereich des Haushaltes und aus der halb-öffentlichen Sphäre des Gesellschaftlichen» (a.a.O., 75). Das einstige Rand- und Grenzphänomen des Politischen rückt nach Arendt in der Neuzeit «in das Zentrum allen politischen Handelns» (a.a.O., 77): «[G]erade um ohne Gewalt im täglichen Leben bestehen zu können, stärkte man die Gewalt der öffentlichen Hand, des Staates, der man glaubte, Herr bleiben zu können, weil man sie ja ausdrücklich als ein bloßes Mittel zum Zweck gesellschaftlichen Lebens, der freien Entwicklung der Produktivkräfte, definiert hatte» (a.a.O., 75f.). Damit gerät das Politische nach Arendt unter das Diktat der «Zweck-Mittel-Kategorie, die das Politische unter einem außerhalb seiner selbst liegenden Endzweck versteht» (a.a.O., 79). Daraus resultiert gemäss Arendt wiederum die Vorstellung, «daß der Inhalt des Politischen die Gewalt ist, und schließlich die Überzeugung, daß Herrschaft der zentrale Begriff der politischen Theorie sei».

23 Wilfried Engemann (Einführung in die Homiletik, Tübingen/Basel 2002, 385ff.) identifiziert diese «Verfehlung» neben Gesetzlichkeit und ideologischer Überfremdung als Gefahr der politischen Predigt.

sie den status quo stabilisiert.[24] Eine Predigt kann *nicht* gänzlich nicht-politisch sein.[25] Darin besteht die «Unausweichlichkeit politischer Predigt»[26].

Nach der wohl ältesten deutschen Politikwissenschaft, der *Politica methodice digesta* (1603, ²1610, ³1614) des Johannes Althusius, bezeichnet Politik die Kunst, Menschen zu einem sozialen/gemeinschaftlichen Leben zusammenzuschliessen.[27] In ähnlicher Weise versteht Hannah Arendt «unter Politik all das [...], was für das Zusammenleben der Menschen schlechthin notwendig ist»[28]. Jede Predigt des Wortes Gottes betrifft indes direkt oder indirekt das Zusammenleben von Menschen in Kirche und Gesellschaft. Deshalb repräsentiert die politische Dimension der Predigt einen notwendig zu bedenkenden Teil der prinzipiellen und materialen Homiletik wie der politischen Ethik. Ich komme noch darauf zurück (vgl. 3.). Im weitesten Sinne kann also jede Predigt als politische Predigt gelten. Das wird man schwerlich bestreiten können.

Allerdings ist ein solch erweitertes Verständnis von politischer Predigt nicht unproblematisch. Bisweilen scheint es nämlich so, als solle ihre Anstössigkeit eskamotiert, d. h. gleichsam durch eine Art Taschenspielertrick hinausdefiniert werden. Diese vermeintliche Lösungsstrategie besagt: Sind einige politische Predigten anstössig, so nehmen wir ihnen ein Stück weit ihre Anstössigkeit dadurch, dass wir kurzerhand alle Predigten, also auch die unanstössigen, zu politischen Predigten erklären. Damit werden die anstössigen Predigten gleichsam im Gemenge aller Predigten kaschiert bzw. bagatellisiert. Zugleich wird man auch vor einem allzu eng gefassten Verständnis politischer Predigt warnen müssen, das ein bestimmtes, zumeist undefiniert gelassenes Ideal aus den 1960er und 1970er Jahren voraussetzt und die eingangs erwähnte Nostalgie provoziert bzw. erkennen lässt.

Die Anstössigkeit bestimmter Predigten bleibt ein zeitübergreifendes Faktum; sie betrifft nicht zuletzt solche Predigten, die die explizite Auseinandersetzung mit

24 So Rudolf Bohren, Predigtlehre, München ⁵1986, 457.

25 Andreas Richter-Böhne (Unbekannte Schuld. Politische Predigt unter alliierter Besatzung, CThM.C 14, Stuttgart 1989) hat diese Erkenntnis anhand seines Vergleichs der politischen Predigten Helmut Thielickes und Hermann Diems illustriert.

26 Engemann, Einführung in die Homiletik (Anm. 23), 383. Dort kursiv.

27 Johannes Althusius, Politica I,1: «Politica est ars homines ad vitam socialem [...] consociandi. Unde συμβιωτικη vocatur.» Vgl. Gert Otto (Von geistlicher Rede. Sieben rhetorische Profile, Gütersloh 1979, 109) – freilich ohne direkte Bezugnahme auf Althusius: «Die sozialen Beziehungen – das heißt: wie wir zusammenleben, wie wir einander verstehen oder verneinen, nach welchen Grundwerten wir uns orientieren usw. – dies alles ist doch die Grundbedeutung dessen, was wir das ‹Politische› nennen.» Die Nähe der althusianischen Politikdefinition zum kommunitaristischen Verständnis von Politik als Prozess der Vergemeinschaftung ist nicht zu leugnen. Vgl. etwa Michael Sandel, Democracy's Discontent. America in Search of a Public Philosophy, Cambridge u. a. 1996, 5: «[D]eliberating with fellow citizens about the common good and helping to shape the destiny of the political community.»

28 Arendt, Was ist Politik? (Anm. 22), 60.

den öffentlich-politischen Fragen der Gesellschaft aufgreifen.[29] Provoziert fühlen sich dann vor allem solche Predigthörer/-innen, die den Bereich des Politischen gar nicht erst vom Anspruch des Evangeliums berührt sehen, wie es etwa Barmen II hervorhebt.[30] Ein Telegramm Kaiser Wilhelms II. aus dem Jahr 1896 mag als Exemplifikation genügen: «Die Herren Pastoren sollen sich um die Seelen ihrer Gemeinden kümmern, die Nächstenliebe pflegen, aber die Politik aus ihrem Spiele lassen, dieweil sie die gar nichts angeht.»[31] Beim frühneuzeitlichen Völkerrechtler Alberico Gentili heisst es: *Silete theologi in munere alieno*[32] – «schweiget, Theologen, im fremden Amte!» Im Blick auf solche Predigten, die etwa Wilhelm II. im Blick hat, weil sie die explizite Auseinandersetzung mit den öffentlich-politischen Fragen der Gesellschaft betreffen, empfiehlt es sich, von politischer Predigt im engeren Sinne zu sprechen.[33] Auf sie beziehen sich im Folgenden meine Ausführungen.

3. Wie kommt die politische Predigt in die Ethik?

1. Die politische Predigt als Gegenstand der politischen Ethik

Eigentlich hat man erst im Nachkriegsprotestantismus begonnen, sich wissenschaftlich der Erfassung der politischen Predigt zu widmen,[34] was jedoch nicht heisst, dass es vorher keine politische Predigt gegeben hätte: Man denke nur an

29 So Michael Schreiber, Art. Predigt, Politische, Evangelisches Soziallexikon. Neuausgabe, hg. v. Martin Honecker u. a., Stuttgart u. a. 2001, 1265–1267, 1265.

30 Zur Bedeutung von Barmen II für die politische Predigt vgl. Albrecht Grözinger, Politische Predigt. Theologisch-Hermeneutische Überlegungen zu einer umstrittenen Dimension der Verkündigung, DtPfrBl 88 (1988), 93-95, 93; ders., Politische Predigt, 185–213.

31 Zit. nach Ernst Gottfried Mahrenholz, Die Kirche in der Gesellschaft der Bundesrepublik, Hannover 1972, 55. Dazu Heinrich W. Grosse, Kirche politisch – zwischen Selbstverständlichkeit und Skandal, Lernort Gemeinde 21 (3/2003), 3–6, 3.

32 Alberico Gentili, De iure belli libri tres (1598), I/12, 92. Dieser Satz ist ursprünglich im Sinne einer Forderung nach «Entsakralisierung der politischen und rechtlichen Ordnungen» zu verstehen. So Christoph Strohm, Calvinismus und Recht. Weltanschaulich-konfessionelle Aspekte im Werk reformierter Juristen in der Frühen Neuzeit, Spätmittelalter, Humanismus, Reformation Bd. 42, Tübingen 2008, 455.

33 So auch Karl-Fritz Daiber, Verschränkung der Orte: Politische Predigt, in: ders., Predigt als religiöse Rede, München 1991, 172–185, 172; Friedrich Wintzer, Die politische Predigt in der Neuzeit, in: Christoph Bizer u. a. (Hg.), Theologisches geschenkt. FS Manfred Josuttis, Bovenden 1996, 352–358, 352. Ziemer, Art. Politische Predigt (Anm. 13), 1469: «Unter politischer Predigt ist Typus christlicher Predigt zu verstehen, in dem ethisch-politische Themen ausdrücklich zum Gegenstand der Verkündigung erhoben werden.»

34 So auch Schreiber, Art. Predigt, Politische (Anm. 29), 1265.

Martin Luthers Predigten im Bauernkrieg,[35] Johannes Calvins Deuteronomiumspredigten[36], die «sozialen Predigten» von Leonhard Ragaz, Hermann Kutter, Ernst Fuchs und Friedrich Naumann[37] oder Friedrich Schleiermachers «patriotische Predigten» während der Befreiungskriege.[38] Aber erst nach dem Zweiten Weltkrieg begann – wohlgemerkt nach Anfängen bei Schleiermacher und anderen[39] – die wissenschaftliche Reflexion der politischen Predigten und zwar zunächst vor allem im Rahmen der politischen Ethik, nicht etwa der Praktischen Theologie, speziell: der Homiletik.

Nahezu selbstverständlich kam Barth in seiner bereits zitierten politisch-ethischen Programmschrift «Christengemeinde und Bürgergemeinde» auf die politische Predigt zu sprechen: «Es ist kein gutes Zeichen, wenn die Gemeinde scheut und erschrickt, wenn die Predigt politisch wird [...]. Die ihrer politischen Verantwortlichkeit bewusste Gemeinde wird es wollen und verlangen, daß die Predigt politisch werde»[40]. Es sind wohlgemerkt keineswegs nur Vertreter des Linksprotestantismus wie Helmut Gollwitzer, die die politische Predigt im Rahmen der politischen Ethik thematisieren,[41] sondern auch deren konservativer Antipode Helmut Thielicke kann der politischen Predigt in seiner vierbändigen «Theologischen

35 Vgl. Hans Scholl, Reformation und Politik. Politische Ethik bei Luther, Calvin und den Frühhugenotten, Stuttgart u. a. 1976, 25–47; Dieter Schellong, Zur politischen Predigt, TEH 73, München 1959, 15–37.

36 Vgl. Scholl, Reformation und Politik (Anm. 35), 48–65; Albrecht Thiel, In der Schule Gottes. Die Ethik Calvins im Spiegel seiner Predigten über das Deuteronomium, Neukirchen-Vluyn 1999. Philip Benedict (Calvin und die Umgestaltung Genfs, in: Martin Ernst Hirzel / Martin Sallmann (Hg.), 1509 – Johannes Calvin – 2009. Sein Wirken in Kirche und Gesellschaft. Essays zum 500. Geburtstag, Zürich 2008, 13–27, 18) bemerkt: Calvins Predigten «verbanden fortlaufende Bibelauslegung mit aktuellen Bemerkungen zur Lage der Stadt oder der Welt. Wenn er in der Stadt anstössige Verhaltensformen beobachtete, zögerte er nicht, sie in der Predigt anzuprangern. Gelegentlich kritisierte er die Stadtväter und schlug vor, das nächste Mal bessere zu wählen.»

37 Vgl. Wintzer, Die politische Predigt in der Neuzeit (Anm. 33), 354.

38 Vgl. a.a.O., 353.

39 Vgl. Friedrich Daniel Ernst Schleiermacher, Zum Inhalt der religiösen Rede, in: Friedrich Wintzer (Hg.), Predigt. Texte zum Verständnis und zur Praxis der Predigt in der Neuzeit, ThB 80, München 1989, 52ff.

40 Karl Barth, Christengemeinde und Bürgergemeinde, 79. Vgl. auch ders., Die Kirche und die politische Frage von heute (1938), in: ders., Eine Schweizer Stimme 1938–1945, Zollikon-Zürich 1945, 69–107, 76: «Eine Kirche, die aus lauter Angst, nur ja von keinem ‹Kotflügel› gestreift zu werden, nur ja nicht in den Schein zu kommen, Partei zu ergreifen, nie und nimmer Partei zu sein sich getraut, sehe wohl zu, ob sie sich nicht notwendig kompromittiere: mit dem Teufel nämlich, der keinen lieberen Bundesgenossen kennt als eine in der Sorge um ihren guten Ruf und sauberen Mantel ewig schweigende, ewig meditierende und diskutierende, ewig neutrale Kirche: eine Kirche, die, allzu bekümmert um die doch wirklich nicht so leicht zu bedrohende Transzendenz des Reiches Gottes – zum *stummen Hunde* geworden ist.»

41 Vgl. Helmut Gollwitzer, Erwägungen zur politischen Predigt, in: ders., Forderungen der Freiheit. Aufsätze und Reden zur politischen Ethik, München 1964, 97–112; Schellong, Zur politischen Predigt (Anm. 35), bes. 7.

Ethik» recht umfangreiche Ausführungen widmen.[42] Ähnliches gilt auch für die Ethik-Entwürfe von Wolfgang Trillhaas[43] und Heinz-Dietrich Wendland[44].

Dieses Verhältnis zwischen den Disziplinen der Systematischen und der Praktischen Theologie kehrte sich seit Ende der 1960er Jahre um, als die Homiletik die politische Predigt als eines ihrer Themen entdeckte, die politische Ethik im Rahmen der Systematischen Theologie hingegen faktisch ein zunehmendes Desinteresse an ihr zeigte. In der angelsächsischen, seit den 1960er Jahren vor allem durch die politische Predigt Kings inspirierten Welt sah es durchaus vergleichbar aus.[45] Jüngst scheint jedoch wieder Bewegung in diese Zuordnung gekommen zu sein. So erhält die politische Predigt wie auch andere kirchlichen Praktiken in dem von Stanley Hauerwas / Samuel Wells herausgegebenen umfangreichen «Blackwell Companion to Christian Ethics»[46] ein grosses Gewicht.[47] Die gottesdienstlichen Praktiken der christlichen Kirche bilden gleichsam die Steine, aus denen die Funken christlicher Ethik geschlagen werden sollen. Dieser Ansatz bei den vielfältigen Gestalten christlicher Praxis wie etwa der politischen Predigt erlaubt es,[48] hinter die Routinen und

42 Vgl. Helmut Thielicke, Theologische Ethik II/1: Mensch und Welt, Tübingen ³1965, 2002ff., 2048ff., 2081.

43 Vgl. Wolfgang Trillhaas, Ethik, Sammlung Töpelmann I/4, Berlin 1965, 463–466.

44 Vgl. Heinz-Dietrich Wendland: Die Kirche in der modernen Gesellschaft. Entscheidungsfragen für das kirchliche Handeln im Zeitalter der Massenwelt, Darmstadt 1973 (ND = Hamburg ²1958), 240–255.

45 Selbstverständlich gab es bereits während der sog. amerikanischen Gründerzeit das Phänomen «politische Predigt» (vgl. Ellis Sandoz (Hg.), Political Sermons of the American Founding Era: 1730–1805. Vol. 1–2, Indianapolis ²1998), allerdings begann dessen theologische Aufarbeitung erst nach der Bürgerrechtsbewegung der 1960er Jahre. Vgl. zur Geschichte der politischen Predigt in den USA James Anthony Noel, Art. Ethics and Politics, in: Paul Scott Wilson (Hg.), The New Interpreter's Handbook of Preaching, Nashville 2008, 129–131.

46 Vgl. dazu die umsichtige Rezension von Günter Thomas, Theologische Ethik im angelsächsischen Raum. Ein Gespräch mit drei literarischen Projekten eines Ethikdiskurses für spätmoderne Gesellschaften, EvTh 68 (2008), 219–234, 222–225.

47 Überhaupt gehört das im deutschsprachigen Kontext recht stiefmütterlich behandelte Verhältnis von Ethik und Predigt im englischsprachigen Kontext zu den etablierten und vieltraktierten Themen beider Disziplinen. Vgl. dazu etwa den langen Abschnitt «Ethics and Preaching» in: Wilson (Hg.), The New Interpreter's Handbook (Anm. 45), 115–139; Charles L. Campbell, The Word before the Powers. An Ethic of Preaching, Louisville/London 2002; James H. Harris, Preaching Liberation, Minneapolis 1995; André Resner (Hg.), Just Preaching. Prophetic Voices for Economic Justice, St. Louis 2003; Arthur Van Seters, Preaching and Ethics, St. Louis 2004; J. Philip Wogaman, Speaking the Truth in Love. Prophetic Preaching to a Broken World, Louisville 1998.

48 Hauerwas hat die politische Predigt verschiedentlich explizit eingefordert. So z. B. ders., Introduction, in: William H. Willimon/Stanley Hauerwas, Preaching to Strangers, Louisville 1992, 1–15, 13. Vgl. ders., The Pastor as Prophet: Ethical Reflections on an Improbable Mission, in: ders., Christian Existence Today. Essays on Church, World, and Living In Between, Grand Rapids ²1995, 149–167; ders., Political Preaching, in: ders., Unleashing the Scripture. Freeing the Bible from Captivity to America, Nashville 1993, 39–44.

Selbstverständlichkeiten zurückzugehen und danach zu fragen, wovon ein präreflexives Ethos geprägt und getragen wird.

Wie auch immer man über diesen Ansatz und dessen konkrete Durchführung denken mag, eines wird man ihm wohl kaum absprechen können: Die Verkettung von gottesdienstlichem Topos und ethischem Themenfeld macht deutlich, dass Ethik Ethos voraussetzt, somit also an bestimmten Praktiken als Ressourcen partizipiert. Es rutscht im Blick auf die Urteilsbildung einiges weg, wenn man etwa in der politischen Ethik nur auf Rechtsethik oder die Praxis der Politikberatung[49] abheben will, dabei aber solche Praktiken wie die politische Predigt ausklammert. Wenn diese nicht mehr in die politische Ethik kommen, dann wird auch diese mittel- und langfristig ausgedünnt. Die Rechtsethik bedarf etwa des Bezuges auf solche kommunitären Praktiken der Gerechtigkeit, auf solche Lebensformen, die das Auffinden von Recht ermöglichen.[50]

Im angelsächsischen Sprachraum besteht bei solch unterschiedlichen Vertretern politischer Ethik wie Oliver O'Donovan, Hauerwas und John Milbank ein Konsens in der Betonung des Vorrangs der Praxis vor der Reflexion, etwa der praktizierten Gerechtigkeit vor Gerechtigkeitstheorien.[51] So betont etwa Hauerwas: «Prior to any account of justice are those societal practices that make appeals to justice intelligible.»[52] Milbank versteht die Theologie insgesamt als Explikation der christlichen Glaubenspraxis und Ethik dementsprechend als Explikation des Ethos der Gemeinschaft der Kirche, dessen Rationalität nur innerhalb der christlichen Narrationen aufgezeigt werden kann, nicht aber ausserhalb derselben: «This practice which includes images of, talk about, addresses to, actions towards ‹God›, can in no way be justified, nor be shown to be more rational, nor yet, outside its own discourse, as more desirable, than nihilism.»[53] O'Donovan deutet die Tatsache, dass wir die Praxis politischer Freiheit und Bindung immer schon als menschliche Erfahrungen vorfinden, schöpfungstheologisch als Werk der Vorsehung Gottes.[54]

49 Vgl. zu den Modellen der Politikberatung Christofer Frey, Theologische Ethik, Neukirchen-Vluyn 1990, 233.

50 So Heinz-Richard Reuter, Rechtsethik in theologischer Perspektive. Studien zur Grundlegung und Konkretion, ÖTh 8, Gütersloh 1996, 42f.; Hans G. Ulrich, Erfahren in Gerechtigkeit. Über das Zusammentreffen von Rechtfertigung und Recht, in: Michael Beintker u. a. (Hg.), Rechtfertigung und Erfahrung. FS Gerhard Sauter, Gütersloh 1995, 362–384.

51 Auch Hans G. Ulrich (Wie Geschöpfe leben. Konturen evangelischer Ethik, EThD 2, Münster ²2007, 540) verlagert den Fokus der politisch-ethischen Diskussion im Blick auf die politische Verständigung auf die «Praxis der Erkundung der menschlichen Existenzform».

52 Stanley Hauerwas, After Christendom. How the Church Is to Behave If Freedom, Justice, and a Christian Nation Are Bad Ideas, Nashville ²1999, 49.

53 John Milbank, «Postmodern Critical Augustianism». A Short Summa in Forty-Two Responses to Unasked Questions, in: ders./Simon Oliver, The Radical Orthodoxy Reader, Oxford 2009, 49–61, 51.

54 Vgl. O'Donovan, The Ways of Judgement (Anm. 18), 53.

2. Ethos, Ethik und die politische Predigt

Die Grenzlinie zwischen Ethos und Moral (als impliziter oder expliziter Handlungsorientierung) auf der einen und Ethik auf der anderen Seite bleiben bei diesem Ansatz, wie er im «Blackwell Companion» entfaltet wird, allerdings unklar. Wer nicht nur danach fragt, wie die Ethik in die politische Predigt kommt, sondern auch die Vexierfrage stellt, wie die politische Predigt in die Ethik kommt, der braucht gerade an diesem Punkt Klarheit. Sie bzw. er muss in jedem Fall wissen, was Ethik im Unterschied zu Ethos und Moral ist.

Ein wenig Klarheit kann diesbezüglich die allgemeine Ethikdefinition von Wolfgang Lienemann stiften, wie er sie in seiner «Grundinformation Theologische Ethik» entfaltet hat: «Ethik ist die Darstellung und Kritik des Ethos und der Moral einer Gemeinschaft von Menschen.»[55] Darstellung und Kritik bezeichnen die Aufgabe bzw. Methode der Ethik, die als Darstellung zunächst deskriptiv auf ihren Gegenstand, nämlich das Ethos, also Sitte und Gewohnheit, und die Moral, also die «ausdrücklichen Regeln und Vorschriften, die mir dem Ethos verbunden sind»[56] bezogen ist. Als Kritik ist sie unvermeidlich präskriptiv. Sie kommt also nicht ohne Reflexion aus, sondern reflektiert kritisch auf das Ethos und die Moral hin.

Wenn dem aber so ist, dann kann den allgemeinen Appellen, wie sie sich oftmals in politischen Predigten finden, kein ethischer Charakter zugebilligt werden. Sie sparen vielmehr die Reflexion aus. Statt von der «Allgemeinheit und Unverbindlichkeit ethischer Appelle»[57], wie sie solche politischen Predigten kennzeichnen, wäre allenfalls von *quasi*ethischen Appellen zu sprechen.

Zugleich wird man festhalten können, dass die auf das Ethos hin reflektierende Ethik als solche auch auf dasjenige Ethos hin reflektiert, das sich im gottesdienstlichen Handeln ausprägt. Gehört zu diesem *auch* (aber nicht nur!) die politische Predigt, so wird man sie nicht aus der Ethik ausklammern dürfen. Insofern gehört die Reflexion auf die politische Predigt auch in die Ethik hinein. Eine solche Reflexion ist Bestandteil politischer Ethik.

Auf die Frage: «Wie kommt die politische Predigt in die Ethik?», kann man also replizieren: Diese Frage ist eigentlich falsch gestellt, da sie unterstellt, dass wir sie erst durch denkerische Aufarbeitung zu einem Gegenstand der Ethik machen müssten. Die Frage lautet – genau genommen – nicht: «Wie kommt die politische Predigt in die Ethik?», sondern: «In welcher Weise ist sie immer schon Gegenstand christlicher Ethik?» Meine Antwort besagt: Als Ethos generierende gottesdienstliche Praktik ist sie es bereits.

55 Wolfgang Lienemann, Grundinformation Theologische Ethik, Göttingen 2008, 14. Dort kursiv.

56 A.a.O., 15.

57 Martin Hoffmann, Ethik predigen. Probleme – Modelle – Beispiele, Wechsel-Wirkungen Ergänzungsreihe Bd. 3, Waltrop 1995, 16.

Wenn ich dies betone, geht es mir keineswegs darum, in Gebieten einer anderen Disziplin zu wildern, «claims» abzustecken und damit die politische Predigt dem Zugriffsrecht anderer bewusst zu entziehen oder zu entwinden. Ich beabsichtige nicht, mit imperialem Gestus die politische Predigt etwa der Homiletik zu entreissen. Nein, es geht mir vielmehr darum, kirchliche Praktiken im Blick auf ethische Urteilsbildung nicht aussen vor zu lassen.

4. Wie kommt die Ethik in die politische Predigt?

Die Anwendung des Schemas ethischer Urteilsbildung in der politischen Predigt. Entfaltung eines Vorschlags

Ist es die Aufgabe der Ethik, kritisch auf Ethos und Moral zu reflektieren, so betrifft dies auch die Ethos generierende Praktik der politischen Predigt. Der moralische Appell hingegen, wie er sich in gesetzlich wirkenden politischen Predigten findet, spart die Reflexion aus. Er suggeriert, dass das von ihm Eingeforderte evident sei und verzichtet auf eine Argumentation sowie deren Kommunikation.[58] Wenn Ethik indes in die politische Predigt kommt, dann hält mit ihr die Argumentation Einzug. Doch wie kann dies geschehen? Wie kann ein entsprechendes Verfahren aussehen?

Es wird wohl kaum die Komplexität des von Heinz Eduard Tödt entfalteten «Versuch einer ethischen Theorie sittlicher Urteilsfindung»[59] haben können.[60] Sein

58 Vgl. Frey, Theologische Ethik (Anm. 49), 229.

59 Heinz Eduard Tödt, Kriterien evangelisch-ethischer Urteilsfindung. Grundsätzliche Überlegungen angesichts der Stellungnahme der Kirchen zu einem Kernkraftwerk in Wyhl am Oberrhein, in: ders., Der Spielraum des Menschen. Theologische Orientierung in den Umstellungskrisen der modernen Welt, Gütersloh 1979, 31–80; ders., Versuch einer ethischen Theorie sittlicher Urteilsfindung, in: ders., Perspektiven theologischer Ethik, München 1988, 21–48; ders., Versuch einer Theorie ethischer Urteilsfindung, ZEE 21 (1977), 80–93; ders., Die Zeitmodi in ihrer Bedeutung für die sittliche Urteilsfindung, in: ders., Perspektiven theologischer Ethik, München 1988, 49–84.

60 In der theologischen Ethik hat sich im Blick auf die Methode ethischer Urteilsbildung alles in allem Tödts «Versuch einer ethischen Theorie sittlicher Urteilsfindung» – etwa im Bereich der Wirtschaftsethik (vgl. Arthur Rich, Wirtschaftsethik. Grundlagen in theologischer Perspektive, Gütersloh 1984, 224–228) – etabliert. Vgl. zur Diskussion des Tödtschen Modells u. a. Johannes Fischer, Leben aus dem Geist. Zur Grundlegung christlicher Ethik, Zürich 1994, 226–245; ders., Wahrnehmung als Proprium und Aufgabe christlicher Ethik, in: ders., Glaube als Erkenntnis. Zum Wahrnehmungscharakter des christlichen Glaubens, BEvTh 105, München 1989, 91–118; Frank Mathwig, Technikethik – Ethiktechnik. Was leistet Angewandte Ethik?, Forum Systematik Bd. 3, Stuttgart u. a. 2000, 221–244. Tödt entwarf bereits Ende der 1970er Jahre (und überarbeitete mehrfach) ein Modell von Schritten (Tödt spricht von «Sachmomenten»), die zur Urteilsbildung gehören und unter Realbedingungen (im Sinne eines iterativen Prozesses) mehrfach durchlaufen werden sollen. Das Urteilsschema

methodisches Verfahren umfasst sechs Schritte: die Problemwahrnehmung, Situationsanalyse, Verhaltensoptionen, Prüfung von Normen, Güter und Perspektiven im Blick auf Verhaltensoptionen, Verbindlichkeitsprüfung und Urteilsentscheid als Verknüpfung der vorangehenden Schritte 1–5. Nichtsdestotrotz ermöglicht es die Erarbeitung einer reflektierten ethischen Stellungnahme und ist auch auf die Sachprobleme anwendbar, die in einer politischen Predigt angesprochen werden. Und ich möchte behaupten, dass das Urteilsschema auch im Blick auf den konkreten Aufbau und die Gedankenführung einer politischen Predigt hilfreich sein kann. Dabei kann es nicht darum gehen, alle sechs Schritte minuziös auszuführen und in einer Predigt darzulegen. Ansonsten würde das Genre der Predigt mit einer ethischen Stellungnahme oder einem Gutachten in einem zeitaufwendigen Beratungsprozess verwechselt.[61] Vielmehr lässt sich das Schema elementarisieren und auf ein Grundverfahren reduzieren, das nach Dietrich Ritschl aus dem Dreischritt «Wahrnehmung des Problems» (1), «Reflexion über die Beurteilungs- und Handlungsmöglichkeiten» (2) und «Verifikation der gewählten Möglichkeiten» (3) besteht.[62] Oder noch formelhafter zugespitzt: Es geht um die Trias «Wahrnehmen, Prüfen und Urteilen».[63] Im Einzelnen fokussieren die einzelnen Schritte auf folgende Fragen:

1. *Wahrnehmen*: Worin besteht überhaupt das im Bereich des Politischen angesiedelte ethische Problem und warum ist es ein spezifisch ethisches? Des Weiteren: Wie ist die Situation, der Kontext beschaffen, in der sich dieses Problem stellt? Welche Verhaltensalternativen gibt es im Blick auf politische Entscheidungen?

ist auf die verschiedensten ethischen Sachprobleme anwendbar. Tödts operationales Schema repräsentiert eine pragmatische Anleitung zur Urteilsfindung. Es will genau das verhindern, was in der politischen Predigt nur allzu leicht passiert: Dass nämlich voreilig Zuflucht bei Appellen genommen wird. Tödts Urteilsschema steht also im Dienst einer argumentativen Ethik. Eine solche Ethik ist m. E. für die politische Predigt von Nöten. Natürlich geht es im Genre der Predigt nicht um die Analyse von Fall-Berichten aus Beratungsgesprächen oder die Erstellung von Gutachten für Gremien oder von Publikationen, wie Tödt sie als «Sitz im Leben» seines Urteilsschemas vor Augen hatte (vgl. Heinz Eduard Tödt, Versuch einer Theorie ethischer Urteilsbildung, in: ders., Perspektiven theologischer Ethik, M • chen 1988, 82). Tödt spricht freilich auch von der analytischen Funktion, die dieses Schema etwa bei der Analyse von biblischen Weisungen haben kann, und von seiner orientierenden Kraft bei der methodischen Erarbeitung konkreter ethischer Probleme. Insofern wird man auch die Nützlichkeit des Schemas für die Predigtvorbereitung nicht *apriori* ausschliessen dürfen.

61 Vgl. Frey, Theologische Ethik (Anm 49), 23.

62 Dietrich Ritschl, Zur Logik der Theologie. Kurze Darstellung der Zusammenhänge theologischer Grundgedanken, München ²1988, 291f.

63 So Hoffmann, Ethik predigen (Anm. 57), 120–131.

2. *Prüfen*: «Wie und nach welchen Kriterien lässt sich das angesprochene Problem beurteilen?»[64] Aus welcher Perspektive auf die Wirklichkeit werden Massstäbe gewonnen? Welche Normen sind für die Wahl zwischen Verhaltensalternativen heranzuziehen?
3. *Urteilen*: Was soll gelten, damit ein Urteil verbindlich ist? Wie sind die vorangehenden Schritte 1 und 2 hinsichtlich eines Urteils zu verbinden?

Ein solchermassen reduziertes Schema kann nun auch die Struktur und den Aufbau einer politischen Predigt bestimmen. Diese Behauptung wird durch die Beobachtung gestützt,[65] dass das Urteilsschema in seiner elementarisierten Form den tragenden Bestandteilen des in der Homiletik äusserst beliebten lernpsychologischen Aufbaumodells[66] entspricht: «Es begreift den Predigtaufbau als einen von den Gesetzen der Lernpsychologie her strukturierten Spannungsbogen, der sich in fünf Phasen gliedert»[67]. Peter Bukowski verdeutlicht diese in seiner Predigtlehre an der manipulativen HB-Zigarettenwerbung: «[1. Phase:] Motivation: Ein kleines Männlein taucht auf dem Bildschirm auf; die Zuschauer wissen: Jetzt wird's lustig. [2. Phase:] Problem[abgrenzung]: Das Männlein versucht verzweifelt, seinen Wagen in eine zu enge Parklücke zu setzen [...]. [3. Phase:] Versuch und Irrtum: Es folgen eine Reihe von Parkmanövern, die zu nichts führen. Das Männlein versucht es verbissen weiter [...], bis die parkenden Autos und das eigene verbeult sind und das arme Kerlchen völlig entnervt – in die Luft geht. [4. Phase:] Eine Stimme tönt von oben (!): ‹Halt, mein Freund, wer wird denn gleich in die Luft gehen? Greife lieber zur HB, dann geht alles wie von selbst.› [5. Lösungsphase:] Lösungsverstärkung: Musik setzt ein, uns ZuschauerInnen wird gesagt: ‹HB rauchen heißt: frohen Herzens genießen› – gleichzeitig sehen wir, wie das Parkproblem mühelos bewältigt wird.»[68]

Folgende Synopse möge den Zusammenhang von lernpsychologischem Aufbaumodell und elementarisiertem Urteilsschema veranschaulichen:

64 A.a.O., 123.

65 Bereits Hoffmann (Ethik predigen [Anm. 57], 130) hat diese Beobachtung gemacht.

66 Vgl. z. B. P. Bukowski, Predigt wahrnehmen (Anm. 10), 26–35; W. Engemann, Einführung in die Homiletik (Anm. 23), 303–307; Rolf Zerfass, Grundkurs Predigt 1. Spruchpredigt, Düsseldorf 1987, 97–99.

67 Bukowski, Predigt wahrnehmen (Anm. 10), 27. Der Fünfklang aus Motivationsphase (1), Problemabgrenzung (2), «trial and error» (3), Lösungsangebot (4) und Lösungsverstärkung (5) hat seine Parallele in dem aus der Antike bekannten rhetorischen Fünfsatz aus *exordium* (Einleitung), *propositio* (Präzisierung eines Sachverhaltes), *confirmatio* (positiver Beweis), *refutatio* (negativer Beweis) und *peroratio* (Schluss).

68 A.a.O., 34. Dort z. T. kursiv.

Lernpsychologisches Aufbaumodell	Elementarisiertes Urteilsschema
1. Phase: Motivation / *exordium*	
2. Phase: Problemabgrenzung / *propositio*	Wahrnehmung des Problems
3. Phase: Versuch und Irrtum / *confirmatio*	Prüfen der Beurteilungs- / Handlungsmöglichkeiten
4. Phase: Lösungsangebot / *refutatio*	Urteilen / Entscheiden über Verhaltensweisen
5. Phase: Lösungsverstärkung / *peroratio*	

5. Abschliessende Bemerkungen zur Leistungsfähigkeit des Vorschlags

Worin besteht die Leistungsfähigkeit bzw. der Vorteil des entfalteten Vorschlags, die politische Predigt anhand des elementarisierten Urteilsschemas und damit implizit des lernpsychologischen Aufbaumodells zu entfalten? M. E. besteht er darin, dass das Abgleiten in die Gesetzlichkeit des Appellativen verhindert wird. Wer die politischen Predigt entlang dieses Dreischritts entwickelt, der tut genau das, dessen viele politische Predigten ermangeln: Er/sie argumentiert.[69] Mehr noch: Er/sie entfaltet die Argumentation als einen Lernweg und bahnt somit einen Lernprozess anhand dieses Dreischritts an, der einem lernpsychologischen Grundmuster folgt: «Indem nämlich das Problem klar benannt wird, indem Prediger und Hörer gemeinsam einen Lösungsweg gehen und Lösungen suchen, indem deutlich gemacht wird, worin der Prediger die Lösung für das aufgeworfene Problem sieht, wird das Ziel des Predigers transparent, werden seine Karten aufgedeckt, wird seine Argumentation diskutierbar gemacht und somit der freien Entscheidung des Hörers zugänglich.»[70]

Man kann sich die Valenz eines solches Vorgehens der Entfaltung politischer Predigt anhand einer Betrachtung der einzelnen Schritte des elementarisierten Urteilsschemas verdeutlichen:

1. Setzt die politische Predigt bei der Wahrnehmung eines Problems und des Kontextes ein, so tut sie dies nicht voraussetzungslos, sondern in der Regel im

69 Insofern wird der Forderung Hauschildts (Der homiletische Kontrakt und die politische Predigt [Anm. 2], 644) Rechnung getragen, wonach es in der «Situation des funktionierenden Rechtsstaates» erforderlich ist, «daß die Macht der sachpolitischen Aussage kontrollierbar ist. Es müssen Argumente und Gegenargumente zum Zuge kommen.» Ähnlich auch Christiane Burbach, Das Weltbild politischer Predigten, PTh 84 (1995), 476–486, 482: «Bei aller notwendigen kritischen Haltung der Politik gegenüber scheint es mir jedoch notwendig zu sein, in den politischen Predigten differenzierter zu argumentieren, um nicht die Irrationalität von Michael-Kohlhaas- Reaktionen oder sonstige resignative Einstellungen zu fördern.»

70 Zerfass, Grundkurs Predigt 1 (Anm. 66), 99.

Lichte eines biblischen Textes, sodass die biblische Welt- und Lebenssicht des Predigenden auch seine Problemwahrnehmung prägt.[71] Als Textpredigt hat es die politische Predigt einfacher, nicht auf taube Ohren zu stossen, insofern sie nicht bezugslos dem Willkürverdacht preisgegeben ist,[72] die Kanzel zur Agentur der eigenen politischen Konzeption zu missbrauchen: «Der biblische Text ist in einer Gemeinde ein gemeinsames Drittes, auf das man sich berufen kann bei politisch divergierenden Einstellungen. [...] Die Gemeinde muss erkennen [können], dass die Predigenden in der Pflicht der Tradition stehen, die sie selber bindet. Und dieses Dritte, die biblische Tradition, ist der Ort, von dem aus die politische Predigt hörbar werden kann und nicht mehr nur als die Willkür der Prediger erscheint.»[73] Gerade der enge Textbezug zeichnet auch die Leipziger Predigten im Herbst '89 aus.[74]

2. Manifestiert sich in der politischen Predigt als zweiter Schritt eine Reflexion über Beurteilungs- und Handlungsmöglichkeiten, so wird ihr die Hörerschaft abspüren, dass die Prüfung dessen, was der Wille Gottes ist (Röm 12,2), um Handlungsorientierung ringt, nicht aber vorschnelle, gesetzlich verengte Handlungsweisung dekretieren will. «Prüfen heißt» – mit Tödt gesprochen – «Wählen und Verwerfen. Gewählt und angenommen wird, was dem Kommen des Reiches Gottes nicht im Wege steht, was auf die Lebensgesetze der kommenden Welt Gottes vorausweist.»[75] Ritschl spricht diesbezüglich nicht vom Reich Gottes, sondern seiner «story», im Blick auf die die Gläubigen anhand der Korrespondenzfrage ihre Entscheidungen fällen und ihre Routine rechtfertigen.[76]

3. Das Urteilen und Entscheiden bildet schliesslich den Abschluss des Urteilsschemas. Ein Urteil kann in einen Handlungsappell münden, muss es aber nicht. Insofern ist der Appell als Sprachform in der politischen Predigt keineswegs kategorisch ausgeschlossen. Er steht wohlgemerkt nicht am Anfang, sondern am Ende der Urteilsbildung bzw. der Spitze der Rede. Dort ist er legitimerweise angesiedelt. Ob es indes in der politischen Predigt immer zu einem konkreten Urteil kommen

71 Hoffmann, Ethik predigen (Anm. 57), 121f.

72 Der Willkürverdacht wird zudem in Bezug auf die Auswahl der Text durch die Perikopenordnung und (wirksamer noch) durch die *praedicatio continua* bzw. *lectio continua* zerstreut. Vgl. Georg Plasger, Der Bibel folgen. Gedanken zur Predigtreihe, in: Dieter Jeschke u. a. (Hg.), Das Wort, das in Erstaunen setzt, verpflichtet. Dankesgabe für Jürgen Fangmeier, Wuppertal 1994, 237–250.

73 Fulbert Steffensky, Politische Predigt in der Volkskirche, Reformiertes Forum 2/1990, (11–13) 12. Für eine enge Textbindung als Chance der politischen Predigt votiert auch Albrecht Grözinger, Homiletische Perspektiven der Politischen Predigt, DtPfBl 89 (1989), 260–262, 260f. Vgl. auch Ingrid Schoberth, Politische Spiritualität, in: Michael Herbst (Hg.), Spirituelle Aufbrüche. Perspektiven evangelischer Glaubenspraxis, Göttingen 2003, 98–109, 103f.

74 Vgl. Ziemer, Die Bibel als Sprachhilfe (Anm. 6), 280–291.

75 Tödt, Die Zeitmodi (Anm. 59), 75.

76 Ritschl, Zur Logik der Theologie (Anm. 62), 292ff.

kann und soll, scheint mir zweifelhaft. Gollwitzer gibt zu bedenken: «Auf der Kanzel wird er [der Predigende] so realitätsnah wie nur möglich aus dem Text die Kriterien und Maßstäbe zu entwickeln haben, von denen Jünger Jesu sich in ihrem politischen Verhalten leiten lassen und vor denen sie ihr politisches Verhalten zu verantworten haben.»[77] Von der politischen Predigt *auf* der Kanzel will Gollwitzer die politische Predigt *unter* der Kanzel unterschieden wissen, die weniger auf Handlungsorientierung, als vielmehr im geschwisterlichen Diskurs auf konkrete Handlungsanweisung abzielt: «Unter der Kanzel wird er [der Predigende] kundtun, wie seine eigene Antwort in den betreffenden Fragen aussieht, und wird sich den anderen ebenso zur Frage machen, ob sie denn anders antworten können, wie sie [sich] auch der Kritik und Belehrung durch die anderen im mutuum colloquium fratrum (im wechselseitigen brüderlichen Gespräch) aussetzen.»[78] Ein realer Adressatenbezug der politischen Predigt ist dann gegeben, wenn die Themen der politischen Predigt im Diskurs der Gemeinde verankert sind,[79] und sie etwa auch im Predigtvor- und -nachgespräch[80] diskutiert werden.[81]

Abschliessend noch eine letzte Bemerkung: Mein Vorschlag zugunsten einer argumentativen politischen Predigt wäre missverstanden, wenn er im Sinne eines Plädoyers für die reine Argumentation und nichts als die reine Argumentation verstanden würde. Die politische Predigt sollte auch an diesem Punkt nicht gesetzlich

77 Helmut Gollwitzer, Veränderung im Diesseits. Politische Predigten, München 1973, 180. In ähnlicher Weise wendet sich Steffensky (Politische Predigt in der Volkskirche [Anm. 73], 12) gegen eine direkte politische Predigt, «in der ein gesellschaftlicher Sachverhalt unmittelbar und analytisch abgehandelt wird.» Die legitime politische Predigt hingegen «weist sozusagen in eine politische und gesellschaftliche Grundrichtung, ohne dass sie der Gemeinde einen unmittelbar politischen Weg vorschreibt». Vgl. auch Horst Hirschler, Biblisch predigen, Hannover ^{3}1992, 381.

78 Gollwitzer, Veränderung im Diesseits (Anm. 77), 180f.

79 So Ziemer, Art. Politische Predigt (Anm. 13), 1469: «Für die politische Predigt in einer demokratischen Gesellschaft ist [...] von Bedeutung, ob ihre Themen im Diskurs der Gemeinde verankert sind. Auch das unterscheidet sie von einer bloß politisierenden Kanzelrede.»

80 Vgl. Okko Herlyn, Vom Predigtamt aller. Zur Bedeutung des «allgemeinen Priestertums» für die Gestaltung der gottesdienstlichen Verkündigung, in: ders., Sache der Gemeinde. Studien zu einer Praktischen Theologie des «allgemeinen Priestertums», Neukirchen-Vluyn 1997, 36–59, 52ff.

81 Wenn dies geschieht, ist die Predigt im Sinne Arendts politisch, entspricht sie der menschlichen Tätigkeit des Handelns (als höchster Tätigkeitsform in der griechischen *polis*) und nicht des Herstellens. Solches Predigen erweist sich darin als politisch bzw. als Handeln, welches das Zusammenleben vieler Mensch organisiert, dass es eine Initiativ ergreift, etwas Neues anfängt (αρχειν) und in Bewegung setzt (*agere*). Auch und gerade im Blick auf solche Predigten kann man mit Hans G. Ulrich (Frieden als Thema einer Ethik des Politischen aus theologischer Sicht, in: RPI Loccum [Hg.], Frieden als Thema in Elternhaus, Schule, Kirche und Bundeswehr, Loccum 1988, 67–83, 75) festhalten: «Es geht um eine Veränderung, die an die ‹Wurzeln der Politik› reicht, weil Politik in Gang gesetzt werden muß. [...] zum ‹normalen› politischen Handeln gehört, nämlich, daß es initiatorisch ist, daß es nicht darauf beschränkt bleibt, bestehende Kräfteverhältnisse auszugleichen oder gar nur vorhandene Probleme zu verwalten.»

werden. Insbesondere narrative Elemente[82] können im Dienste einer Argumentation stehen, indem Erzählungen etwa Modelle, d. h. «konkrete Musterfälle eines Ethos»[83], liefern, die veranschaulichen, illustrieren und der politischen Predigt somit Konkretheit und Plastizität jenseits jener gesetzlichen Allgemeinheit blosser Appelle liefern. Auch die *narratio* kann im Rahmen der *argumentatio* einen entscheidenden Beitrag dazu leisten, dass die Ethik auf angemessene Weise in die politische Predigt kommt.

82 Vgl. u. a. Fred B. Craddock, Narrative: Distance and Participation, in: Richard Lischer (Hg.), Theories of Preaching. Selected Readings in the Homiletical Tradition, Durham/North Carolina 1987, 250–258; Richard Lischer, Die Funktion des Narrativen in Luthers Predigt. Der Zusammenhang von Rhetorik und Anthropologie, in: Albrecht Beutel u. a. (Hg.), Homiletisches Lesebuch. Texte zur heutigen Predigtlehre, Tübingen 21989, 308–329.

83 So Hoffmann, Ethik predigen (Anm. 57), 87, im Anschluss an Theodor W. Adorno, Negative Dialektik, Frankfurt 1966, 37: «Die Forderung nach Verbindlichkeit ohne System ist die nach Denkmodellen ... Das Modell trifft das Spezifische und mehr als das Spezifische, ohne es in einen allgemeinen Oberbegriff zu verflüchtigen».

Politischer Gottesdienst als öffentliche Theologie – Bedeutung, Rahmen und theologische Bedingungen

Torsten Meireis

1. Politischer Gottesdienst – zur Semantik des Begriffs

Soll geklärt werden, welche Bedeutung dem politischen Gottesdienst gegenwärtig im Kontext demokratischer, pluralistischer, (post-)säkularer[1] westeuropäischer Staaten zukommt, in welchem Rahmen er zu betrachten ist und welche theologischen Bedingungen und Kriterien damit zu verbinden sind, ist zunächst vorläufig zu erwägen, was mit ‹politischem Gottesdienst› gemeint sein könnte. Meist wird unter Gottesdienst zunächst ein bestimmter Typ kultischer Handlungen verstanden. Religionswissenschaftlich lässt sich ‹Gottesdienst›, vom lateinischen ‹cultus› abgeleitet,[2] als der Gottesverehrung dienende «heilige Handlung, die in rituell feststehenden Formen von einer Gemeinschaft vollzogen wird, in deren Vertretung ein oder mehrere Zelebranten die gottesdienstlichen Akte vollziehen»,[3] definieren. So verstanden wäre ‹politischer Gottesdienst› dann eine solche kultische Handlung, die in irgendeiner Form auf Politik bezogen ist.

Dabei werden erstens sowohl von Befürwortern wie Gegnern dieser Form unter dem Eindruck der jüngeren Geschichte in der Regel vorrangig die sozialkritischen Protestliturgien der sechziger, siebziger und achtziger Jahre des 20. Jahrhunderts assoziiert:[4] seien es Dorothee Sölles und Fulbert Steffenskys Aufzeichnungen der politischen Nachtgebete in Köln,[5] Kurt Martis Skizzen politischer Gottesdienste in der Schweiz,[6] Gottesdienste im Kontext des amerikanischen Civil Rights Movement,

1 Vgl. zum Begriff Jürgen Habermas, Glauben und Wissen. Friedenspreis des deutschen Buchhandels, 2. Auflage 2009, 12–15.

2 Vgl. Sigmund Mowinckel, Art. Gottesdienst I. Religionsgeschichtlich, RGG^3 2, 1752.

3 Günter Lanczkowski, Art. Gottesdienst I. Religionsgeschichtlich, TRE 14, 1–5., hier 1.

4 Vgl. Ralph Kunz, Sagt um Gottes willen etwas Tapferes!, in: ders./David Plüss/Andreas Marti, Reformierte Liturgik – kontrovers, Zürich 2011, 179–185, hier: 180–181.

5 Dorothee Sölle/Fulbert Steffensky, Politisches Nachtgebet in Köln, Stuttgart, Berlin, Köln, Mainz, Bd. I, II, 1969–1971.

6 Kurt Marti (Hg.), Politische Gottesdienste in der Schweiz, Basel 1971.

der Umwelt- und Friedensbewegung[7] oder der Bürgerrechtsbewegung in der untergehenden DDR,[8] wobei die Inanspruchnahme des Begriffs des ‹Politischen› ausdrücklich gegen ein sich als unpolitisch gebendes christliches Einverständnis mit den herrschenden und als problematisch empfundenen Verhältnissen gerichtet war. Manche der dabei geprägten Wendungen – man denke etwa an das theologisch durchaus umstrittene Konzept der ‹Bewahrung der Schöpfung›, das aus dem anlässlich der der sechsten Vollversammlung des Ökumenischen Rates der Kirchen in Vancouver (1983) initiierten konziliaren Prozess stammt, oder die enorme Popularität afroamerikanischer Spirituals in den siebziger und achtziger Jahren – entfalten dabei weit über christliche Kontexte hinaus öffentliche Wirkung. Zweitens wird das Konzept des politischen Gottesdienstes meist mit der Idee der ‹politischen Predigt› verbunden.[9] Und diese wird drittens in der Regel als politisch handlungsorientierender Hinweis vorgestellt, der im günstigen Fall als klärendes Wort, im ungünstigen als gesetzlich-moralischer Appell erscheint.[10] Allerdings ist zum zweiten Charakteristikum bereits hier einschränkend zu bemerken, dass die Konzentration auf die ‹politische Predigt› keineswegs zwingend ist – so waren etwa die liturgischen Protestformen der amerikanischen Bürgerrechtsbewegung nicht notwendig mit Predigten verbunden.[11] Bezogen auf die dritte Assoziation gilt, dass die

7 So ist während der umweltpolitisch motivierten Proteste gegen den Ausbau des Flughafens Frankfurt am Main in den siebziger und achtziger Jahren des 20. Jh. im Wald eine ‹Hüttenkirche› entstanden, die einen Teil des Camps der protestierenden Waldbesetzer bildete. Vgl. zur Geschichte http://www.gg-online.de/html/huettenkirche.htm (Zugang: 20.4.2013).

8 Vgl. etwa Hermann Geyer, Nikolaikirche, montags um fünf. Die politischen Gottesdienste der Wendezeit in Leipzig, Darmstadt 2007.

9 Vgl. hierzu Marco Hofheinz, Wie kommt die Ethik in die politische Predigt, in diesem Band XXX, der dazu eine Reihe wohlbekannter Beispiele aufzählt, vgl. auch Kunz, Tapferes (Anm. 4) – obgleich der Artikel in einen Abschnitt eingebunden ist, der unter dem Titel «Seelsorgerlicher oder politischer Gottesdienst?» steht, behandelt Ralph Kunz, der für den politischen Gottesdienst plädiert, vorrangig die Predigt.

10 So etwa bei Kunz, Tapferes (Anm. 4), 181–183, Jürgen Ziemer, Art. Politische Predigt RGG[4] 6, 1469f. Hofheinz, Predigt (Anm. 9), 4–7 definiert die politische Predigt als solche, die die «explizite Auseinandersetzung mit den öffentlich-politischen Fragen der Gesellschaft» betrifft – das ist aber etwas anderes als die Erhebung ethisch-politischer Themen zum Gegenstand der Verkündigung.

11 Wie C. Eric Lincoln und Lawrence H. Mamiya erläutern, kommt es in der Tradition der afroamerikanischen Kirchen mehr auf das Predigen als die Predigt an (s. u. 39–40), wobei auch dieses Predigen oft einer musikalischen Logik folgt. Vgl. zur Bedeutung der Musik in der afroamerikanischen gottesdienstlichen Tradition und besonders der Spirituals im Civil Rights Movement C. Eric Lincoln/Lawrence H. Mamiya, The Performed Word. Music in the Black Church, in: James Abbington (Hg.), Readings in African American Church Music and Worship, Chicago 2001, 39–76, hier 60–65. Im deutschsprachigen Kontext hat Heinrich Böll dem Typus des liturgischen Protests in seiner Erzählung «Die Waage der Baleks» ein literarisches Denkmal gesetzt – es genügt dort, im Gottesdienst das Lied «Gerechtigkeit der Erden, o Herr, hat dich getötet» anzustimmen, um die ungerechte und ausbeutende Abrechnungspraxis der machthabenden Grundbesitzerfamilie anzuklagen, die sich in einer mit falschen Gewichten versehenen Waage manifestiert.

auf die Politik bezogene Intentionalität stets von der politischen Semantik und der politischen Wirkung zu unterscheiden ist – wer politische Absichten hegt, muss nicht das tagespolitische Wort im Munde führen, und politische Wirkungen stellen sich zuweilen auch ohne politische Absichten ein.[12]

Politik kann dabei als derjenige menschliche Handlungskontext identifiziert werden, in dem es um die bewusste kollektive Handlungssteuerung geht, wobei es sich in der Politikwissenschaft eingebürgert hat, im Begriff – im Verweis auf den differenzierenden englischen Sprachgebrauch – drei Bedeutungsebenen zu unterscheiden.[13] Meint man den gesellschaftlichen Bereich, in dem verbindlich Ordnungen und Institutionen des Zusammenlebens ausgehandelt werden, spricht man im Englischen von *polity*. Geht es um Politik als Prozess- und Verhaltensform, die es vorrangig mit Fragen des Machterwerbs und -erhalts zu tun hat, ist von *politics* die Rede. Und wenn man inhaltliche Fragen, also die Ziele und materialen Gestaltungen der gemeinsamen Ordnungen, die man mit Macht durchsetzen möchte, meint, dann spricht man von *policy*.

Sofern nun aber jedes menschliche Handeln soziale Implikationen trägt und mit Machtausübung verbunden ist,[14] sofern jede Aussage über menschliches Handeln Ordnungen des Zusammenlebens voraussetzen muss und in kollektive Vorstellungen von Zielen des Handelns eingebettet ist, hat notwendig jeder als Kultus verstandene Gottesdienst eine politische Dimension, ganz gleich, ob diese reflektiert wird oder nicht. Die Etikettierung als ‹politischer Gottesdienst› kann damit als programmatische oder pejorative Selbst- oder Fremdzuschreibung gelten, die selbst in der Regel bestimmte Zielvorstellungen, *policies*, impliziert. Wenn die SVP programmatisch formuliert, die Kirche solle «sich der Seelsorge und der Verkündigung der christlichen Botschaft widmen statt der Tagespolitik», kann dies entweder so verstanden werden, dass diese Botschaft keinerlei Relevanz für die Tagespolitik besitze – was angesichts der Verkündigung Jesu schwer nachvollziehbar ist, oder ist als Einforderung einer bestimmten Gestalt dieser Botschaft aufzufassen: «Die SVP lehnt einseitige, linksideologische Stellungnahmen von Kirchenfunktionären ab, denn sie spalten unsere Volkskirchen.» Wenn Dorothee Sölle politische Konsequenzen theologischen Nachdenkens einforderte, dann hatte sie selbstverständ-

12 In diesem Sinn hatte Karl Barths Insistenz auf der theologischen Arbeit eine eminent politische Wirkung, weil sie als Absage an bestimmte politische Koalitionen zu verstehen war. Vgl. Karl Barth, Theologische Existenz heute, München 1933.

13 Vgl. Dieter Nohlen, Art. Politikwissenschaft, in: ders., Kleines Lexikon der Politik, München 2001, 384–385.

14 Zum Machtbegriff vgl. Anthony Giddens, Die Konstitution der Gesellschaft. Grundzüge einer Theorie der Strukturierung, Frankfurt am Main/New York 1988, 65–67.

lich bestimmte politische Ziele im Auge. Und auch wenn die Autoren der Kriegspredigten im ersten Weltkrieg[15] sich selbst keineswegs als ‹politische Prediger› sahen, bezogen sich ihre Kanzelreden selbstverständlich explizit auf eine bestimmte Form politischen Handelns. Der Ausdruck des ‹politischen Gottesdienstes› scheint insofern eher als Programm- denn als Gattungsbezeichnung sinnvoll, wobei in den hier gebotenen Beispielen die Selbstzuschreibung eher von partizipativ-verheissungsorientierten Ansätzen ausgeht, während die Fremdzuschreibung stärker aus der Perspektive autoritätsorientierter politischer Positionen vorgenommen wird.

Grundlegender als die Auseinandersetzung mit dem sich in der Konzeption des ‹politischen Gottesdienstes› manifestierenden historischen Programm der neuen politischen Theologie Sölle'scher und Metz'scher Prägung erscheint aber die weitergehende Frage, wie sich zur politischen Dimension christlichen Handelns überhaupt in protestantischer Perspektive zu verhalten sei, wenn es um die Frage nach Kriterien des Umgangs mit dem Politischen im Gottesdienst geht, wie sich Protestanten also zur politischen Ordnung verhalten *(polity)*, welche politischen Ziele sie verfolgen (*policy*) und vor allem, wie sie die soziale Gestaltungsmacht handhaben, die ihnen als Bürgerinnen und Bürgern eines demokratischen Gemeinwesens zur Verfügung steht *(politics)*. Dies gilt umso mehr, da das Konzept des ‹politischen Gottesdienstes› keineswegs auf die liturgische Gemeindeversammlung im engeren Sinn begrenzt werden kann. So hatte etwa Karl Barth in seiner Auslegung des reformierten schottischen Bekenntnisses bekanntlich das Handeln des Bürgers im Staat und des Staates selbst als ‹politischen Gottesdienst› etikettiert und dem Gottesdienst der versammelten Gemeinde wie dem Gottesdienst des christlichen Lebens zur Seite gestellt.[16] Während Barth dabei vorrangig die Perspektive des göttlichen Auftrags ausleuchtet, ist nach der menschlichen Seite hin die kritische Frage nach dem Subjekt und der Gestalt des Umgangs mit sozialer Gestaltungsmacht im demokratischen, pluralistischen Gemeinwesen zu stellen, die selbstverständlich nicht ohne Rückbezug auf den Gestaltungsauftrag auskommt und hier im Rahmen des Konzepts der öffentlichen Theologie erläutert werden soll. Es scheint dabei nicht unsinnig, einige Bemerkungen zur Bedeutung und empirischen Relevanz der Rede von protestantischer sozialer Gestaltungsmacht vorauszuschicken. Im Ergebnis dürfen Hinweise auf Kriterien zum Umgang mit dem Politischen erwartet werden.

15 Vgl. hierzu etwa Günter Brakelmann, Protestantische Kriegstheologie im Ersten Weltkrieg. Reinhold Seeberg als Theologe des deutschen Imperialismus, Bielefeld 1974.

16 Vgl. Karl Barth, Gotteserkenntnis und Gottesdienst nach reformatorischer Lehre. 20 Vorlesungen über das Schottische Bekenntnis von 1560, gehalten an der Universität Aberdeen im Frühjahr 1937 und 1938, Zollikon 1938, 203–206.

2. Gestaltungsmacht des Protestantismus?

Ob nun freilich überhaupt von einer erheblichen sozialen Gestaltungsmacht des Protestantismus gesprochen werden darf, scheint angesichts jüngerer empirischer Erhebungen durchaus fraglich. Anders als im römischen Katholizismus des 19. und beginnenden 20. Jahrhunderts ist nämlich schon die Konstatierung eines durch Mitgliedschaft in Verbänden oder politische Zuordnung zu einer bestimmten Partei konzeptualisierbaren ‹protestantischen Milieus›, das dem geistesgeschichtlichen Konstrukt ‹des Protestantismus› soziologische Substanz verliehe, nicht ganz einfach.[17] Neuere Untersuchungen kommen zwar zu dem Schluss, dass der Protestantismus nach wie vor nicht auf das kerngemeindlich und durch Gottesdienst gebundene ‹Kirchenchristentum› reduziert werden darf, für das eine schon von Klaus von Bismarck in den fünfziger und sechziger Jahren des 20. Jahrhunderts konstatierte ‹Milieuverengung› auf kleinbürgerliche und konservativ geprägte, gehoben-bürgerliche Schichten typisch ist:[18] Zwar gilt: «Es gibt [...] auch außerhalb des schrumpfenden Milieus der Kirchenchristen ein breites Spektrum protestantischer Kultur, teils ästhetisch, teils idealistisch, teils praktisch. Für alle diese Gruppen sind Religion und Kirche ein wichtiger Bezugspunkt, auch wenn sie jeweils verschiedene Aspekte symbolisieren.»[19] Aber gerade die dabei implizierte Vielschichtigkeit macht die Rede von einem klar identifizierbaren protestantischen Milieu eher schwierig, zumal es hier oft auf eine durch die Beschreibenden vorgenommene Zurechnung protestantischer Habituselemente ankommt und Protestantismus in der Regel mit einem hohen Grad an Autonomie verbunden wird.[20]

‹Soziale Gestaltungsmacht› soll hier vorläufig und unvollständig einerseits als institutionell vermittelte, intentionale Regulierungsmacht über oder indirekter intentionaler Einfluss auf die Einstellungen der Angehörigen protestantischer Kirchen, andererseits als intentionaler Einfluss auf die Einstellungen der Gesellschaftsmitglieder und der institutionellen gesellschaftlichen Arrangements verstanden werden. Von institutioneller Macht über die Einstellungen der Kirchenmitglieder kann im Protestantismus nur höchst fragmentarisch – etwa über die in manchen Kantonen gegebene Präsenz konfessionellen Religionsunterrichts an den Schulen, dem man sich freilich jederzeit entziehen kann – die Rede sein, unmittelbar gilt dies allein für Mitarbeitende in den Kirchen, die aufgrund des Tendenzschutzes besonderen Loyalitätsforderungen unterworfen werden können.[21] Aber auch der Einfluss

17 Vgl. hierzu etwa Veronika Jüttemann, Im Glauben vereint. Männer und Frauen im protestantischen Milieu Ostwestfalens 1845–1918, Böhlau 2008.

18 Vgl. Wolfgang Vögele/Helmut Bremer/Michael Vester (Hg.), Soziale Milieus und Kirche, 58.

19 Vögele u. a., Milieus (Anm. 18), 133.

20 Vgl. u. Anm. 6.

21 Vgl. hierzu Hans-Richard Reuter, Kirchenspezifische Anforderungen an die privatrechtliche berufliche Mitarbeit in der Evangelischen Kirche und ihrer Diakonie, Theologisches Gutachten zum Entwurf einer «Loyalitätsrichtlinie» des Rates der EKD, erstattet 2005, Münster 2005, 10.

der Organisation wie der kirchlichen Praxisformen auf die Einstellungen der Kirchenmitglieder ist nicht allzu hoch einzuschätzen: So geben etwa 30 Prozent der Deutschschweizer Bevölkerung an, die Kirchen seien sichtbar, 52 Prozent hielten sie für wenig oder nicht sichtbar und 18 Prozent konnten die Frage nicht beantworten – damit korreliert die Feststellung, dass nur 8 Prozent die reformierten Kirchen gut bis sehr gut, 31 Prozent sie eher gut und 61 Prozent sie schlecht bis sehr schlecht kennen[22] – gleichwohl aber eine grosse Mehrheit der Meinung ist, gesellschaftlich seien die Kirchen, so die Studie, für die «Unterstützung der sozial Schwachen, für die Weitergabe unserer christlich abendländischen Kultur und für die Durchführung der Kasualien»[23] wichtig. Ähnliches gilt auch für die Bundesrepublik Deutschland: Bereits die vierte Kirchenmitgliedschaftsstudie der EKD von 2003 kam zu dem Ergebnis, dass die Mehrzahl der befragten Evangelischen zwar Protestantismus mit einem moralischen Lebensstil verbindet, darin aber nun gerade keine orientierenden Beiträge der – in der Regel vorrangig als Organisation verstandenen – Kirche erwartet und auch hinsichtlich explizit theologischer Fragen eher zurückhaltend ist.[24] Dies gilt natürlich im erhöhten Masse von nichtchristlichen Menschen, auch wenn die Ideen einer zivilreligiösen Ordnungsfunktion oder des (tätigen) kirchlichen Einsatzes für zu kurz Gekommene relativ hohe Zustimmung zu mobilisieren vermag. Auch die von Protagonisten wie José Casanova konstatierte Wiederkehr der Religion, die bekanntlich stärker auf die öffentliche Präsenz in den Medien als den Einbezug in die Lebenspraxis zielt,[25] impliziert dabei

22 Vgl. Jörg Stolz/Edmée Ballif, Die Zukunft der Reformierten. Gesellschaftliche Megatrends, kirchliche Reaktionen, Zürich 2010, 75.

23 Stolz u. a., Zukunft (Anm. 23),79.

24 Vgl. hierzu Weltsichten, Kirchenbindung, Lebensstile. Vierte EKD-Erhebung über Kirchenmitgliedschaft, Kurzfassung, Hannover 2003, 19: «Evangelischsein wird als eine selbstverantwortete Haltung der Gewissensbindung und Anständigkeit definiert, die den anderen in seinen differenten Überzeugungen achtet, für sich selbst denselben Respekt einfordert und zu vorgegebenen institutionellen Anforderungen auf Distanz geht – und zwar je mehr, desto enger sie formuliert sind. [...] Fast hat man den Eindruck, dass nur das als Eigenschaft des Evangelischseins akzeptiert wird, was man auch selbst zu erfüllen bereit ist. Wenn daran etwas Richtiges ist, dann würde das bedeuten, dass sich die Mehrheit der Kirchenmitglieder durchaus um Übereinstimmung mit den kirchlichen Erwartungen bemüht, diese Übereinstimmung aber nur so erlangen kann, dass sie die Institution gleichzeitig auf Distanz hält.» Dazu kommt, dass Erwartungen an die Kirche vor allem mit Verkündigung (72%), konkreter diakonischer Arbeit (77%/82%) und ritueller Lebensbegleitung (78%), aber gerade nicht mit politischer (22%) oder gesellschaftlicher (sich um Arbeitsalltag und Berufsleben kümmern: 27%) Orientierung verknüpft werden (ebd. 26). Dem entspricht, dass der moralische Lebenswandel (Bemühen, ein anständiger und zuverlässiger Mensch zu sein: 94%), Gewissensfreiheit (seinem Gewissen folgen: 90%) und Toleranz (die Freiheit anderer achten, 89%) die höchsten Werte in der Frage nach den zentralen Aspekten evangelischer Existenz erhalten, Gottesdienstbesuch (56%), Ausrichtung an der Botschaft Jesu (53%) oder Abendmahlsteilnahme (34%) aber eher auf den hinteren Plätzen rangieren.

25 Vgl. etwa José Casanova, Public Religions in the Modern World, Chicago 1994.

keine soziale Gestaltungsmacht im Sinne wachsenden Einflusses – wie eine jüngst erschienene empirische Studie über Religion bei Meinungsmachern zeigt, spielt hier vor allem der in der jüngeren Generation von Elitejournalisten vollzogene Abschied von extrem kirchenkritischen Positionen eine Rolle: Kirchen werden hier konfessionsunabhängig vorrangig als Agenten einer bestimmten gesellschaftlichen kulturellen Prägung sowie als zivilgesellschaftliche Akteure unter anderen wahrgenommen.[26]

Ein protestantischer Einfluss auf gesellschaftliche institutionelle Arrangements lässt sich – etwa im Hinblick auf Verbindungen zum Staat, den bereits erwähnten konfessionellen Religionsunterricht und das gesamte Bildungswesen – zweifellos feststellen, auch wenn Pluralisierungs- und Entflechtungstendenzen, wie sie in der bereits zitierten Schweizer Studie benannt werden, oder systemische Imperative auch im übrigen deutschsprachigen Raum greifen: Entflechtung zeigt sich etwa an Bestrebungen einer Ablösung des konfessionellen Religionsunterrichts durch lebenskundliche Modelle, wie er in der Schweiz bereits in vielen Kantonen, in Deutschland etwa in Brandenburg stattgefunden hat. Pluralisierung zeigt sich nicht nur in der Erhöhung des Anteils nicht-protestantischer Religionen in der Bevölkerung, sondern auch in vielfältigen funktional äquivalenten Angeboten zu klassisch protestantischen Domänen. Das Durchschlagen systemischer Imperative zeigt sich etwa an der Bedeutung ökonomischer Effizienz- oder politischer Partizipationsmotive etwa im Wohlfahrtswesen, die mit christlichen Motivlagen konservativer oder progressiver Prägung geradezu kollidieren können.[27]

Schon hier lässt sich ein erstes Fazit ziehen: Die Rede von der ‹sozialen Gestaltungsmacht des Protestantismus› ist keineswegs gegenstandslos, aber in mehreren Hinsichten präzisierungs- und ergänzungsbedürftig.

Zum ersten scheint es mir sinnvoll, angesichts der empirisch feststellbaren Vielschichtigkeit dessen, was man Protestantismus nennen kann, wie seiner Prägekräfte insgesamt, den Aspekt der sozialen ‹Wirkung› etwas stärker zu betonen als den der ‹Gestaltungsmacht›, wenn es um die empirische Beschreibung geht. Denn der Begriff der ‹sozialen Gestaltungsmacht› lässt ein intentional agierendes Subjekt assoziieren – und das ist schon bei Vorliegen eines geschlossenen und klar abgrenzbaren Milieus oder einer verfassten Organisation aufgrund der internen Pluralitäten und

26 Vgl. Christel Gärtner, Religion bei Meinungsmachern. Zum religiösen Habitus von Elitejournalisten, tv diskurs 44 12/2008, 36–41.

27 Vgl. auch etwa Cornelia Coenen-Marx, Diakonie im Spannungsfeld von Fürsorge und Wettbewerb, gehalten anlässlich der Tagung Strategische Herausforderungen in der Diakonie Bad Boll, 24. bis 25. Mai 2011, Tagungsnummer: 620211, Tagungsleitung: Dr. Dieter Heidtmann; http:// www.ev-akademie-boll.de/typo3conf/ext/naw_securedl/secure.php?u=0&file=fileadmin/res/otg/doku/620211-Coenen-Marx.pdf&t=1307116032&hash=c27822d84941df757188d4f519243dcb (Zugang: 4.1.2012).

Zurechnungsfragen nicht ganz einfach, angesichts der geschilderten Gemengelage aber arg missverständlich.

Das bedeutet aber zweitens, dass eine rein beschreibende Zugriffsweise der Fragestellung nach den Herausforderungen schon aus Gründen, die im empirischen Befund selbst liegen, nicht gerecht zu werden vermag: Denn erstens decken sich soziologische Beschreibung und Selbstwahrnehmung der Akteure keineswegs immer, zweitens ist daher die Abgrenzbarkeit des Phänomenbereichs – wer gehört zum Protestantismus dazu? – hoch umstritten und drittens sind die Anforderungsprofile im Protestantismus vielschichtig, sodass eine heute prima facie plausible Orientierung allein am empirisch erhobenen Interesse der Betroffenen keine sinnvollen Resultate ergäbe. Das bedeutet dann aber, dass eine systematische Zugriffsweise schon aus Gründen des Charakters des empirischen Befundes sinnvoll ist.

Nun lässt sich aber drittens argumentieren, dass es sinnvoll ist, den Begriff der ‹sozialen Gestaltungsmacht› nicht völlig aufzugeben, selbst wenn man die nichtintendierten Wirkungen empirisch im Blick behält, weil nur so die soziale Verantwortung von Protestantinnen und Protestanten, die sowohl Fragen der Rechenschaft über Vergangenheit wie der Gestaltung von Gegenwart und Zukunft impliziert, in den religiösen sozialen Formationen und der Gesellschaft insgesamt sinnvoll konzeptualisiert werden kann. Dann aber stellt sich sofort die Frage nach dem Subjekt dieser Gestaltungsmacht. Wie schon erwähnt, ist das Etikett des Protestantismus hier einigermassen misslich, wenn es zum einzig tragenden Konzept erhoben wird. Hebt man in der Suche nach Alternativen auf den individuellen Christen, die individuelle Christin ab, verliert man den konstitutiven sozialen Zusammenhang aus dem Blick: soziologisch belehrt wissen wir ja, dass wir durch soziale Strukturen bestimmt werden und diese im Fluss unseres Handeln fortwährend reproduzieren und modifizieren – eine Einsicht, die sich etwa im Habitus-Begriff Pierre Bourdieus[28] oder dem Konzept der Dualität der Struktur Anthony Giddens[29] niedergeschlagen hat. Dazu kommt das aus dem reformatorischen Selbstverständnis stammende systematische Argument, dass die Herausforderungen und Verpflichtungen, die Christinnen und Christen gestellt sind, genauso wie ihre Gestaltungsmacht in ihrer Selbstwahrnehmung nun gerade nicht auf immanente Zusammenhänge zu beschränken sind. *Es ist dir gesagt, Mensch, was gut ist* (Mi 6,8) und: *Meine Kraft ist in den Schwachen mächtig* (2Kor 12,9), heisst es ja. Derjenige Begriff, in dem transzendente Konstitution und immanentes Handeln, individuelle Deutung und kollektive Artikulation, kopräsente Interaktion und rechtlich-soziale Verfassung klassisch zusammengedacht werden, ist nun aber auch im reformatorischen Bereich der Begriff der Kirche. Insofern möchte ich für den

28 Vgl. Pierre Bourdieu, Entwurf einer Theorie der Praxis auf der ethnologischen Grundlage der kabylischen Gesellschaft, Frankfurt am Main 1979, 164–189.

29 Vgl. Giddens, Konstitution (Anm. 14), 77–81.

Kirchenbegriff plädieren, wenn es um die Fragen nach dem Subjekt sozialer Gestaltungsmacht des Protestantismus und der Bedeutung der politischen Dimension des Gottesdienstes geht.

3. Die Kirche als Subjekt der Gestaltungsmacht und als Trägerin des Gestaltungsauftrags

Nun scheint es aber, dass wir mit dieser Bestimmung geradewegs vom Regen empirischer Konturlosigkeit in die Traufe dogmatischer Enge oder noch schlimmer, die Diffusion begrifflichen Nebels geraten. Bedürfte es doch eines Kirchenbegriffes, der es erlaubte, empirische Vielspältigkeit mit systematischer Strenge, göttliche Unverfügbarkeit mit menschlicher Handlungsverantwortung, Kirche als *creatura verbi divini* und als bürokratische Organisation zusammenzudenken.

Glücklicherweise verfügen wir über einen solchen Kirchenbegriff.

Gemeint ist der dreigliedrige Begriff der Kirche, den Hans Richard Reuter im Rückgriff auf einen Entwurf Albrecht Ritschls, des wahrscheinlich einflussreichsten Theologen des 19. Jahrhunderts nach Friedrich Schleiermacher, entwickelt hat.[30]

Mit Ritschl unterscheidet Reuter drei Dimensionen des Kirchenbegriffs, die unterschiedliche Perspektiven markieren, also eben nur voneinander zu unterscheiden, aber nicht voneinander zu trennen sind. Im dogmatischen Begriff der Kirche wird sie als *creatura verbi divini* thematisch. Sie lässt sich so verstehen als Gesamtheit derjenigen Menschen, denen sich die Botschaft vom Heil in Christus im Geist erschlossen hat und immer wieder neu erschliesst. Weil jedoch diese Vorgänge menschlicher Beurteilung im strengen Sinne unverfügbar bleiben – selbst der eigene Glaube unterliegt der Anfechtung – muss die Kirche in ihrer Vollendungsgestalt als in Gott verborgen gelten. Von der Kirche in diesem dogmatischen Sinn, der Gemeinschaft der Heiligen, werden die klassischen Eigenschaften oder *proprietates* – Einheit, Heiligkeit, Universalität – ausgesagt.

Die Selbsterschliessung Gottes in Christus durch den Geist bleibt nun freilich gerade auch im Verfügungsbereich der Menschen nicht folgenlos und etwa unsichtbar, sondern initiiert menschliches Handeln. Dies ist der Bereich der Heiligung, um mit Johannes Calvin zu sprechen,[31] Schleiermacher charakterisierte die Kirche daher als Mitteilungszusammenhang,[32] der Hörer des Wortes, so Karl Barth, kann

30 Vgl. zum folgenden Hans-Richard Reuter, Der Begriff der Kirche in theologischer Sicht, in: ders., Gerhard Rau/Klaus Schlaich (Hg.), Das Recht der Kirche Bd. 1. Zur Theorie des Kirchenrechts, Gütersloh 1997, 23–75.

31 Vgl. Johannes Calvin, Unterricht in der christlichen Religion. Institutio christianae religionis, Calvin, Institutio Deutsch, nach der letzten Ausgabe übersetzt und bearbeitet von Otto Weber, Neukirchen 1937 (Original 1559), III, 6–10.

32 Vgl. Friedrich Daniel Ernst Schleiermacher, Der christliche Glaube (2. Auflage 1830/31), hg. v. Rolf Schäfer, Berlin 2008, §124, 298.

nicht anders als Täter des Wortes sein.[33] Reuter spricht hier mit Ritschl von der ethischen, auf menschliches Handeln bezogenen Dimension des Kirchenbegriffs – hier geht es um den Gottesdienst der Menschen im engeren wie im weiteren Sinne. Als zentrale menschliche Interaktionen, angesichts derer sich auf die Präsenz der Kirche im dogmatischen Sinn vertrauen lässt, gelten dabei nach übereinstimmendem reformatorischem Zeugnis die Verkündigung des Wortes von Christus als darstellende Handlung des Bezeugens und die Feier von Taufe und Abendmahl als zeichenhafte Bekenntnishandlungen – diese werden begrifflich genau daher auch nicht als *proprietates*, sondern als *notae ecclesiae*, Kennzeichen der Kirche, bezeichnet.[34] Den innerreformatorischen Zwist über die Kirchenzucht (*disciplina*) sucht Reuter dabei zu bearbeiten, indem er in Applikation der Schleiermacherschen Unterscheidung von darstellendem und wirksamem Handeln von den expliziten *notae*, die der Darstellung des Heilszusammenhangs gelten, implizite *notae* unterscheidet, die auf das wirksame Handeln der Christen in der Welt abheben. Sie müssen als implizite *notae* gelten, weil sie sich auf die expliziten *notae* gründen und beziehen – Reuter nennt hier das Bildungs-, Gerechtigkeits- und Solidaritätshandeln der Kirche. Das Bildungshandeln ist Implikat des personalen Bildungsgeschehens der Wortverkündigung, das Gerechtigkeitshandeln liegt in der Konsequenz desjenigen göttlichen Zuspruchs unverlierbarer menschlicher Würde, der der Symbolhandlung der Wassertaufe zugrunde liegt, das Solidaritätshandeln wiederum gründet in der eine prinzipiell offene und nicht-exklusive Gemeinschaft konstituierenden symbolischen Mahl- und Gabenfeier der Gemeinde.

Nun erhalten sich diese menschlichen Interaktionen, die die erfahrbare Kirche ausmachen, nicht von selbst, sondern bedürfen zur Gewährleistung der Dauer wie der gerechten Verteilung der dabei anfallenden Lasten einer institutionell verfassten Sozial- und Rechtsgestalt, deren Parameter sich immer auch nach den Bedingungen derjenigen Gesellschaft richten, in der sie errichtet wird. Gegenwärtig lässt sich diese Sozialgestalt sinnvoll als Organisation beschreiben, auch wenn die Kirche in ihrer Beschreibung als Organisation – Integrat von Handlungen durch Programm und Mitgliedschaftsregel – nicht aufgehen kann: Denn schon die Entscheidung über Mitgliedschaft ist in christlicher Perspektive keine, die einfach die Mitglieder selbst treffen, das Programm ist insofern eben gerade nicht selbstgewählt, sondern verdankt Vorgaben, die als transzendenten Ursprungs aufgefasst werden. Die Pointe dieses – hier sehr verkürzt dargestellten – dreigliedrigen Kirchenbegriffs besteht nun in der Auffassung, dass die Kirche «primär Geschöpf des

33 Vgl. Karl Barth, KD I/2, 401.

34 Der systematische Hintergrund dieser Operation liegt in der Bearbeitung der reformatorischen Unschärfe, mit der in CA VII das Konstitutionsverhältnis von Gemeinschaft und rechter Evangeliumsverkündigung sowie in CA V der Geist behandelt wird. Vgl. Reuter, Kirche (Anm. 30), 32.

Geistes in den menschlichen Herzen, sodann selbsttätige sittliche Gemeinschaft und erst daraufhin formale Organisation»[35] ist. Was nun bringt dieser Kirchenbegriff für die Frage nach protestantischer Gestaltungsmacht und protestantischem Gestaltungsauftrag als Bedingungen der politischen Dimension des Gottesdienstes?

Erstens erlaubt er eine Vermittlung von institutionell als partikularer Organisation verfasster Kirche und freiem, empirisch erfassbarem Protestantismus, die hier als die zwei Ebenen der erfahrbaren Kirche in den Blick kommen. Denn wenn die Organisationsgestalt der Kirche ihre Legitimität und Notwendigkeit aus der Gewährleistung der Dauerhaftigkeit und gerechten Durchführung der für die Kirche als sittliche Gemeinschaft zentralen Interaktionen ableitet, ist bereits deutlich, dass die Kirche nicht in ihrer Organisationsgestalt aufgehen kann, weil das Christentum letztlich nicht vollständig organisierbar ist. Dies bedeutet weiterhin auch, dass sich die verfasste Kirche manche Wirkungen zurechnen lassen kann und muss, auch wenn sie sie nicht alle kontrollieren kann. Denn der Zweck der Kirchenorganisation besteht in protestantischer Sicht lediglich in der Gewährleistung von Dauer und gerechter Lastenverteilung in der Durchführung der Vollzüge der Kirche als sittlicher Gemeinschaft, nicht aber in der vollständigen Definition und Determination derselben. Damit wird die partikular organisierte Kirche gut daran tun, die Offenheit ihrer Grenzen – sowohl hinsichtlich unterschiedlicher Formen der Mitgliedschaft wie bezüglich verschiedenster Handlungsformen und -inhalte – stets zu berücksichtigen. Wenn Kirche primär Geschöpf des Geistes im menschlichen Herzen ist, dann muss auch mit nicht-organisiertem Christentum gerechnet werden, selbst wenn dies als defizitäre Mitgliedschaftsform gelten muss,[36] weil man sich an den Lasten der Aufrechterhaltung dieses Handelns nicht beteiligt. Wenn Kirche zuerst sittliche Gemeinschaft und erst daraufhin formale Organisation ist, dann ist auch der Bestand an Handlungen, die zur Organisation gerechnet werden, prinzipiell offen, variabel und damit regelmässig umstritten, selbst wenn es im Konzept des engeren und weiteren Gottesdienstes Kriterien gibt, an denen sich der Streit orientieren kann, und dieser Streit um der Anschaulichkeit der Kirche willen auch theologisch geführt werden muss. Konkret bedeutet das, dass soziologische Mitgliedschaftsuntersuchungen ein wichtiges Instrument der Organisation darstellen, um die empirische Wahrnehmung der Kirche als sittliche Gemeinschaft immer wieder neu zu gewinnen. Freilich ist dann eine auf das Selbstverständnis der Kirche bezogene und damit also theologische Konzeptualisierung vonnöten, um die Besonderheit der Kirche nicht aus dem Blick zu verlieren. Die dabei als empirisch bedeutsam erwiesenen Aspekte der kulturellen Vergewisserung können etwa in den

35 Reuter, Kirche (Anm. 30), 49.

36 Wer das Bildungs-, Gerechtigkeits- und Solidaritätshandeln der Kirche wie ihre Darstellungen des Gottesverhältnisses prinzipiell billigt, der sollte auch zur Finanzierung der Lasten herangezogen werden können, also Mitglied einer Kirchenorganisation im rechtlichen Sinne werden.

Rahmen des Verkündigungs- und Bildungshandelns, die der rituellen Lebensbegleitung in denjenigen des Zeichen- und Solidaritätshandelns und diejenigen des Einsatzes für die sozial Unterlegenen in den des Zeichen- und Gerechtigkeitshandelns eingeordnet, damit aber auch in ihrem spezifisch kirchlichen Charakter anschaulich werden.

Zweitens ermöglicht ein solcher Kirchenbegriff aber auch eine Verhältnisbestimmung von unverfügbarer göttlicher und menschlicher Gestaltungsmacht, sofern er darauf aufmerksam macht, dass die hier mögliche soziale Gestaltungsmacht sowohl des Protestantismus wie der organisierten Partikularkirchen letztlich in einem unverfügbaren göttlichen Geschehen – der *deo volente* stattfindenden Selbsterschliessung des Heils in Christus durch den Geist – gründet, die insofern auch Kriterien für die Entfaltung menschlicher Gestaltungsmacht bereitstellt. Karl Barth hat an dieser Stelle vor zwei problematischen Formen kirchlich organisierter Machtentfaltung gewarnt: Als *Kirche im Defekt* bezeichnete er eine Organisation, die Christus als ihrem letzten transzendenten Grund nichts zutraut und sich daher mit ihrem Verkündigungs-, also Bildungshandeln hinter allerlei relevanzversprechenden Themen – und nicht zuletzt hinter dem Gerechtigkeits- und Solidaritätshandeln – zu verbergen sucht.[37] Manfred Josuttis hat diesen Sachverhalt aus einer theologisch völlig anders gelagerten Position als Angst der Kirchen vor der Macht des Religiösen konzeptualisiert.[38] Beide sind sich aber einig, dass die Problematik solcher Strategien darin liegt, dass letztlich nicht mehr klar ist, warum es überhaupt einer Kirche bedarf, zumal andere Organisationen oder Bewegungen funktionale Äquivalente der Orientierung und Begleitung bereitstellen. Auf der anderen Seite steht in der Barth'schen Terminologie die *Kirche im Exzess*: Damit bezeichnet er eine Organisationsausprägung, die Zweck und Mittel vertauscht und daher Christus als Mittel der gesellschaftlichen Selbstdurchsetzung der Kirchenorganisation zu verwenden sucht und so in der Vergrösserung der Mitgliederzahl oder des politischen Einflusses der Organisation das Heil vermutet und dabei weder mit der Unverfügbarkeit göttlicher Selbsterschliessung noch ihrer Wirkung im Handeln der Christinnen und Christen als sittliche Gemeinschaft rechnet. Ausgerechnet Trutz Rendtorff, sonst einer der schärfsten Kritiker Barths, war insofern sachlich mit Barth darin einig, dass er immer wieder vor Tendenzen partikularkirchlicher, organisatorischer Machtentfaltung gewarnt hat.[39]

37 Vgl. Karl Barth, Das christliche Leben. Die Kirchliche Dogmatik IV/4. Fragmente aus dem Nachlaß. Vorlesungen 1959–1961, hg. von Hans-Anton Drewes und Eberhard Jüngel (Karl Barth Gesamtausgabe II.7, Akademische Werke 1959–1961), Zürich 1976, § 77, 223–235.

38 Vgl. Manfred Josuttis, Petrus, die Kirche und die verdammte Macht, Stuttgart 1993, 38–45.

39 Hintergrund ist hier allerdings die lutherische Betonung der Freiheit der Gewissen, vgl. hierzu etwa Trutz Rendtorff, Ethik Bd. 1, Stuttgart u. a. 2. Aufl. 1990, 53–57.

Besonders bedeutsam für unser Thema scheint mir aber nun drittens, dass die hier skizzierte Rede von der Kirche nicht nur ein entfaltetes Verständnis und eine präzise akteurbezogene Zuordnung der politischen Macht protestantischer Christinnen und Christen ermöglicht, sondern auch Kriterien für die Frage nach der politischen Gestaltungsverpflichtung bereitstellt, die ja durchaus immer auch innertheologisch umstritten ist, wie etwa die klassischen Stichworte Zweireichelehre und Königsherrschaft Christi signalisieren.[40] Die Vollzüge der Kirche als sittliche Gemeinschaft sind ja nichts anderes als menschliche Entsprechungsversuche zum göttlichen Wirken im darstellenden, symbolisierenden und wirksamen, organisierenden Handeln, in denen der Pflichtbegriff nur eine Facette bietet. Man kann solche Entsprechung als Tugend verstehen, sofern man sie als göttlicher Ermöglichung verdankt konzeptualisiert, als Pflicht auffassen, sofern man sie als Reaktion auf göttliches Gebot thematisiert, oder als Gut wahrnehmen, sofern man sie auf göttliche Verheissung zurückführt. Die Kriterien protestantischer Gestaltung scheinen mir nun tatsächlich in den expliziten und impliziten Kennzeichen der Kirche im ethischen Sinne zu liegen. Sie umfassen die Einsicht in die Ermöglichung und Aufgabe der Darstellung des Glaubens im Geben und Empfangen des Wortzeugnisses und im zeichenhaften Bekennen sowie seiner Wirksamkeitsentfaltung im darauf bezogenen Bildungs-, Gerechtigkeits- und Solidaritätshandeln. Sofern in der Taufe auch die Einsicht in die menschliche Würde symbolisiert wird, die nach christlicher Auffassung darin wurzelt, dass Gott jeden Menschen seiner Zuwendung würdigt und impliziert, dass einem jeden unveräusserliche Rechte zukommen; sofern im Abendmahl diejenige wechselseitige Solidarität zur Darstellung kommt, die in Christi Hingabe für alle Menschen begründet ist und in christlicher Perspektive schon daher nicht exklusiv sein kann, sind hier Grundzüge einer politischen Aufgabe der Kirche grundgelegt. Diese Kriterien richten sich selbstverständlich auf das Handeln eines jeden Christen und einer jeden Christin, die sich nur zur Gewährleistung der Dauerhaftigkeit des Handelns und gerechter Lastenverteilung in rechtlich verfassten Sozialgebilden organisieren. Die theologische Explikation der Bedeutung, der Reichweite und des Zusammenhangs der expliziten und impliziten *notae* auch im konkreten, kultur- und religionspluralen gesellschaftlichen und sozialpolitischen Kontext gehört nun meines Erachtens zu den Aufgaben des kirchlichen Bildungshandelns im engeren wie im weiteren Sinne. Die sich hier ergebenden Fragestellungen und Streitpunkte werden seit einiger Zeit im deutschsprachigen Raum wie international unter dem Rubrum einer ‹öffentlichen Theologie› (*public theology*) erörtert.

40 Vgl. hierzu etwa aus lutherischer Sicht Ernst Wolf, Die rechtstaatliche Ordnung als theologisches Problem, in: Theodor Strohm/Heinz-Dietrich Wendland, Kirche und moderne Demokratie, Darmstadt 1973, 257–304.

4. Öffentliche Theologie als Konkretion protestantischer Gestaltungsverpflichtung im Bereich des kirchlichen Bildungshandelns

Obgleich der Begriff der öffentlichen Theologie in jüngerer Zeit unzweifelhaft Karriere gemacht hat – es gibt eine Buchreihe, eine internationale Zeitschrift, ein globales Netzwerk und eine ganze Reihe von Publikationen[41] –, ist er doch keineswegs eindeutig. Während der Politologe Hans Maier im deutschsprachigen Raum bereits Anfang der siebziger Jahre in seiner Kritik an Johann Baptist Metz' Unternehmen einer politischen Theologie den Begriff der ‹öffentlichen Theologie› «im Sinn stärkerer Betonung des Öffentlichkeitscharakters der christlichen Botschaft» vorgeschlagen hat,[42] weil er, an die Politische Theologie Carl Schmitts erinnernd, mit Erik Peterson die Ansicht vertrat, dass das Christentum auf Grund seiner eschatologischen Orientierung jede politische Theologie im Sinne der theologischen Rechtfertigung politischer Gebilde ablehnen müsse,[43] verdankt sich die angelsächsische Lesart des Begriffs der *public theology* einem Rekurs des Kirchengeschichtlers Martin E. Marty auf das Werk Reinhold Niebuhrs. Niebuhr, so Marty, habe darin paradigmatisch gewirkt, dass er zwei Stränge amerikanischen religiösen Denkens zu einem Paradigma der *public theology* verbunden habe: die kirchenbasierte öffentliche theologische Reflexion Edwards, Bushnells, und des *social gospel* Walter Rauschenbuschs mit der ‹republikanischen Religion› Franklins, Lincolns und Wilsons.[44] Schon die schlaglichtartige Gegenüberstellung dieser Hinweise auf die Begriffsgenese macht deutlich, dass der Begriff der ‹öffentlichen Theologie› in seiner Verwendung zwischen verschiedenen Bedeutungsgehalten schwankt: Versteht Marty *public theology* vor allem zwischen Theologie der Öffentlichkeit und Zivilreligion im Sinne Bellahs angesiedelt – immerhin geht es ihm um die Deutung der ‹amerikanischen Erfahrung›! –, kann der reformierte us-amerikanische Ethiker

41 Vgl. dazu insgesamt Rudolf von Sinner, Öffentliche Theologie: Neue Ansätze in theologischer Perspektive, Evangelische Theologie 5/2011, 324–340.

42 Vgl. Hans Maier, Kritik der Politischen Theologie (Orig. 1970), in: ders., Politische Religionen, Gesammelte Aufsätze Bd. 2, Regensburg 2007, 15–74, hier 22: «Das Problem läge also in einer problematischen begrifflichen Fassung einer richtigen Einsicht, und man wäre über die Schwierigkeiten hinweg, wenn man für ‹politische Theologie› den in der französischen Theologie geläufigen Begriff der ‹théologie publique› einsetzte, das Wort verstanden im Sinn stärkerer Betonung des Öffentlichkeitscharakters der christlichen Botschaft, als Gegenthese zu Kierkegaards ‹Einzelnem› und seinem Pathos religiöser Innerlichkeit». Vgl. weiterhin ebd. 46, Anm. 100: «Gesellschaftskritische Theologie ist in der Tat – was Metz betont – zu eng, doch warum nicht öffentliche, oder noch konsequenter, eschatologische Theologie?» Vgl. dazu Wolfgang Vögele, Zivilreligion in der Bundesrepublik Deutschland, Gütersloh 1994, 419–421.

43 Vgl. Hans Maier, Erik Peterson und das Problem der Politischen Theologie, in: ders., Religionen (Anm. 42), 74–89, hier: 74–75. Peterson rekurriert darüber hinaus auch noch auf die trinitarische Gotteskonzeption, die einer religiösen Monarchie widerspreche.

44 Vgl. Martin E. Marty, Public Theology: Reinhold Niebuhr and the American Experience, The Journal of Religion, 54/4 1974, 332–359, hier 332–334.359.

Max Stackhouse das Konzept näher an eine politische Theologie im klassischen antiken Sinne des staats- und gesellschaftstragenden Kultus heranrücken, als dessen Träger er im globalen Zeitalter das Christentum sieht,[45] während ein Theologe wie Ronald Thiemann[46] in seinem Konzept der *public theology* die Funktion kirchlicher Selbstbeschreibung betont. Andere – darunter auch englische, deutsche, brasilianische und südafrikanische Vertreter – wiederum argumentieren eher in Richtung einer gesellschaftskritischen, politisch orientierten Theologie im Sinne Johann Baptist Metz', Dorothee Sölles und Jürgen Moltmanns,[47] wobei auch hier unterschiedliche Akzentuierungen möglich sind. So wollen etwa Rudolf von Sinner, John de Gruchy, Wolfgang Huber oder Heinrich Bedford-Strohm auf die Relevanz der Reflexion öffentlich bedeutsamer Themen im Licht theologischer Traditionen hinweisen, während es einem eher evangelikal ausgerichteten Autor wie Willie James Webb ungebrochen um die kritisch gemeinte Ausbreitung christlich-theologischer Einsichten in der Gesellschaft geht, selbst wenn er die Bedeutung anderer Religionen und ihre Ausbildung eigener *public theologies* wahrnimmt und gutheisst.[48] Gemeinsam scheint den verschiedenen Positionen, dass es in der öffentlichen Theologie um einen «theologically informed public discourse about public issues» geht.[49]

Den Begriff der ‹öffentlichen Theologie›, dessen Boom sicher auch mit der von José Casanova konstatierten Rückkehr der Religionen ins Bewusstsein der Öffentlichkeit zusammenhängt, möchte ich – auch angesichts der oben skizzierten Heterogenität der Verständnisse – hier nicht so sehr als theologische Positions- oder Richtungsbestimmung, sondern im Sinne einer politischen Aufgabenstellung, eines Topos jeder (modernen) Theologie verstehen, eben der Aufgabe eines ‹theologisch informierten öffentlichen Diskurses über öffentliche Angelegenheiten›. Ausgehend

45 Vgl. die Darstellung bei Rudolf von Sinner, Theologie (Anm. 41), 334–335.

46 Ronald F. Thiemann, Constructiung a Public Theology. Westminster 1991, ders./Mary Jo Bane/Brent Coffin (Hg.), Who will provide? The Changing Role of religion in American Social Welfare, Boulder 2000.

47 Vgl. hierzu auch Scott Paeth, Exodus church and civil society: public theology and social theory in the work of Jürgen Moltmann, Ashgate 2008. In seinem Kapitel über American Public Theology beschäftigt er sich besonders mit Ronald F. Thiemann, David Tracy und James Skillen.

48 Vgl. Willie J. Webb, The Way out of Darkness. Vital Public Theology. Actions to Turn the Lethal Tide, Blooming-ton 2008, 2: «It is the urgent challenge of theology and theologians to decipher the core values and the primary sal-vation message of religion to be instilled in religious, educational, industrial, cultural and social institutions. It is a must that leaders embrace the core values of true religion, theological knowledge and the highest and most sound ethical and moral values.» Zu anderen Religionen, 9: «There is room for other religions to develop and practice pub-lic theology. There is hope for greater understanding and greater good in societythrough the associations of public theology of other religions. [...] This would give theology the broad impact that is needed.»

49 Harold Breitenberg, To tell the Truth. Would the Real Public Theology please Stand up? Journal of the Society of Christian Ethics, 23/2 2003, 13, zitiert in: Paeth, Exodus (Anm. 47), 75.

von dem oben erläuterten Verständnis der Kirche als Adressatin des Auftrags und Subjekt sozialer Gestaltungsmacht ist dabei zunächst die Begriffswahl zu erläutern. In einem zweiten Schritt skizziere ich dann den Begriffsgebrauch in der Darstellung der Funktion öffentlicher Theologie im demokratischen Gemeinwesen. Schliesslich möchte ich knapp auf die Gehalte und Herausforderungen öffentlicher Theologie eingehen, wie sie sich mir gegenwärtig darstellen.

Zunächst ist die Begriffswahl überhaupt zu rechtfertigen. Für den Gebrauch des Begriffs ‹öffentliche Theologie› sprechen meiner Auffassung nach vier Gründe: Erstens vermeidet der Begriff die Unklarheiten, die mit dem Konzept der ‹politischen Theologie› einhergehen, also sowohl die Verwechselbarkeit mit den antiken Ansätzen religiöser Staatsfrömmigkeit oder Theokratie als auch mit der Carl Schmitt'schen Auffassung, der politischen Verfassung entspreche stets eine Metaphysik und nach der Entplausibilisierung von Theismus und Deismus bleibe nur noch der Dezisionismus übrig, weil die Demokratie antimetaphysisch sei.[50] Während zweitens gesagt werden kann, dass Theologie immer unter dem Aspekt politischer Bedeutung beobachtet werden kann, sodass auch der Quietismus als politische Option gelten muss, ist die öffentliche Kommunikation nicht in gleicher Weise notwendig gegeben, eignet dem Begriff der ‹öffentlichen Theologie› also tatsächlich eine synthetische Qualität. Theologie als sprach- und handlungsbezogener Reflexionsprozess des Glaubens kann auch nicht-öffentlich vollzogen werden und zwar hinsichtlich verschiedener Öffentlichkeiten; sowohl innerhalb einer Kirchenorganisation als auch auf der Ebene der Interaktion, und natürlich können sich Angehörige einer Religion der gesellschaftsöffentlichen Auseinandersetzung über ihre Ansichten entziehen. Mysterienreligionen machen die Nichtöffentlichkeit gerade zum strukturellen Merkmal, Kommunikationsverweigerung mit Nichtgläubigen kann zum Instrumentarium einer religiösen Gruppierung regelmässig hinzugehören. Drittens erlaubt der Begriff auch klare Abgrenzungen zum Konzept der Zivilreligion, also einer staatsintegrierend gedachten Inanspruchnahme religiöser Termini, die sich von der antiken politischen Theologie besonders darin unterscheidet, dass die Füllung dieser Termini in der Regel bewusst offengelassen wird, um über eine bewusst eingesetzte Äquivokation bzw. Mehrfachcodierung Loyalitäten verschiedenster Gruppen zu ermöglichen.[51] Viertens sollte auch die gegenwärtig gegebene Konjunktur und internationale Anschlussfähigkeit nicht ausser Acht gelassen werden, auch wenn über ihre Halbwertszeit noch nicht so viel gesagt werden kann.

50 Vgl. hierzu Carl Schmitt, Politische Theologie. Vier Kapitel zur Lehre von der Souveränität, Berlin 8. Aufl. 2004, (Original 1922), 43–55.

51 Vgl. hierzu etwa den grundlegenden Artikel von Robert N. Bellah, Zivilreligion in Amerika, in: Heinz Kleger/Alois Müller (Hg.), Religion des Bürgers. Zivilreligion in Amerika und Europa, München 1986, 19–41.

Ein zweiter Aspekt bezieht sich nun auf den Begriffsgebrauch, die Begründung dieser Aufgabenstellung und damit die Funktion öffentlicher Theologie. Warum sollte Theologie als Selbstreflexion und Artikulation des Glaubens einer gesellschaftlich partikularen Gruppierung öffentlich betrieben werden? Die Problematik hat gleichsam eine Innen- wie eine Aussenseite.

Auf der Innenseite, also im Verhältnis unter evangelischen Christinnen und Christen auf der Ebene der kirchlichen gottesdienstlichen Lebensvollzüge im engeren und weiteren Sinn erfüllt der Vollzug der öffentlichen gemeinsamen Reflexion auf diese Vollzüge gleichsam die Funktion eines Lehramts, das im Kontext einer als *creatura verbi* im Priestertum aller Gläubigen begründeten Kirche unmöglich als hierarchisch gedacht werden kann. Diskurse zu Bedeutung, Gehalt und Konsequenz der expliziten *notae* – der Verkündigung und der sakramentalen Zeichenhandlungen – wie der impliziten *notae*, also des Bildungs-, Gerechtigkeits- und Solidaritätshandelns der Kirche – sind im Kontext der erfahrbaren Kirche nach reformiertem Verständnis schon in den internen Öffentlichkeiten unterschiedlicher Reichweite unhintergehbar. Solche Diskurse beginnen bereits im Predigtnachgespräch, bei Krankenbesuchen, in der Kirchlichen Unterweisung, im Akademiegespräch oder im Taufelternseminar im Kontext eines Kindergartens und hören im Rat des Schweizerischen Evangelischen Kirchenbunds oder in der Kammer für Theologie der EKD noch lange nicht auf. Weil die Verkündigung aus der Schrift in evangelischer Sicht Sache gemeinsamer Exegese ist, die konstitutiven Zeichenhandlungen von Taufe und Abendmahl symbolisch konstituiert werden und der Gottesdienst im weiteren Sinne die Handlungsmöglichkeiten der als Organisation verfassten Kirche regelmässig übersteigt, sind die entsprechenden Deutungs- und Klärungsvollzüge stets Sache aller Glieder der Kirche, nicht nur der Mitglieder der Organisation und nicht einmal nur der Getauften, auch wenn die Organisationsmitglieder natürlich in der Formulierung des Organisationsprogramms eindeutigen Vorrang geniessen. Aus diesem Grund ist bereits hier öffentliche Reflexion unhintergehbar, aus diesem Grund bedarf die starke und sachlich durchaus notwendige Ausdifferenzierung theologischer Wissenschaft mit ihrer Ausprägung von Fachdiskursen des Gegenpols einer immer wieder vorzunehmenden Rückbindung in die Alltagswelt der Christinnen und Christen und ist diesen im Gegenzug immer wieder die Beschäftigung auch mit anspruchsvollen theologischen Erwägungen zuzumuten.

Weil aber nun bereits die erfahrbare Kirche in ihrer Organisationsgestalt nicht aufgeht, ist auch die Begrenzung auf ‹interne› Öffentlichkeiten nicht trivial, und zwar ganz einfach deshalb, weil nur qua bestimmter Negation festzustellen ist, wer hier nicht mitredet oder zumindest mitreden könnte. Der Vater eines der Freunde unseres Sohnes ist ein Muslim türkischer Herkunft, der eine Muslima mit marokkanischen Wurzeln geheiratet hat, mit ihrer Religiosität aber nur wenig anfangen kann, der mit seiner Familie gern Weihnachten feiert, auch wenn er dazu nicht in die Kirche geht, und anlässlich eines Gartenfestes schon einmal die halbe Nacht mit einem – gleichermassen interessierten und nicht-intellektuellen – Freund christlicher Herkunft und mir über dessen unglücklichen Agnostizismus und die Bedeutung der Moral diskutiert: Wer wollte bestreiten, dass sich das Wort Gottes auch und gerade hier ereignen kann?

Damit sind wir bereits bei der Frage einer öffentlichen Theologie nach ihrer ‹Aussenseite› hin. Die Tatsache der Unverfügbarkeit göttlichen Handelns wie der Kirche im Vollendungssinne impliziert, so hatten wir im Rekurs auf den dreigliedrigen Kirchenbegriff gesagt, dass das menschliche gottesdienstliche Handeln als Entsprechungsversuch zum göttlich-offenbarenden Handeln zu verstehen ist, ein Entsprechungsversuch, der mit der Sünde und damit seiner eigenen Fehlbarkeit regelmässig zu rechnen hat. Insofern geht die Kirche schon in der rechtlichen und sozialen Organisation derjenigen Interaktionen, in denen sich die Menschen zusammenfinden, denen sich das Heil in Christus erschlossen hat, nicht auf. Weil es in der Konstitution des Glaubens um ein unverfügbares Wirken des Geistes und im menschlichen Handeln um Entsprechungsversuche geht, die sich ihrer eigenen Fehlbarkeit vor Gott nur zu gewiss sind, ist Erzwingbarkeit religiöser Haltung bereits in evangelisch-christlicher Binnenperspektive schlechterdings ausgeschlossen, ein Sachverhalt, dem die organisierte Kirche etwa in ihrem Mitgliedschaftsrecht zu entsprechen hat. Religiöse Haltung ist nicht erzwingbar, und dies gilt natürlich besonders im Gegenüber zu Menschen, die sich selbst nicht als Christinnen oder Christen verstehen oder denen der evangelische Zugang fremd bleibt. Martin Luther hat das in den Invokavitpredigten mit den Worten, man könne niemanden mit Knüppeln zum Himmel prügeln, weil nur Gott ins Herz sehe, wir aber nur bis zu den Ohren kämen, derb, aber klar ausgedrückt.[52] Diese Einsicht, die Karl Barth unter reformierten Vorzeichen als christlichen Respekt der Differenz und Bezogenheit von Staat und Reich Gottes rekonstruiert hat,[53] sollte Christinnen und Christen davor bewahren, ein politisches Gemeinwesen christlich begründen oder regieren zu wollen: Denn im Rahmen eines politischen Gemeinwesens muss es um der Gerechtigkeit willen um verpflichtende und also auch erzwingbare Regeln gehen, bei denen von der jeweils inneren Haltung gerade zu abstrahieren ist – gerade weil sie auf das Bekenntnis zu Christus und nicht zu sich selbst als König der Welt fokussiert ist, bleibt Freiheit der Religion insofern das letzte Wort der evangelischen

52 Vgl. Martin Luther, Acht Sermone D. M. Luthers, von im geprediget zu Wittemberg in der Fasten, WA 10/3, 1–64.

53 Vgl. Karl Barth, Christengemeinde und Bürgergemeinde, in: ders., Rechtfertigung und Recht, Christengemeinde und Bürgergemeinde, Evangelium und Gesetz, Zürich 1998, 47–80 (Orig. 1946), hier: 56-63. In der oben zitierten Auslegung der Confessio Scotica (Barth, Gotteserkenntnis (Anm. 16), 210) kritisiert Barth die theokratischen Aussagen des Bekenntnisses, in denen die Obrigkeit zur Zwangsdurchsetzung der Reformation aufgefordert wird, explizit mit dem Argument, geistliche Verkehrtheit könne nur geistlich, nicht aber durch politische Gewalt überwunden werden.

Kirche und damit auch des organisierten evangelischen Christentums hinsichtlich des Staates, sodass von einer prinzipiellen politischen Selbstbegrenzung der Kirche gesprochen werden kann. Religionsfreiheit ist politisch gesehen übrigens auch deswegen zentral, weil die öffentliche, freimütige Rede schon seit dem Auftreten Jesu und der frühchristlichen Verkündigung als zentrale Äusserungsform und damit auch als Wahrheitsermittlungsverfahren normativ bindend verstanden wird.[54] Von der Kirche als Organisation lässt sich insofern sagen, dass sie in den drei Arenen der Politik, von denen etwa Jürgen Habermas mit Claus Offe unter Rückbezug auf Hegels Politikmodell spricht[55] – also verfasstem Staatsapparat, rechtlich und marktlich geregelter Zivilgesellschaft und lebensweltlichen Gemeinschaften –, gerade nicht in der ersten, sondern am ehesten zwischen der zweiten und dritten Arena zu situieren ist.[56]

Allerdings ist davon auszugehen, dass Christinnen und Christen auch in ihrer Rolle als Staatsbürgerinnen und Staatsbürger, als Marktteilnehmer und Marktteilnehmerinnen oder in anderen Lebensvollzügen nicht einfach von ihrer christlichen Lebensorientierung zu abstrahieren vermögen, ganz gleichgültig, wie stark und in welchem Grad sie in der organisierten Kirche eingebunden sind. Auch wenn sie sich darüber im Klaren sind, dass ihr Bekenntnis zu Christus als Herrn der Welt (und also auch des Staates) für andere Menschen den Status einer bloss partikularen Glaubensvorstellung haben kann, bleibt es für sie doch gültiger Anspruch Christi auf das ganze Leben und insofern auch auf die politische Existenz. Aus diesem Grund werden Christinnen und Christen auch in den Fragen, die sie als Staatsbürger/-innen betreffen, im Licht des christlichen Glaubens Orientierung suchen. Die diskursive Suche nach solcher Orientierung lässt sich als ‹theologisch informierter öffentlicher Diskurses über öffentliche Angelegenheiten›, kurz: als öffentliche Theologie bezeichnen. Über die Orientierung von Menschen hinaus, die sich selbst als – der organisierten Kirche mehr oder weniger nahestehende – Christinnen und Christen verstehen, hat öffentliche Theologie nach dieser Aussenseite aber noch eine zweite und dritte Funktion.

54 Vgl. hierzu Sinner, Theologie (Anm. 41).

55 Vgl. Jürgen Habermas, Die Krise des Wohlfahrtsstaates und die Erschöpfung utopischer Energien, in: ders., Die Neue Unübersichtlichkeit, Frankfurt am Main 1985, 141–167, hier: 159.

56 In diesem Sinne ist wohl auch das Votum zu verstehen, man wolle nicht Politik machen, sondern Politik möglich machen (vgl. Rat der EKD/DBK, Für eine Zukunft in Solidarität und Gerechtigkeit, Hannover 1997, 7, das sachlich mit den Äusserungen der sogenannten Denkschriftendenkschriften der EKD konvergiert (vgl. Rat der EKD, Aufgaben und Grenzen kirchlicher Äußerungen zu gesellschaftlichen Fragen, Gütersloh 1970). Diese Schrift benannte als Kriterien von Äusserungen der verfassten Kirche Schrift- und Sachgemässheit (vgl. Rat der EKD, Das rechte Wort zur rechten Zeit, Gütersloh 2008, 13), während die zweite Denkschriftendenkschrift auch Zeitpunkte und Kommunikationsstrategien (Ebd. 11) thematisiert.

Die zweite Funktion ist die einer operativen Selbstbegrenzung im demokratischen Gemeinwesen: Indem nämlich Christinnen und Christen ihre religiös begründeten gesellschaftlichen Orientierungen in die Prozesse demokratischer Öffentlichkeit einbringen, unterwerfen sie sie gleichzeitig einer Art Verallgemeinerungsprüfung, weil sich dabei herausstellen kann, welche Einsichten in einem pluralen, multireligiösen, von vielen Weltanschauungen und Kulturen geprägten Gemeinwesen von anderen Bürgerinnen und Bürgern zwanglos geteilt werden können. Weil Kirche in dem oben skizzierten Verständnis nicht ein Gegenüber zur, sondern ein Moment der Gesellschaft darstellt, ist regelmässig damit zu rechnen, dass Einwände nichtchristlicher Herkunft auch zu Revisionen innerhalb der Kirche führen können – das gilt etwa in denjenigen Fällen, in denen historisch gewachsene Gestaltungsmacht mit den Prinzipien des evangelischen Christentums oder und dem Verständnis demokratischer Staatlichkeit nicht (mehr) zusammenpassen will: Ein entsprechender Prozess hat – m. W. ohne tiefgreifende Proteste – 2002 zur Auflösung der lutherischen Staatskirche in Schweden und zu ihrer Rekonstitution als zivilgesellschaftliche Organisation geführt.

Die dritte Funktion öffentlicher Theologie hängt mit der ersten und der zweiten Funktion eng zusammen: Indem nämlich christliche Orientierungen in die Debatten von Fragen allgemeinen Interesses eingespeist werden, ist auch damit zu rechnen, dass Konzeptionen, Ideen oder Politikoptionen christlicher Herkunft als konsensfähig oder jedenfalls attraktiv (im Sinne des *overlapping consensus* begründungsoffener Regelungen) übernommen werden. In diesem Sinne hat Jürgen Habermas bekanntlich in bioethischen Fragen optiert.[57] Seine Forderung, dass sich religiös oder weltanschaulich partikulare Überzeugungen in verallgemeinerbare Vernunftregeln müssten übersetzen lassen, wenn sie in der parlamentarischen Debatte Geltung beanspruchen, hat er selbst bereits insofern zurückgenommen, als er die existenzielle Unhintergehbarkeit religiöser Orientierungen, von denen eben nicht einfach zu abstrahieren ist, eingeräumt hat.[58] Allerdings ist ihm darin zuzustimmen, dass eine Mehrheitsentscheidung nicht einfach als Entscheidung über die Verallgemeinerbarkeit einer Konzeption verstanden werden darf, sodass der Minderheitenschutz hier zu betonen ist.

Vor allem hinsichtlich der zweiten und der dritten Funktion gilt, dass sie nicht nur aus der Position einer Religionsgemeinschaft (hier: der Kirche), sondern auch aus der Perspektive eines demokratischen Staates zu fordern ist. Dies gilt erstens, weil der demokratische Staat die religiösen und weltanschaulichen Einstellungen seiner Bürger, die – gleichsam in der dritten Arena der Politik – als kommunikative

57 Vgl. Habermas, Glauben (Anm. 1), 29–31.

58 Vgl. ders., Religion in der Öffentlichkeit. Kognitive Voraussetzungen für den «öffentlichen Vernunftgebrauch» religiöser und säkularer Bürger, in: ders., Zwischen Naturalismus und Religion. Philosophische Aufsätze, Frankfurt am Main 2005, 119–154, hier: 132–133.

Ressourcen politischer Beteiligung im Gemeinwesen erscheinen, nicht einfach ignorieren kann. In diesem Sinn ist Religion eben gerade nicht nur Privatsache. Es gilt zweitens, weil der demokratische Staat – gleichsam in der zweiten Arena – auf die Existenz der Zivilgesellschaft und der lebensweltlichen Gemeinschaften angewiesen bleibt, zu denen religiöse Gruppierungen selbstverständlich gehören.[59]

Inhaltlich sehe ich die Herausforderungen einer öffentlichen Theologie protestantischer Provenienz gegenwärtig vor allem in der immer neuen Verständigung über den Konnex von expliziten und impliziten *notae* der Kirche, über den Zusammenhang von Gottesdienst im engeren und im weiteren Sinne. Während öffentliche Theologie so gesehen Aufgabe aller Christinnen und Christen ist, steht die disziplinär verfasste, professionelle Theologie dabei in meiner Sicht vor allem vor der Aufgabe, Reflexionsprozesse anzuleiten und zu begleiten, in denen das Verhältnis der göttlichen Heilsbotschaft, -zusage und -verheissung, die im Evangelium kommuniziert und in den Zeichenhandlungen von Taufe und Abendmahl als wirksam ausgedrückt und bekannt wird, zur durch die Sünde gekennzeichneten Realität der Welt erwogen und in Hinsicht auf mögliche Handlungsoptionen erörtert wird. Dazu scheint mir vor allem stetige Arbeit an der Sprache des Glaubens zentral. Mit einem oben angeführten Beispiel: In den siebziger und achtziger Jahren war der Begriff einer ‹Bewahrung der Schöpfung›, der theologisch natürlich keineswegs unproblematisch ist, im Bereich der dritten Arena des Politischen sehr verbreitet, um die ökologischen Herausforderungen angesichts einer im Verbrauch endlicher Ressourcen, in der Beeinträchtigung fragiler Ökosysteme und der Erzeugung technologischer Risiken hochproblematisch gewordenen Wirtschaftsweise normativ zu konzeptualisieren. Der Begriff der Schöpfung wurde dabei verwendet, um den Zusammenhang von Natur und Kultur im Licht des Glaubens zu bezeichnen, technische Gestaltungschancen und Zerstörungsgefahren wurden in diesem Licht kulturell einschätzbar und bewertungsfähig, Handlungsoptionen wurden erörtert – selbstverständlich gab es dabei immer mehr als eine theologische und moralische Option. Die immer auch theologische Debatte um den Zusammenhang von Schöpfungsidee, menschlichen Versäumnissen und Handlungsoptionen entwickelte dabei politische Wirkung, auch wenn stets klar blieb, dass die Fragen möglicher Handlungsorientierung in dem Moment, in dem sie politisches Programm und damit Grundlage erzwingbarer Handlungsregeln werden sollten, begründungsoffen reformuliert werden mussten. Nicht die aufmerksamkeitsökonomische Wirkungsberechnung, wohl aber die immer neue Prägung und öffentliche Erwägung solcher Begriffe würde ich zu den vornehmsten Aufgaben gegenwärtiger öffentlicher Theologie und damit des politischen Gottesdienstes zählen.

59 Vgl. hierzu ders., Faktizität und Geltung. Beiträge zur Diskurstheorie des Rechts und des demokratischen Rechtsstaats, Frankfurt am Main 1993, 208–237.

5. Fazit: Bedeutung, Rahmen und theologische Bedingungen des ‹politischen Gottesdienstes›

Es bleibt festzuhalten: Weil der Gottesdienst der Christinnen und Christen sowohl im engeren Sinne des Kultus wie im weiteren des christlichen individuellen und kollektiven Lebens stets in gesellschaftlichen Ordnungs-, Ziel- und Machtdiskursen, im als *polity*, *policy* und *politics* verstandenen politischen Raum, situiert ist, kann es einen unpolitischen Gottesdienst schlechterdings nicht geben. Die *Bedeutung* des Konzepts politischer Gottesdienst liegt somit vor allem im Hinweis auf die unhintergehbare politische Dimension jedes Gottesdienstes. Die programmatische Fremd- oder Selbstzuschreibung des ‹politischen Gottesdienstes› erscheint insofern vor allem historisch verständlich. Aus ihr ist jedoch zu lernen, dass die politische Dimension des Gottesdienstes um der angemessenen Wahrnehmung christlicher Verantwortung willen nicht einfach ignoriert werden darf, sondern reflektiert werden muss.

Das Subjekt und damit der *Rahmen* dieses Gottesdienstes ist, so hatten wir festgehalten, die Kirche im dogmatischen, ethischen und juridisch-soziologischen Sinn. Dieser Begriff der Kirche macht in unserem Kontext auf zwei Sachverhalte aufmerksam: Erstens ist politische Homogenität vom Gottesdienst im engeren wie weiteren Sinn nicht zu erwarten, denn weder geht die Kirche in dem auf, was empirisch-soziologisch über Christinnen und Christen ausgesagt werden kann, noch lässt sie sich auf ihre juridisch verfassten Organisationen reduzieren. Zweitens aber gilt, dass den Zeichen, an denen die Kirche im darstellenden Handeln der Christinnen und Christen nach reformierter Wahrnehmung erkannt werden kann –, der Verkündigung des Wortes Gottes, der Taufe und der gemeinschaftlichen Mahlfeier – auch ein wirksames Handeln entspricht, das sich auf Bildung, Gerechtigkeit und Solidarität bezieht.

Dies aber macht deutlich, dass zu den theologischen *Bedingungen* des angemessenen Umgangs mit der politischen Dimension jedes Gottesdienstes jedenfalls die gemeinsame Reflexion über die Gestalt und die Beziehungen von darstellendem und wirksamem Handeln im Kontext der gesellschaftlichen Ordnungs-, Ziel- und Machtfragen gehört. Mit Dissensen ist dabei regelmässig zu rechnen, zentral bleibt, dass der Streit um das Gute und Richtige allein mit den Mitteln des besseren Arguments ausgetragen wird, weil es im religiösen Kontext keinen Zwang geben darf. Man kann die hier notwendige Reflexion mit dem Begriff der ‹öffentlichen Theologie› bezeichnen, weil es sich dabei um einen theologisch informierten öffentlichen Diskurs über öffentliche Fragen handelt.

Dieser Diskurs ist kirchenintern öffentlich, weil er die notwendige Verständigung und Auseinandersetzung unter den Christinnen und Christen ermöglicht, und tritt so – jedenfalls in reformierter Perspektive – in gewisser Weise an die Stelle eines autoritativen Lehramts. Der Begriff kircheninterner Öffentlichkeit ist dabei in sich natürlich bereits mehrdeutig, weil er Diskurse innerhalb einer bestimmten kirchlichen Organisation (z. B. der Reformierten Kirchen Bern–Jura–Solothurn), innerhalb bestimmter Handlungs- und Wahrnehmungstraditionen (z. B. der Reformierten) und der Kirche als Gemeinschaft der Heiligen, deren Grenzen menschlich nicht zu bestimmen sind, einschliesst.

Er muss aber auch kirchenextern[60] öffentlich sein, sofern er der Orientierung der Christinnen und Christen in ihrer Rolle als Staatsbürger, der Selbstbegrenzung der Organisation Kirche im pluralistischen, demokratischen Staat und der konstruktiven wie kritischen Mitwirkung an den gesellschaftlichen und staatlichen Debatten um politische Ordnung, politische Ziele und den Machtgebrauch geht.

Inhaltlich dürften diese Diskurse es immer mit dem Verständnis von Gottes Offenbarung in Christus zu tun haben, denen Christinnen und Christen im darstellenden und wirksamen Handeln zu entsprechen suchen. Weil es um vorläufige Ordnungs-, Ziel- und Machtfragen geht, steht immer wieder neu zur Debatte, wie das wirksame Bildungs-, Gerechtigkeits- und Solidaritätshandeln beschaffen sein muss, das auf den Diskursen der Angemessenheit der Verkündigung sowie des Verständnisses und der Durchführung von Taufe und Mahlfeier aufruht.

Um es noch einmal zu betonen: Es kann auch hier – wie überall – nicht um das Ziel einer Vorherrschaft christlicher Orientierungen gehen, einer Kirche im Exzess, die auf der Ebene lebensweltlicher Gemeinschaften die Form einer um kulturelle Hegemonie bemühten Bewegung annähme. Aber es muss in christlicher Perspektive um die bescheidene, selbstkritische und entschlossene Entsprechung zum Handeln dessen gehen, der unser einziger Trost im Leben und im Sterben ist.

60 Dies lässt sich natürlich nur in Bezug auf den ethischen und den juridisch-soziologischen Kirchenbegriff hin aussagen.

Autorinnen und Autoren

Albrecht Grözinger ist Professor für Praktische Theologie an der Theologischen Fakultät der Universität Basel, Mitglied im Redaktionskollegium der Zeitschrift «Praktische Theologie» und Leiter der Finanzabteilung im International Board der Societas Homiletica.

Marco Hofheinz war 2011–2012 Studierendenpfarrer an der Universität Siegen und ist seit 2012 Professor für Systematische Theologie mit Schwerpunkt Ethik am Institut für Theologie und Religionswissenschaft der Leibniz Universität Hannover.

Katrin Kusmierz ist wissenschaftliche Geschäftsführerin des Kompetenzzentrums Liturgik und hat sich intensiv mit politischer und öffentlicher Theologie in Südafrika befasst.

Frank Mathwig ist Titularprofessor für Ethik an der Theologischen Fakultät der Universität Bern und Beauftragter für Theologie und Ethik des Schweizerischen Evangelischen Kirchenbunds.

Torsten Meireis ist Professor für Systematische Theologie mit Schwerpunkt Ethik an der Theologischen Fakultät der Universität Bern und Mitglied im Exzellenzcluster «Religion und Politik in den Kulturen der Vormoderne und der Moderne».

David Plüss ist Professor für Homiletik, Liturgik und Kirchentheorie an der Theologischen Fakultät der Universität Bern und Co-Leiter des Kompetenzzentrums Liturgik.

Hans-Adam Ritter war Studentenpfarrer in Zürich, Gemeindepfarrer an der Pauluskirche Basel, arbeitete am Forum für Zeitfragen (Erwachsenenbildung) und gehörte der Redaktionskommission der Zeitschrift «Neue Wege» an.

Thomas Schlag ist Professor für Praktische Theologie mit den Schwerpunkten Religionspädagogik und Kirchentheorie an der Theologischen Fakultät der Universität Zürich und Vorsitzender der Leitung des Zentrums für Kirchenentwicklung.

Peter Schmid-Scheibler war Regierungsrat im Kanton Basellandschaft und Präsident des Hochschulrates der Fachhochschule Nordwestschweiz. Seit 2002 ist er u. a. Mitglied des Rates des Schweizerischen Evangelischen Kirchenbundes, seit 2011 Vizepräsident.

Barbara Stuwe ist Pfarrerin und Kirchenrätin in der Evangelisch-reformierten Kirche Basel-Stadt.